U0057951

心理測驗與統計方法

簡茂發博士　著

作者簡介

簡茂發

　　台灣省嘉義縣人，民國三十年生。

　　國立台灣師範大學教育學系、教育研究所畢業，美國北科羅拉多大學教育心理學博士。曾任國立台灣師範大學教育學系助教，教育心理學系講師、副教授、教授，教育研究所教授兼所長，台中師範學院校長，台灣師大教務長、副校長，中國測驗學會理事長，中華民國比較教育學會理事長，中國教育學會理事長，中華民國師範教育學會理事長，台灣師範大學校長，大學入學考試中心主任。現任國立台中教育大學名譽教授。

　　歷年在師大教育學系、教育心理學系、教育研究所、輔導研究所擔任「教育研究法」、「教育統計學」、「高級教育統計學」、「心理與教育測驗」、「教學評量與輔導」、「教育與心理測量研究」、「人類行為評量研究」、「教育心理學研究」、「教育學專題研究」等課程，曾主持和參與三十餘項教育及心理學專題研究，發表中英文學術論文一百餘篇。

自　序

　　筆者在師大就讀及擔任助教期間，深受恩師路君約、黃堅厚、賈馥茗三位教授之啟迪與影響，對心理測驗與教育統計學產生濃厚的學習興趣，同時在參與教育專題研究的過程中，協助師長蒐集和處理資料，更獲得學以致用的機會，加強自己在這方面繼續研究的信心。民國五十八年考取教育部公費留學教育學門，翌年赴美國專攻心理測驗與教育統計學，學理與實務並重，全心全力進修，三年完成學業，隨即返國服務，貢獻所學。三十餘年來，在師大教育學系、教育心理學系、教育研究所、輔導研究所講授的課程，皆在心理測驗與教育統計學領域中。上課時，除參酌採用國外新近出版的教科書（textbook）及讀本（readings）外，曾配合教學與研討的需要，編寫各有重點而篇幅不等的講義，尚能發揮相輔相成、相得益彰的效果。

　　本書係由二十篇文章彙編而成，包括心理測驗、統計方法兩大部分。這些文章都是筆者平日教學與研究的心得，曾在「師友」、「測

驗與輔導」、「心理測驗通訊」、「測驗年刊」、「師大教育研究所集刊」、「教育研究雙月刊」、「教師天地」等期刊,與教育學術團體年會及研討會中發表,某些內容已稍作修正和增補。書末附錄三種數值表,可供測驗與統計教學參考之用。

　　筆者才疏學淺,各篇所言,卑之無高論,加以倉促付梓,疏漏之處必多,尚祈學界先進賜予指正。

簡　茂　發　謹識
民國一百年十月於國立台中教育大學

目　　錄

自　序

第一篇　心理測驗

壹、心理測驗的意義與功能 ………………………………………… 3

貳、心理測驗的基本原理 …………………………………………… 12

參、心理與教育測驗的發展 ………………………………………… 55

肆、心理與教育測驗發展的回顧與展望 …………………………… 84

伍、教學評量原理與方法 …………………………………………… 102

陸、多元化評量之理念與方法 ……………………………………… 134

柒、學習評量的新趨勢 ……………………………………………… 146

捌、試題分析的方法 ………………………………………………… 153

玖、我國國民中學輔導工作使用心理測驗的現況與檢討 ……… 167

拾、新法考試猜測因素之校正問題 ………………………………… 179

拾壹、學生資料之解釋的模式 ……………………………… 188

拾貳、態度量表信度之求法——以變異數分析求信度的實例 191

拾參、性向與興趣之測量及配合 …………………………… 194

拾肆、九年一貫課程與基本學力測驗 ……………………… 197

拾伍、「區分性向測驗」評介 ……………………………… 207

拾陸、「系列學業性向測驗」評介 ………………………… 213

拾柒、「輔導性向測驗」評介 ……………………………… 216

第二篇　統計方法

拾捌、教育研究的統計方法（一）………………………… 223

拾玖、教育研究的統計方法（二）——

　　　單因子變異數分析與多重比較法 ………………… 267

貳拾、電腦與統計方法在教育研究上之配合運用 ………… 296

附錄一　范氏項目分析表 …………………………………… 327

附錄二　泰勒——羅素預期表 ……………………………… 356

附錄三　勞氏預期表 ………………………………………… 366

第一篇

心理測驗

心理測驗的意義與功能

　　心理測驗是一門新興的應用科學，它的產生和發展，都是二十世紀的事。由於它成長的歷史尚短，其基本的理論與應用的技術，仍未為一般人所深切認識，以致產生兩種極端的見解。有一些人不明瞭測驗的原理和方法，單憑主觀的判斷，否定心理測驗的價值；另有一部分人却過度樂觀，認為心理測驗是萬能的科學工具，而盲目的加以贊成。其實，他們都沒有真正瞭解心理測驗的意義與性質，因而對於它的功能和效用，缺乏持平的看法，影響正當態度的形成。因此，為謀求心理測驗在正常而合理的情況下逐漸推廣和應用，我們首先必須充分認識心理測驗的基本概念，進而瞭解各種心理測驗的特殊用途及其限制，然後再配合教育或輔導情境的實際需要，作最適當的運用。誠然，心理測驗是現代教育設施中不可缺少的重要工具，但它並非萬能之物，唯有在它的限制範圍內，由適當的人員，依照它的特性，做合理的運用，始能發揮它最大的功效。

一、心理測量的可能性

　　現代生活與測量有密切不可分的關係。一個人自出生以至死亡，其日常生活食衣住行各方面的需求，均離不了測量的應用。例如：權衡食物的輕重，用秤做工具，以斤兩計；度量衣料的長短，用尺做工具，以尺寸計。至於近代自然科學之所以有長足的進步，更有賴於其測量工具之精良及測量方法之普遍應用。一般言之，測量的正確性決定了科學等級的高低。

　　不過，上述均屬物質方面的測量。物質的東西多半是具體而固定的，且物質現象顯而易見，可直接加以測量；而人類的心理現象是抽象而變動的，不易捉摸，祇能間接加以測量，尤難以精確的數字表示之。因此，有許多人懷疑心理測量的可能性。其實，這種懷疑是由於未明瞭心理測驗的基本原理所致。心理測量與物質測量是同樣的可能，祇是二者測量的方法不同而已。關於心理測量的可能性，有兩個基本的概念作為理論的基礎，茲簡略說明如下：

　㈠美國心理學者桑戴克氏（E.L. Thorndike）在一九一八年曾說：「任何東西，祇要是存在的，必存在於數量之中。」（Whatever exists at all, exists in some amount.）在世界上一切存在的現象，必有其特質，而各種特質，總不能完全一致，必有程度上的差異，亦即有數量上的區別。因此，無論是物質現象或心理特性，祇要是存在的，不但有其質，而且一定亦有其量。例如輕重、長短，固然有其數量上的差異存在，智愚、內外傾向又何嘗沒有數量上的區別。

　㈡美國測驗專家麥柯爾式（W.A. McCall）於一九三九年曾說：「凡有數量的東西，皆可加以測量。」（Anything that exists in amount, can be measured.）大凡一種現象既有數量上的差異存在，當然有被測量的可能，例如：人的身心特性有高矮、智愚的差別，即可運用適當的工具加以測量和比較。不過，到目前為止，仍有一些心理方面的特性如意志、氣質、品德和態度等等，我們還不能一一加以精確的測量，這是由於現有的測驗工具未臻完善所致，並非那些特質是無法測量的。如能假以時日，俟心理測驗的方法和技術不斷改進和充分發展之時，必可設計各種精密的科學工具，將人類的心理特質予以正確的度量。

根據上述兩個基本概念，我們已經可以肯定心理測量的可能性。總之，人類各種心理屬性均有個別差異存在，皆可加以測量。

二、心理測驗的界說

心理測驗是用以測量人類心理特性的一種新科學工具。心理學家與教育工作者可根據它所測量的結果，將人類的心理現象給予一種數字的說明，而便於從事研究和改進教育工作的效率。有些負責實際教育工作的人員，由於事實的需要，一再使用心理測驗以測量學生們的智慧、特殊能力、興趣以及人格適應的狀態，但心理測驗的意義與性質却不甚了解，而影響其使用測驗的態度及其對測驗結果的解釋分析。因此，對心理測驗加以簡明的界說，並就其重要的特性逐一加以闡釋，實有必要。

從心理學的觀點言之，「心理測驗就是在控制的情境中，提供若干經過標準化的適當刺激，引起受試者的反應，然後將其結果與一般人在同樣情況下的行為表現對照比較，藉以對受試者的某種心理特質，作定量的或定性的客觀衡鑑之科學方法或工具。」在這個界說中，指出了測驗的幾項要義：

㈠人類心理方面的特性如智慧、品格、興趣和學業成就等,均非具體的實物,無法直接加以觀察和測量,但這些特性可從實際的行為中表現出來。我們那根據受試者在某一特定情境中的反應情形,用間接測量的方法,以估計或推斷各種潛在的心理特質之差異程度。譬如我們編製一套智慧測驗以測量兒童的學習能力,因學習能力係屬於天賦的潛在能量,無法直接測量,但可從個人後天的作業表現上推估之。

㈡心理測驗所提供的刺激,係經過審慎選擇而具有相當代表性的行為樣本。它祇是某種行為中最重要的部分,我們即根據這些行為的要素,以推測個體實際行為的全部情形。一套心理測驗有無診斷或預測的功能,須視其測驗題目的取樣能否代表一種概括的重要行為而定。任何一種測驗所包括的刺激,必須具有充分的代表性,然後始能根據其所引起的行為反應,進而推估某種心理特性。至於測驗樣本與其所預測的行為之間類似的程度,則隨測驗的類別和性質的不同而有所差異,但無論如何,它們都是以部分的行為樣本作為推測全部行為的根據,亦即基於「見一斑而窺全豹」的假定,從受試者對測驗刺激的反應,以瞭解其心理特性的大概情形。

㈢心理測驗必須符合「標準化」的要求,否則不能成為有效的測量工具。所謂「標準化」,係指測驗情境的控制以及常模的建立而言。測驗情境有了適當的控制,然後各受試者在同一種測驗上所得的分數,才具有相互比較的意義。在測驗情境中,唯一的非控制變項,就是受試者本身的心理特質,其他一切可能影響測驗結果的各種因素,均須加以系統的控制,使其完全一致。為了維持測驗情境的一致性,每種標準心理測驗都附有測驗實施指導或說

明，對於測驗的材料、時間的限制、實施的步驟、試場環境的佈置以及主襄試與受試者和諧關係之建立等事項，均有詳細的規定。主持測驗的人員務必遵照這些規定，嚴格實施，始可避免外界因素影響測驗結果的正確性。關於常模的建立，更是測驗標準化的一項艱鉅而重要之步驟。如無適當的常模，則受試者的測驗結果便無法加以解釋和運用；個人在某種測驗上所得的原始分數，必須依據適當的常模予以評價，始有意義。所謂「常模」，就是一般人正常的或平均的作業表現，亦即具有代表性的受試者在某種測驗上所得的平均數。在測驗標準化的過程中，我們通常從某種測驗所擬應用的範圍內，由母群體（ population ） 中，抽取具有代表性的樣本（ sample ），施予測驗，然後以這些標準化樣本的測驗分數為根據，建立該種測驗的常模。此一常模即成為解釋個別受試者測驗結果的參照標準，從中可以看出該員在某種特質上所站的相對位置，而予以適當的評斷。

㈣心理測驗必須具有相當的「客觀性」，始能使其測量的結果正確而可靠。所謂「客觀性」，係指不受個人主觀判斷的影響而言。舉凡測驗題的取材、編撰與難度、諧度的鑑定，以及測驗的信度、效度之考驗，均須按照客觀的程序，運用適當的統計方法，加以分析和決定，而不能單憑主觀的意見或經驗判斷之。至於測驗實施的步驟、計分方法和測驗結果的解釋等，更非有客觀的規定不可。測驗具備了客觀性，始能成為精密的科學工具，對人類的心理特質或現象加以正確的評量或衡鑑。

綜上所述，心理測驗乃是對人類的心理現象或行為特質所進行的一種客觀與標準化之測量的科學工具，亦即彙集若干標準刺激，在控制情況下，引發受試者的反應，藉以進行觀察的系統化程序。無論是

測驗的內容、實施的程序、計分的方法或測驗結果的解釋，均須符合「客觀性」與「標準化」的原則和要求，始能發揮心理測驗的眞正效能。

三、心理測驗的功能

心理測驗是測量人類在心理特性方面個別差異現象的科學工具，它與教育、政治、法律和軍事等設施，均有某種直接或間接的關係。我們時時要作種種有關「人」的決定，如能運用心理測驗，便可適時獲得有關「人」的客觀資料，使我們對某些人的能力或人格特性有比較正確的認識和了解，然後針對個人和環境的需要，進行各種必要而合理的處置，藉以充分發展人力資源，使人盡其才，才盡其用。

一般言之，心理測驗具有評估（ assessment ）、診斷（ diagnosis ）和預測（ prediction ）三種功能，其目的在於衡鑑個人的行爲特質，瞭解個人的心理特性，進而作適當的決斷，輔導受試者朝着最有利的方向去發展。現代教育注重學生完整人格的健全發展，欲提高教育工作的效率，圓滿達成教育的任務，首先必須了解學生，進而協助學生在適當的教育情境中，使其身心獲致充分而均衡的成長。今日各級學校輔導工作的主旨即在了解學生與協助學生，因而必須運用各種技術，廣泛搜集有關學生的資料，包括他的能力、興趣、人格適應等各方面。心理測驗之實施，可在較短時間內獲得學生心理方面比較客觀的正確資料，然後以測驗的結果，作爲輔導學生的依據或參考，將更爲切實可靠。因此，測驗已經成爲了解學生最有效的方法之一，它在學校教育和輔導工作上，實爲一種不可缺少的科學工具。茲將心理測驗的基本功能分別說明於下：

㈠評估學生的心理特性——學生們的心智能力與人格特性有關個別

差異存在，固然教師或輔導人員可經由長期的仔細觀察而認識其大概情形，但若想在短時間內對這些心理特質有所了解，就只有藉重心理測驗了。如能適當配合使用各種心理測驗，即可迅速從測驗的結果中了解學生的能力組型和人格適應的狀態，而且在全體學生之間，客觀地提供相互比較的基礎，使學校教育與輔導工作有了可靠的科學根據。總之，測驗對於學生能力的分析、興趣、學業成就、人格特質的鑑別，都是一種不可缺少的工具。

㈡診斷學生在適應上的困擾或缺陷——學生在學習活動和社會適應方面可能遭遇各種困擾問題，而影響其人格的正常發展。教師或輔導人員應該隨時注意學生身心狀態，如果發現學生在行為上有失常的現象或反常的傾向，便須特別留意，設法探究造成行為困擾的原因，給予各種必要的協助與輔導。有些心理測驗具有診斷的功能，例如：學習診斷測驗可以考查學生對某種學習材料所發生的困難以及在學習方法和態度上的缺陷，這些是施行補救教學或個別輔導的主要依據。其他如智慧測驗或人格測驗，倘能適當地加以運用，即可診斷校內一些問題兒童的成因及其行為困擾的所在，然後針對病源，施予合理的矯治，或因勢利導，使其以建設性的方式發展其長處，補救其缺點。

㈢預測學生將來發展的可能性——個人自幼至長，其身心發展的情況相當穩定，常有前後一致的現象。就一般而言，個體在嬰兒或幼年時期的發展狀態，可作為預測成人時代各種表現的依據。我們從學生接受各種心理測驗的結果，即可對他們現在的行為獲致客觀的正確認識，且可藉此對他們未來的生長和發展作比較切實的預測。現代各種教育計劃與輔導設施，均講求效率，務使自然資源、社會資源和人力資源作最適當的配合和運用，欲達此一目

的，必須了解正在生長中的兒童和青年之潛在能力與人格傾向，從而預測他們將來發展的可能性，然後輔導他們作明智的抉擇，充分利用環境的機會，增進個人和社會的共同發展。簡言之，心理測驗可幫助我們了解學生的發展能量，預測學生將來成就的可能性，使我們據此提供最適當的教育，而免除許多不必要的人力、物力之浪費。

以上係從了解學生、協助學生的觀點，說明心理測驗的基本功能。此外，我們也可根據學校教育設施的實際需要，討論心理測驗的用途。在班級教學制度下，有一個最基本的原則，即應根據學生們的個別差異，因材施教，務使每個學生在其自身具備的一切條件下，能在德、智、體、群等各方面，獲得充分的健全發展，過去教育完全以教師和教材為中心，忽略個別輔導的重要性，以致制度決定一切，造成許多的流弊。為了補救舊教育的缺失，提高新教育的效率，今後各級學校新生入學之甄選，應參酌使用心理測驗，以濟一般學科考試之不足，這樣既可拔取優秀人才，也可杜塞倖進之門。在實施教學的時候，更應該利用心理測驗以了解學生的智慧、性向和興趣，作為分班編組的依據，使他們在最適當的教育情境中，接受最適當的輔導，以增進教育的效果。此外，心理測驗可用以考查教育的成效，以評定課程的價值，比較教材教法的優劣，估量學校行政效率和教師的教學成績等，然後能發現教育工作上應興應革的事項，作為改進教育設施的參考。

總而言之，心理測驗是民主教育的科學工具。有了它，教育工作者可據以了解學生、協助學生，使人人得到充分的發展，實現真正的教育機會均等的理想。它的功用遍及教育各方面，教育上一切問題都與它有密切關係。如能善用心理測驗，則可促進教育的科學化，提高

教育的效率。因此，教育或輔導人員應該認識心理測驗，進而合理地應用它，發揮它的功效，促使教育不斷地革新和進步。

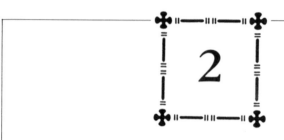

心理測驗的基本原理

　　心理測驗是測量人類行為個別差異的科學工具。測驗工具的性質和功能雖然有所不同，但都基於共同的原理，在控制的情境中，提供一些經過審慎選擇的適當刺激，引起受試者的反應，然後將其結果與一般人在同樣情況下的行為表現對照比較，藉以對受試者的某種心理特質，進行定量或定性的客觀衡鑑。無論是測驗的內容、實施的程序、計分的方法以及測驗結果的解釋，均須符合「客觀性」（objectivity）與「標準化」的原則和要求，始能發揮心理測驗的真正功能。教育工作者無論是自行設計編製測量工具或從現有的標準化測驗中加以選擇應用，欲期獲得有關學生心理特性方面的確實可靠資料，必須講求其信度（ reliability ）與效度（ validity ），且能以科學的方法驗證之。至於測驗分數的解釋以及測驗結果的運用，均須以測驗標準化所建立的常模（ norm ）為依據。若無常模，則測驗在解釋和應用上便無法發揮其功能，其效用必大受限制。本章係從心理計量學的

觀點,闡述信度與效度的意義和類型,說明驗證信度與效度的各種方法,分析影響信度與效度的因素,探討信度與效度之間的關係及其應用的途徑,然後再就常模的意義、類別及求法等有關問題,一一加以論述。

一、信度的意義、類型與求法

㈠信度的意義

信度即可靠性,也就是可信程度(trustworthiness),通常是指測驗結果的一致性(consistency)或穩定性(stability)而言。一個測驗的信度表現於兩方面:(1)測驗內部試題之間是否相互符合,前後連貫?(2)重複測驗的結果是否保持不變?無論試題間是否符合或幾次測驗結果是否一致,均屬相對程度上的差異,而非全有或全無的分別。任何一種測量,總有或多或少的誤差,而誤差受機遇因素所支配。誤差愈小,信度愈高;誤差愈大,信度愈低。因此,信度亦可視為測驗結果受機遇影響的程度。

信度的涵義可從兩個層面加以分析:(1)當我們以同樣的測量工具重複測量某項持久性的特質時,是否得到相同的結果?由此可知此一測量工具的穩定性、可信賴性(dependability)或可預測性(pre-dictability)。(2)測量工具能否減少隨機誤差(random error)的影響?而提供某項特質個別差異程度的真實量數(true measure)?由此可知測量結果的精確性(accuracy or precision)。譬如有新舊兩枝來福槍經固定位置後對準靶面射擊,所得結果如圖2-1。從圖中可見舊槍的彈著點比較分散,新槍的彈著點比較集中,後者比前者的變異小而準確,亦即後者的信度高而前者的信度低。

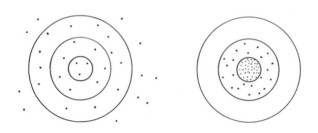

圖2-1　舊槍（左）和新槍（右）射擊之靶面著彈點的比較

(二)信度的類型與求法

　　測驗的信度係以測驗分數的變異理論為其基礎。在測驗方法上探討信度的途徑有二：(1)從受試者內在的變異（intraindividual variability）加以分析，用測量標準誤（standard error of measurement）說明可靠性的大小；(2)從受試者相互間的變異（interindividual variability）加以分析，用相關係數（correlation coefficient）表示信度的高低。

　　自從測驗的先驅者史皮爾曼（C.Spearman）以來，測驗理論即有一個基本的假定：實得分數（obtained score）等於真正分數（true score）與測量誤差（error of measurement）之和，其公式如下：

$$X_0 = X_t + X_e$$

測驗誤差愈小，實得分數就愈接近真正分數。受試者在某項特質上的真正分數通常為未知，祇能從多次實得分數的平均值加以估計。而每次實得分數與真正分數之差即為測量誤差，三者的變異關係可用公式

表示如下：

$$\sigma_0^2 = \sigma_t^2 + \sigma_e^2$$

即實得分數的變異量等於眞正分數的變異量與測量誤差的變異量之和。信度可視爲眞正分數之變異量在實得分數總變異量中所占的比率：

$$r_{xx} = \frac{\sigma_t^2}{\sigma_0^2}$$

上式中 r_{xx} 表示信度，σ_t^2 表示眞正分數變異量，σ_0^2 表示實得分數總變異量。

　　測驗的信度通常以相關係數表示之。由於測驗分數的誤差變異之來源有所不同，故各種信度係數分別說明信度的不同層面而具有不同的意義。在實際的應用上，信度係數可分爲五種類型，茲就其性質與求法敍述如下：

1.再測信度

　　用同一種測驗，對同一羣受試者，前後測驗兩次，再根據受試者兩次測驗分數計算其相關係數，即得再測信度（ test-retest reliability ）。此種信度能表示兩次測驗結果有無變動，反映測驗分數的穩定程度，故又稱穩定係數（coefficient of stability ）。當測驗沒有複本而現實條件容許重複實施兩次測驗時，通常採用再測法以衡量測驗的信度。它的優點在於提供有關測驗結果是否隨時間而變異的資料，作爲預測受試者將來行爲表現的依據；但其缺點爲易受練習和記憶的影響，前後兩次測驗相隔的時間務須適度。如果相隔時間太短，則記憶猶新，練習的影響仍大，往往造成假性的高相關；如果相隔時間太長，則身心特質的發展與學習經驗的累積等均足以改變測

驗分數的意義，而使相關降低。一般言之，相隔時間愈長，穩定係數愈低。最適宜的相隔時間隨測驗的目的和性質而異，少者兩週，多者六個月，甚至一、二年之久。

2.複本信度

　　如果一套測驗有兩種以上的複本，則可交替使用。根據一羣受試者接受兩種複本測驗的得分計算相關係數，即得複本信度（alternate-form reliability）。以複本衡量信度的方法，可避免上述再測法的缺點，但所使用者必須是眞正的複本，在題數、型式、內容以及難度、鑑別度等方面皆屬一致。複本測驗可同時連續實施或相距一段時間分兩次實施，前者的複本信度又稱等值係數（coefficient of equivalence），後者又稱穩定與等值係數（coefficient of stability and equivalence），可說明由於內容和時間變異所造成的誤差情形。從測驗原理與實驗研究應用的觀點而言，這是考驗信度最好的一種方法。

3.折半信度

　　在一種測驗沒有複本且祇能實施一次的情況下，通常採用折半法以估計測驗的信度。一般常用的折半法是將受試者的測驗結果，按題目的單雙數分成兩半計分，再根據各人在這兩半測驗上的分數，計算其相關係數，即得折半信度（split-half reliability）。不過，此一相關係數祇是半個測驗的信度而已，由於在其他條件相等的情況下，測驗愈長愈可靠，故必須使用「斯布公式」（Spearman-Brown formula）加以校正，藉以估計整個測驗的信度：

$$r_{xx} = \frac{2\,r_{hh}}{1 + r_{hh}}$$

式中 r_{hh} 表示求得的相關係數；r_{xx} 表示估計的信度係數。但斯布公式係建立在兩半測驗分數的變異性相等的假定上，惟實際資料未必符合此一假定，宜採用下列兩種公式之一，直接求得測驗的信度係數。

范氏公式（Flanagan formula）：

$$r_{xx} = 2\left(1 - \frac{S_a{}^2 + S_b{}^2}{S^2}\right)$$

式中 $S_a{}^2$ 和 $S_b{}^2$ 分別表示兩半測驗分數的變異量，S^2 表示整個測驗總分的變異量。

盧氏公式（Rulon formula）：

$$r_{xx} = 1 - \frac{S_d^2}{S^2}$$

式中 S_d^2 表示兩半測驗分數之差的變異量，S^2 表示整個測驗總分的變異量。

折半信度又稱內部一致性係數（coefficient of internal consistency），不適用於速度測驗。

4.庫李信度

庫德（G.F. Kuder）和李查遜（M.W. Richardson）在西元1937年設計一種分析項目間一致性（inter-item consistency）以估計信度的方法，最常用的是庫李二十號公式（Kuder-Richardson formula 20）：

$$r_{KR\,20} = (\frac{k}{k-1})(1-\frac{\Sigma\,pq}{S^2})$$

　　式中 k 表示整個測驗的題數，$\Sigma\,pq$ 表示整個測驗中每題答對與答錯百分比乘積之總和，S^2 為測驗總分的變異量。

　　另有庫李二十一號公式（ Kuder-Richardson formula 21 ），適用於各試題難度相近的情況下，計算過程比較簡易，惟其求得的庫李信度（ Kuder-Richardson reliability ）有低估的傾向，尤以各試題難度相差懸殊時為甚。其公式如下：

$$r_{KR\,21} = (\frac{k}{k-1})(1-\frac{\Sigma\,\bar{p}\bar{q}}{S^2})$$
$$= \frac{kS^2 - \bar{X}(k-\bar{X})}{(k-1)S^2}$$

　　式中 k 表示整個測驗的題數，$\bar{p}$ 表示試題平均難度，$\bar{q}$ 為 $1-\bar{p}$，S^2 為測驗總分的變異量，$\bar{X}$ 為測驗總分的平均數。

　　上述兩個公式祇適用於答對一題得一分，答錯無分的一般標準化測驗，不適用於多重記分的測驗工具，如評定量表、態度量表等。針對此一需要，克朗巴赫（ L. J. Cronbach ）另創 α 係數，其公式如下：

$$\alpha = \frac{I}{I-1}(1-\frac{\Sigma S_i^2}{S^2})$$

　　式中 I 為測驗所包括的項目數，S_i^2 為每一項目分數的變異量，S^2 為測驗總分的變異量。

此外，霍亦德（C. Hoyt）另創一種衡鑑測驗或量表的內部一致性之方法，以變異量分析（analysis of variance）求得所需的統計量，代入下列公式即可求得信度係數：

$$r_H = 1 - \frac{MS_{errors}}{MS_{individuals}}$$

以庫李公式等方法求得的信度係數，通常比折半信度為低，兩者之差，可作為測驗項目異質性（heterogeneity）的指標，據以判斷測驗內容的同質性（homogeneity）。

5.評分者信度

對一些無法進行完全客觀記分的測量工具而言，評分者之間的變異亦屬誤差來源之一，有加以探討的必要。譬如創造性思考測驗與衡鑑人格的投射測驗之評分，必然涉及評分者主觀的判斷，為了衡鑑評分者信度（scorer reliability）的高低，可隨機抽取相當份數的測驗卷，由兩位評分者按記分要點分別給分，然後根據每份測驗卷的兩個分數計算其相關係數，即得評分者信度。在理論上，一般標準化測驗應有完全的評分者信度。

此外，另一種表示信度的方法就是測量標準誤，前已述及。由於受試者在測驗上所得分數包含著若干誤差在內，故個人在測驗上實際所得分數可能高於或低於其心理特性的真正水準。如果以一套測量工具測量一個人的某種心理特質相當多次，則這多次測量實得分數與真正分數的差即會形成常態或近似常態分配，而這些測量誤差分配的標準差，就是標準誤。測量標準誤是表示測驗之誤差大小的統計數，與信度之間有互為消長

的關係。測量標準誤愈小，信度愈高；反之，測量標準誤愈大，信度愈低。通常求測量標準誤的最簡便方法，是從測驗的信度係數估計之，其公式如下：

$$SE_{mea.} = S\sqrt{1-r_{xx}}$$

上式中，$SE_{mea.}$表示測量標準誤，S表示測驗分數的標準差，r_{xx}表示測驗的信度係數。例如：某一智力測驗的信度係數為 .91，測驗分數的標準差為20，則代入上列公式可求得測量標準誤：

$$SE_{mea.} = 20\sqrt{1-.91} = 6$$

二、影響信度的因素

信度與誤差變異之間有密切的關係。誤差變異愈大，信度愈低；誤差變異愈小，信度愈高。為探討影響信度的因素，必須先分析誤差變異的來源。李曼（H.B. Lyman, 1978）曾提出五個層面的模式（five-dimensional model）說明誤差變異的來源如下：

1. 受試者方面──身心健康狀況、動機、注意、持久性、求勝心、作答態度等均隨時在變動中。

2. 主試者方面──不按照規定實施測驗、製造緊張氣氛、給予特別協助、評分主觀等。

3. 測驗內容方面──試題取樣不當、內部一致性低、題數少而受機遇影響大。

4. 測驗情境方面──測驗環境如通風、光線、聲音、桌面好壞、空間闊窄等皆具有影響的作用。

5.時間影響方面——兩次測驗相隔時間愈久，其他變項介入的可能性愈大，受外界的影響也愈多。

至於影響測驗信度的主要因素，可歸納爲下列三項：

1.測驗長度——在適當的限度內，且合乎同質性的要求，一個測驗的題數愈多，其信度也愈高。

2.受試人員的變異性——在其他條件相等的情況下，團體內成員特質分布的範圍愈廣，其信度係數也愈大。

3.間隔時間的長短——以再測法或複本法求信度，兩次測驗相隔時間愈短，其信度愈高。

綜上所述，一個測驗的信度受許多因素的影響。爲了提高測驗的信度，應設法控制這些造成分數變異的因素，使誤差變異盡可能減小，使個別差異盡可能增大。研究者在衡鑑測量工具之信度與解釋測量結果的時候，必須考慮足以影響信度的各種因素，始能確實把握測驗分數的意義，在可靠的範圍內加以適當的應用。

三、效度的意義、類型與求法

(一)效度的意義

效度即正確性，指測驗或其他測量工具確能測出其所欲測量的特質或功能之程度而言。一個測驗的效度愈高，即表示測驗的結果愈能顯現其所欲測量對象的眞正特徵。效度是科學測量工具最重要的必備條件，一個測驗若無效度，則無論其具有其他任何要件，一律無法發揮其眞正的功能。因此，選用標準測驗或自行設計編製測量工具，首須衡鑑其效度。在考慮測驗的效度之時，必須顧及其測驗的目的與特殊功能。一個測驗所測得的結果，必須符合該測驗的目的，始能成爲正確而有效的測量工具。不過，一個測驗應用於某種場合，其效果甚

佳,但對另一個不同的目的和用途,則可能毫無價值。因此,每種測驗各有其功能與限制,世上沒有一種對所有目的都有效的測驗,也沒有任何一個測驗編製者能把一切的特質都涵蓋在他的一套測驗之中。總之,測驗的效度是特殊的而非普徧的,任何一種測量工具祇對某種特殊目的有效,僅能就其特定項目作正確的度量,此外別無意義。再者,測驗係根據行為樣本(behavior sample),對所欲測量的特質作間接的推斷,祇能達到某種程度的正確性,且測驗的效度通常以測驗分數與其所欲測量的特質之間的相關係數表示之,祇有程度上的不同,而非全有與全無的差別,故測驗的效度是相對的而非絕對的。

測驗的效度及測驗的性質、目的、內容、功能與用途等方面。在衡鑑效度之時,必須先確定測驗的目的與範圍,考慮測驗所欲測量者究為何物,分析其性質及據以表現的特徵,進而查核測驗的內容是否與測驗目的相符合,據以判斷結果反映所欲測量特質的程度。

假定某種測驗的目的在於測量個體在某項屬性上的差異情形,則一羣受試者在該測驗上得分的總變異量(σ_0^2)包含三個部分:一為個體在與該屬性有關的共同特質上所造成的變異量(σ_{co}^2),另一為與該屬性無關的其他個別特質所造成的變異量(σ_{sp}^2),其餘為誤差變異量(σ_e^2),可用下列公式表示這些變異的關係:

$$\sigma_0^2 = \sigma_{co}^2 + \sigma_{sp}^2 + \sigma_e^2$$

從上述測驗分數變異的觀點而言,效度就是在測驗分數總變異量中,由測驗所欲測量之特質所造成的變異量所占的百分比,其公式如下:

$$val. = \frac{\sigma_{co}^2}{\sigma_o^2}$$

各種屬性的變異，可經由因素分析找出其所包含的因素成分。如上所述，可以求得一個測驗對不同因素之測量所具有的效度。

(二)效度的類型與求法

效度是多層面的概念，並非泛指所有特質的普通名詞。一個測驗的效度，必須針對其特定的目的、功能及適用範圍，從不同的角度搜集各方面的資料分別考驗之。考驗效度（validation）的方法甚多，名稱也隨之而異。美國心理學會（American Psychological Association）在西元1985年所發行的「教育與心理測驗之標準」（Standards for Educational and Psychological Testing）一書將測驗的效度分為三大類，即內容關聯效度（content-related validity）、效標關聯效度（criterion-related validity）和構念關聯效度（construct-related validity）。茲分別說明如下：

1.內容關聯效度

內容效度旨在有系統的檢查測驗內容的適切性，考量測驗是否包括足夠的行為樣本且有適當的比例分配。成就測驗特別注重此種效度，蓋因其主要目的在於測量學生在某一學科教學活動中學習的結果，故試題必須切合教材的內容，並依據教學目標，就學生行為變化的不同層面加以評量，而其內容效度之高低，視測驗所包括的試題能否適當反映教材內容的重點與行為目標的層次而定。優良的成就測驗應具有相當水準的內容效度，而確能測出學生在各個層面的真正學習成就。由於這種衡量效度的方法，須針對課程的目標和內容，以系統的邏輯方法詳細分析成就測驗中試題的性能，故又稱課程效度（curricular validity）或邏輯效度（logical validity）。

　　一般人常把表面效度（ face validity ）與內容效度相混淆，事實上兩者的意義不同。表面效度僅指測驗在採用者或受試者主觀上覺得有效的程度，不能替代客觀決定的眞正效度。不過，在研究上爲了取得受試者的信任與合作，表面效度亦不容忽視。故在測驗的取材方面，必須顧及受試者的經驗背景，選用合適的試題內容和用語，使測驗兼具內容效度和表面效度。

2.效標關聯效度

　　效標關聯效度又稱實徵效度（ empirical validity ）或統計效度（ statistical validity ），係以測驗分數和效度標準（ validity criterion ） 之間的相關係數，表示測驗的效度之高低。效標即足以顯示測驗所欲測量或預測的特質之獨立量數，作爲檢定效度的參照標準。由於各種測驗所採用的效標，有些是屬於現時可以獲得的資料，另有一些資料則須俟諸將來始能搜集之，故效標關聯效度又分爲同時效度（ concurrent validity ）與預測效度（ predictive validity ）兩種。

(1)同時效度——係指測驗分數與當前的效標資料之間的相關而言。這種效度常用的效標資料包括在校學業成績、教師評定的等第、其他同性質測驗的結果等。例如編製一套國小數學成就測驗，爲考驗其同時效度，乃從適用對象中，隨機抽取學生樣本接受測驗，並搜集他們在校的數學成績作爲效標，然後計算這些學生的測驗分數與數學成績的相關係數，若達到統計上的顯著水準，即表示測驗結果確能反映在學習方面的成就程度。同時效度通常與心理特性的評估及診斷有關，大部分測驗報告書所提供的效度資料，多屬於此種性質者。

(2)預測效度——係指測驗分數與將來的效標資料之間的相關而

言。其常用的效標資料包括專業訓練的成績與實際工作的成果等。此種效度之鑑定，乃運用追踪的方法，對受試者將來的行為表現作長期繼續的觀察、考核和記錄，然後以累積所得的事實性資料與當初的測驗分數進行相關分析，據以衡量測驗結果對將來成就的預測效力。測驗的預測效度對人員的甄選、分類與安置工作甚為重要，尤其是學校在推行教育與職業輔導方面，必須選用具有相當的預測效度之性向測驗，以了解學生的發展能量，預測他們將來成就的可能性，而給予適當的教育或職業訓練。

同時效度與預測效度的效標之選擇，須根據測驗的實用目的而決定。在效度考驗的過程中，效標可能受到測驗分數牽連的影響，而導致兩者之間出現假性的高度相關，研究者在選用測驗時應該注意及之。通常效標關聯效度多係針對某一特殊的效標而言，一個測驗對不同的受試者在不同的場合具有不同的功能，其效度也隨之而異。近年來為配合人員甄選與職業輔導上的需要，人事心理學者乃發展出兩種新的效標關聯效度，即合成效度（ synthetic validity ）與區分效度（ differential validity ）。前者係以職業表現為效標，根據工作分析的結果而決定不同工作項目所占的比重，且分別求出測驗分數與各工作項目間的相關係數，再按不同的比重加權計算，即可得出合成效度，以預測整個的工作效率。後者係以兩種性質不同的職業為效標，分別求其與測驗分數的相關係數，然後以兩者之差作為區分效度，可表示擇業成功的可能性。

3. 構念關聯效度

構念關聯效度係指測驗能測量理論的概念或特質之程度而言。

此種效度旨在以心理學的概念來說明分析測驗分數的意義，亦即從心理學的理論觀點就測驗的結果加以詮釋和探討。所謂「建構」（即「構念」）就是心理學理論所涉及之抽象而屬假設性的概念、特質或變項，如智力、焦慮、機械性向、成就動機等。在建構效度考驗的過程中，必須先從某一建構的理論出發，導出各項關於心理功能或行為的基本假設，據以設計和編製測驗，然後由果求因，以相關、實驗和因素分析等方法，查核測驗結果是否符合心理學上的理論見解。例如從現代智力的理論，可推出四項主要的假設：(1)智力隨年齡而增長，(2)智力與學業成就有密切的關係，(3)智商是相當穩定的，(4)智力受遺傳的影響。於是心理學者針對智力的心理功能，根據上述的假設，編製智力測驗，再就實施測驗所得資料加以分析，如果受試者的測驗分數隨年齡而增加，其智商在一段時間內保持相當的穩定性，而且智力與學業成就之間確有正相關存在，同卵雙生子的智力之相關亦高於一般兄弟或姊妹，這些實際的研究結果就成為肯定此一測驗建構效度的有力證據。

四、影響效度的因素

測驗的效度有不同的層面，其衡鑑的方法視測驗之性質與功能而定。上述各種效度分別從不同的角度說明測驗的正確性，涉及測驗內容、理論依據、效標和樣本等事項。而其效度之高低受許多因素的影響，可歸納為下列五方面：

測驗組成方面——試題是構成測驗的要素，測驗之效度取決於試題的性能。舉凡測驗的取材、測驗的長度、試題的鑑別度、難度及其編排方式等皆與效度有關。若測驗材料經審慎的選擇，測驗的長度恰

當，試題具有相當的鑑別力且難易適中並作合理的安排，則效度高；反之則效度低。

測驗實施方面——測驗的實施程序是影響效度的重要因素。若主試者能適當控制測驗情境，遵照測驗手冊的各項規定而實施之，則可避免外在因素影響測驗結果的正確性。在測驗實施的過程中，無論是場地的布置、材料的準備、作答方式的說明、時間的限制等，如不遵照標準化的程序進行，則必然使效度降低，失去測驗的意義。

受試反應方面——受試者的興趣、動機、情緒、態度和身心健康狀況等，皆足以決定其在測驗情境中的行為反應，而受試者是否充分合作與盡力而為，均能影響測驗結果的可靠性與正確性。無論是能力測驗或人格測驗，惟有藉著受試者真實的反應，始能推斷其心理特性和適應狀態。

效標方面——選擇適當的效標是測驗效度的先決條件，若因所選的效標不當，以致測驗的效度不能顯現出來，則測驗的價值可能被湮沒。一個測驗因其所採用的效標不同，其效度係數可能大相逕庭。從統計的觀點分析之，一個測驗的效標關聯效度受下列三個因素的影響：(1)測驗之信度，(2)效標之信度，(3)測驗所量度者與效標所鑑定者之間的真正相關程度。

樣本方面——效度考驗所依據的樣本，必須確能代表某一測驗所擬應用的全體對象。一個測驗應用於不同的對象，由於他們在性別、年齡、教育程度與經驗背景上的差別，其測驗功能不一致，效度亦隨之而異。此外，樣本的異質性（ sample heterogeneity ）與測驗的效度係數有關，如果其他條件相等，樣本分數的全距愈大，則效度係數也愈高。有些測驗在考驗效度時所依據者是經過甄選的樣本，其測驗分數或效標量數分布的範圍受到限制，由於變異減少，乃使相關係

數變小，以致低估效度係數，宜設法加以校正。

綜上所述，測驗之效度受到多方面因素的影響。為了增進測驗的效度，必須針對這些因素予以嚴密的控制，講求測驗編製和實施程序的標準化，注意受試者在測驗情境中的行為反應，並顧及適當樣本和效標之選擇，以建立符合測驗目的與功能的效度。

五、信度與效度的關係

㈠信度是效度的必要條件而非充分條件

信度和效度是優良測驗工具所必備的兩項主要條件。一般人對信度和效度的界說，往往混淆不清，以致未能把握其意義和相互的關係。從心理計量學的觀點而言，信度僅指測量結果是否一致的可靠程度，不涉及測量所得是否正確的問題；效度則針對測量的目的，考查測驗能否發揮其測量功能，而以其確能測出所欲測量之特質的有效程度表示之。效度是測驗的首要條件，而信度是效度不可缺少的輔助品。不可靠的測驗，沒有多大的用處；測驗結果不正確，則毫無價值。因此，一套理想的測驗應能前後一致測出真正的特質。

因為信度比效度易於衡鑑，所以有些測驗編製者避重就輕，祇注意於陳述信度而忽略有關效度的說明，甚至認為信度就是效度的保證，這是極大的錯誤。其實，信度是效度的必要條件（ necessary condition ）而非充分條件（ sufficient condition ）。一個測驗如無信度，即無效度；但有信度，未必即有效度。換言之，有效的測驗必須是可信的測驗，但可信的測驗未必是有效的測驗。據此推衍，可得如下的論斷：測驗的可靠性低，其正確性必低；測驗的可靠性高，其正確性未必高；測驗的正確性低，其可靠性未必低；測驗的正確性高，其可靠性必高。

㈡信度與效度的變異關聯性

在本章第一、三節中，曾從測驗分數變異的觀點，將信度和效度分別界說如下：

$$r_{xx} = \frac{\sigma_t^2}{\sigma_o^2}$$

$$val. = \frac{\sigma_{co}^2}{\sigma_o^2}$$

根據因素分析的原理，一個測驗的總變異量（ total variance ）是由共同變異量（ common variance ）、特殊變異量（ specific variance ）和誤差變異量（ error variance ）三部分所構成。其公式如下：

$$\sigma_o^2 = \sigma_{co}^2 + \sigma_{sp}^2 + \sigma_e^2$$

上式兩端除以 σ_o^2 而得：

$$\frac{\sigma_o^2}{\sigma_o^2} = \frac{\sigma_{co}^2}{\sigma_o^2} + \frac{\sigma_{sp}^2}{\sigma_o^2} + \frac{\sigma_e^2}{\sigma_o^2}$$

上述右端第一項為效度，即共同變異量在總變異量中所占的比率，第一項與第二項之和為信度，即共同變異量與特殊變異量之和在總變異量中所占的比率。信度與效度的關係可用下列公式表示之：

$$val. = r_{xx} - \frac{\sigma_{sp}^2}{\sigma_o^2}$$

(三)信度係數的平方根是效度係數的最高限

測驗的效標關聯效度之高低，與測驗及其效標的信度有關。如果測驗及效標的信度均低，則效度係數減低，往往低估了眞正的效度，須用下列公式校正之：

$$r_c = \frac{r_{xy}}{\sqrt{r_{xx}r_{yy}}}$$

式中 r_c 表示校正後的效度係數，r_{xy} 表示實得的效度係數，r_{xx} 爲測驗的信度，r_{yy} 爲效標的信度。由於 r_c 的最大值爲＋1，故上式可轉化爲：

$$r_{xy} \leq \sqrt{r_{xx}r_{yy}}$$

如果效標的信度未知，則以其可能的最大值＋1代入上式，又可轉化爲：

$$r_{xy} \leq \sqrt{r_{xx}}$$

因此，效度係數的最高限爲信度係數的平方根。信度係數的平方根又稱信度指數或內在效度指數（ intrinsic validity index ）。換言之，效度係數不致大於信度指數或內在效度指數。

六、信度與效度的應用

(一)信度與測驗分數之解釋

受試者在測驗上所得分數含有若干誤差，如果直接以測驗分數作爲某種特質或功能的確切指標，可能導致錯誤的解釋與論斷。由於個人內在的心理狀態及外界環境因素的影響，個人在測驗中實得分數可

能高於或低於其在所測量之心理特性上的真正水準。信度即指實得分數與真正分數的符合程度，也就是真正分數在實得分數總變異量中所占的比率，據此可知測驗結果的可靠性。因此，信度愈高，測量誤差愈小；信度愈低，測量誤差愈大。信度在實際應用上，有兩種主要的方式，一者用以解釋個人測驗分數的意義，另一者據以比較不同測驗分數的差異。茲分別舉例說明如下：

1. 個人真正分數的推定

假定國小國語科成就測驗的信度係數為 .91，T分數的標準差為 10，則其測量標準誤為 $10\sqrt{1-.91} = 3$。若某生在該測驗的實得分數轉化成T分數為60，則其真正分數以T分數表示時，落在54至66之間的機率為95.4%。上述測驗分數的分配情形及其間的關係，可從圖2-2見之。

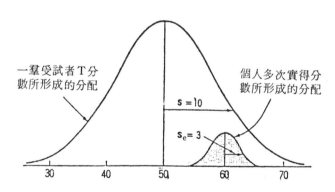

圖 2-2　測驗分數之標準差與測量標準誤的關係

2. 兩項測驗分數的比較

兩種測驗的原始分數，若參照相同樣本所建立的常模，轉換成相同尺度的標準分數，便可相互比較，惟其差距必須大至

相當的程度，始能確認其意義。為了說明個人在兩種測驗上表現的優劣，我們可以應用「差異的標準誤」（standard error of the difference），衡量其差距的大小，以檢定其差異的顯著性。常用的公式如下：

$$SE_{diff.} = S\sqrt{2 - r_{xx} - r_{yy}}$$

上式中 $SE_{diff.}$ 表示差異的標準誤，S 表示相同尺度的標準分數之標準差，r_{xx} 表示第一種測驗的信度係數，r_{yy} 表示第二種測驗的信度係數。

假定國語科成就測驗的信度係數為 .91，數學科成就測驗的信度係數為 .84，如果受試者在該兩種測驗上的原始分數皆已轉化成 T 分數，其標準差為 10，則其差異的標準誤為 $10\sqrt{2 - .91 - .84} = 5$。若採取 .95 的信賴水準，則受試者在該兩種測驗上得分的 T 分數之差異，必須達到或超過 1.96 $SE_{diff.} = 1.96 \times 5 = 9.8$，始能視為真正有差別存在。

(二)效度與效標特質之推估

測驗的效度除用以表示測驗結果的正確性之外，通常可在個人預測和人才甄選方面發揮其估計與決斷的功能。一套具有相當效度的測驗，可增進個人預測與機構選才的效率。在個人預測方面，測驗的效度愈高，估計標準誤（standard error of estimate）愈小，兩者的關係可從下列公式見之：

$$\sigma_{est.} = \sigma_y\sqrt{1 - r^2_{xy}}$$

式中 $\sigma_{est.}$ 為估計標準誤，σ_y 為效標分數的標準差，r^2_{xy} 為效度係數

的平方。$\sqrt{1-r^2_{xy}}$ 稱爲離異係數（ coefficient of alienation ）
，以 K 表示之，當 $r_{xy}=1.00$ 時，K 值爲 0 ，即預測之結果毫無誤差
；當 $r_{xy}=0$ 時，K 值爲 1 ，即預測的效果與猜測無異。 1 － K 可作
爲預測效率的指數。在人才甄選方面，根據測驗結果定出臨界分數（
cutoff score ），以揀選在此分數以上的人員，則其在效標上的成功
比率提高，可顯示測驗的檢定效率。在圖 2-3 中，水平粗線表示合格

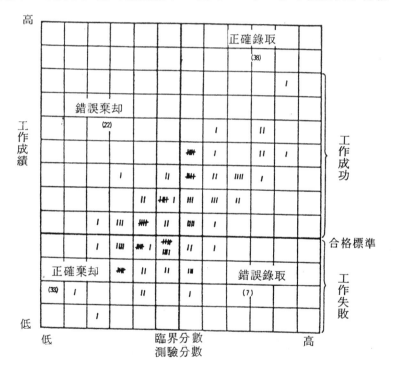

圖 2-3　測驗臨界分數及工作合格標準之訂定與錄取
　　　　或棄却之正誤的關係

標準，垂直粗線表示臨界分數，由兩條粗線畫出四個象限：右上角爲
正確被錄取者，占38％；左上角爲錯誤被棄却者，占22％；左下角爲

正確被棄卻者，占33％；右下角爲誤被錄取者，占７％。就全體人員
而言，工作成功者占60％；在被錄取的人員中，工作成功者約占84％
。後者的成功率比前者增加24％，即爲運用測驗作爲檢定工具的效果。

效度在實際應用上，有三種主要的途徑，茲分別舉例說明如下：

1.標準分數迴歸方程式

迴歸方程式以標準分數表示，其截距爲０，斜率爲相關係
數，其公式如下：

$$Z'_y = r_{xy}Z_x$$

上式中 Z'_y 爲效標的標準分數之估計值， Z_x 爲測驗分數的標準
分數， r_{xy} 爲效度係數。

茲根據表 2-1 的資料，說明其應用途徑如下：

表2-1 小學生智力測驗分數與智育成績
的平均數、標準差及相關係數

	智力測驗分數（X）	智育成績（Y）
平 均 數	102.56	85.24
標 準 差	16.37	6.35
相關係數	.72	

假定某個學生在智力測驗上的得分爲 120 ，則其智育成績的估
計值約爲90。其計算步驟如下：

$$Z_x = \frac{120 - 102.56}{16.37} = 1.07$$

$$Z'_y = .72 \times 1.07 = .77$$

$$Y' = 85.24 + .77 \times 6.35$$

$$= 90.13 \fallingdotseq 90$$

2.泰、羅二氏預期表

　　泰勒（H.C. Taylor）與羅素（J.T. Russell）二氏曾
在西元1939年根據相關與機率原理提出一系列統計表，即（泰
、羅二氏預期表」（Taylor-Russell expectancy table），
闡述測驗的預測效度與其人員甄選效率的關係，可供機構預測
（ institutional prediction ）之用。

　　假定最近五年來某小學高年級學生參加學科競試，獲得優
異成績者所占百分率分別爲 42 ％、39 ％、40 ％、38 ％、41
％，在敎學情況和學生素質保持穩定的條件下，該校今年參加
學科競試優異者所占百分比可預估爲40％。在此一情況下，應
以泰、羅二氏十個表中的第五表（即本章表 2-2 ）爲依據，視
效度係數與選出率（ selection ratio ）之高低，以預測學生
參加學科競試獲選爲優勝者的可能性。表中左側第一直行所列
者爲效度係數，由 .00 至 1.00；頂端第一排所列者爲選出率，
由 .05 至 .95 ；表內數值爲被選出人員中成功者所占的百分率
。茲舉例說明如下：

　　倘若學生的智力測驗分數與學科競試成績的相關係數（即
預測效度）爲 .70 ，如按智力測驗分數的高低，從該校高年級
學生中擇優選出20％，則這些學生參加學科競試獲選優勝的機

率為 .82；如果擇優選出40％，則其獲選優勝的機率為 .69。倘若預測效度為 .85，從該校高年級學生中依智力分數擇優選出 5％，由表中數值為1.00可知：這些學生皆可在學科競試中獲選為優勝者；如依智力分數擇優選出20％，則其獲選優勝的機率為 .93；如依智力分數擇優選出40％，則其獲選優勝的機率為 .79。其餘情況，可依此類推。總之，預測效度愈高，擇優選出率愈小，則其成功的機率愈大。

3.勞氏預期表

　　勞氏預期表（ Lawshe expectancy tables ） 是由勞胥（ C.H. Lawshe ）等人事心理學者在西元 1958 年首次提出，共有五個表，分別適用於合格率為 30 ％、 40 ％、 50 ％、 60 ％、70％的五種情況，可供個人預測（ individual prediction ）之用。每表左測第一直行所列者為測驗工具的預測效度係數，由 .15 到 .95；其右頂端所列者係按測驗分數之高低分為「最優」、「中上」、「中等」、「中下」、「最劣」五個等級，各占五分之一；表內數字為屬於某一等級者合格獲選的百分率。假定某校高年級學生參加學科競試有40％能獲得優異成績，若已知智力測驗對學科競試成績的預測效度為 .70，那麼可根據學生在智力測驗上得分的等級，從勞氏預期中的第二表（即本章表 2-3 ），預測個別學生獲選優勝的可能性如下：屬「最優」一類者為82％，屬「中上」一類者為58％，屬「中等」一類者為36％，屬「中下」一類者為19％，屬「最劣」一類者為 6 ％；若測驗的預測效度為 .85，則依測驗分數畫分為五個等級，由上而下各等級學生獲選優勝的百分率分別為93％、64％、 32 ％、 10 ％、1％；其餘可類推。有些學者研究的結

表2-2 應徵者合格率為40％的泰、羅二氏預期表

效度＼選出率	.05	.10	.20	.30	.40	.50	.60	.70	.80	.90	.95
.00	.40	.40	.40	.40	.40	.40	.40	.40	.40	.40	.40
.05	.44	.43	.43	.42	.42	.42	.41	.41	.41	.40	.40
.10	.48	.47	.46	.45	.44	.43	.42	.42	.41	.41	.40
.15	.52	.50	.48	.47	.46	.45	.44	.43	.42	.41	.41
.20	.57	.54	.51	.49	.48	.46	.45	.44	.43	.41	.41
.25	.61	.58	.54	.51	.49	.48	.46	.45	.43	.42	.41
.30	.65	.61	.57	.54	.51	.49	.47	.46	.44	.42	.41
.35	.69	.65	.60	.56	.53	.51	.49	.47	.45	.42	.41
.40	.73	.69	.93	.59	.56	.53	.50	.48	.45	.43	.41
.45	.77	.72	.66	.61	.58	.54	.51	.49	.46	.43	.42
.50	.81	.76	.69	.64	.60	.56	.53	.49	.46	.43	.42
.55	.85	.79	.72	.67	.62	.58	.54	.50	.47	.44	.42
.60	.89	.83	.75	.96	.64	.60	.55	.51	.48	.44	.42
.65	.92	.87	.79	.72	.67	.62	.57	.52	.48	.44	.42
.70	.95	.90	.82	.76	.69	.64	.58	.53	.49	.44	.42
.75	.97	.93	.86	.79	.72	.66	.60	.54	.49	.44	.42
.80	.99	.96	.89	.82	.75	.68	.61	.55	.49	.44	.42
.85	1.00	.98	.93	.86	.79	.71	.63	.56	.50	.44	.42
.90	1.00	1.00	.97	.91	.82	.74	.65	.57	.50	.44	.42
.95	1.00	1.00	.99	.96	.87	.77	.66	.57	.50	.44	.42
1.00	1.00	1.00	1.00	1.00	1.00	.80	.67	.77	.50	.44	.42

表2-3　應徵者合格率爲40％的勞氏預期表

預測效度 係 數　r	測　驗　分　數　之　等　級				
	最優⅕	中上⅕	中等⅕	中下⅕	最劣⅕
.15	48	44	40	36	32
.20	51	44	40	35	30
.25	54	45	40	34	28
.30	57	46	40	33	24
.35	60	47	39	32	22
.40	63	48	39	31	19
.45	66	49	39	29	17
.50	69	50	39	28	14
.55	72	53	38	26	12
.60	75	53	38	24	10
.65	79	55	37	22	08
.70	82	58	36	19	06
.75	86	59	35	17	04
.80	89	61	34	14	02
.85	93	64	32	10	01
.90	97	69	29	06	00
.95	100	76	23	02	00

果指出：根據勞氏預期表所求得的理論預期數（ theoretical expectancies ）與由實際資料所決定的經驗預期數（ empiri-cal expectancies ）之間的差異小於純機遇的誤差，可見其

具有相當準確的預測性。

七、常模的意義、類型與求法

(一)常模的意義

　　常模是解釋測驗結果的參照依據。測驗分數必須藉助於常模以解釋其意義。常模代表標準化樣本在測驗上實際表現的平均成績或中等水準，受試者的測驗分數對照常模加以比較，即可顯示其在所屬團體中的相對地位，據以說明一羣受試者之間的個別差異現象。標準化測驗（ standardized test ）必須有常模，且建立常模是測驗標準化過程中的重要工作。然而，常模與標準有所不同：後者通常是指吾人所期望而事先決定的目標或鵠的，含有「理想的」、「應然的」之意；前者則指大多數受試者在某種行為屬性上的一般狀態，具有「平凡的」、「既然的」等涵義。簡言之，常模不是固定不變的標準，而是解釋測驗分數意義所參照的相對量數。

　　各種標準化的心理測驗均須提供適當的常模，作為測驗分類之解釋與測驗結果之應用的依據。參照常模，原始分數（ raw score ）可轉化為衍生分數（ derived score ）。至於將原始分數轉化為衍生分數的目的有二：(一)表明個人在某種心理特質上處於常模團體中的相對地位，顯示個體間的差異；(二)提供相同尺度的量數，使個人在兩種以上測驗的結果可以相互比較，顯示個體內的差異。上述兩種個別差異的了解，在教育或輔導工作上甚為重要。

(二)常模的類型

　　個人的測驗結果，如與各發展階段中的一般個體相互比較，可知其在某種心理特質上的成熟程度；如與個人所屬團體中的成員相互比

較，可顯示其高低或優劣。配合前一種情形的需要，必須建立「發展性常模」（ developmental norms ），包含年齡常模（ age norm ）和年級常模（ grade norm ）；適應後一種的需要，必須建立「團體內常模」（ within-group norms ），包含百分位數常模（ percentile norm ）和標準分數常模（ standard score norm ）茲將上列四種主要的常模分別說明如下：

1.年齡常模

在年齡量表上，受試者在測驗上的得分，可換成「心理年齡」，以表示其心智能力發展的程度。心理年齡常模之建立，係在每個年齡組標準化樣本內，計算各組兒童在該測驗上原始分數的平均數，即得該測驗的年齡常模。心理年齡的單位並不完全相同，有隨年齡縮小的趨勢。由於各年齡間的單位並不完全相等，爲了便於相互之間的比較，乃有「智力商數」的發明。心齡只能表示心理發展的水準，智商可以表示智慧發展的速度。年齡常模的概念祇能適用於發展中的兒童，對於成人，須以他種的常模來解釋其測驗分數。年齡常模祇適用於和年齡有密切關係的心理特質之分析和比較，譬如大多數的人格特質，就不便以年齡爲單位予以測量。

2.年級常模

年級常模具有年齡常模的特性，只是改以年級組別替代年齡組別。年齡常模適用於教育成就測驗，可用以表示學生在校學業成就的水準。每一年級的知能生長量並不相等；以年級單位表示生長之程度，祇在教學保持繼續性的學科上，始具意義。就像年齡常模不適於成人一樣，年級常模亦不適於高中以上的學生。此種常模用於解釋小學生在各科學業成就上的表現，

相當方便而具實用性,但它在校外的事物上,則用處甚少。

3.百分位數常模

　　百分位數常模通常以原始分數與百分等級(percentile ranks)的對照表方式呈現。百分等級表示在一羣分數中低於某一分數者所占的百分率,據此可以看出得某一分數者在其所屬團體中所占的相對位置。百分位數與百分等級的意義淺顯易懂,且其求法簡易,既適用於兒童,也適用於成人,因而為各種心理測驗所常採用。不過,其主要缺點在於:⑴百分等級的單位不等,中間部分的單位小,而兩端的單位大;⑵百分等級不適於運算,因其祇是相對地位之表示而已。現在有些測驗百分位數常模以「百分位帶」(percentile band)表示之,通常以得分上下一個「測量標準誤」為帶限,換成百分位數而得。

4.標準分數常模

　　這是一種具有數理特性而適於各種統計分析的衍生分數常模,故為晚近測驗界所普徧採用。標準分數係以平均數為參照點,用離均差的數值表示個別測驗分數在所屬團體中的相對位置。依轉換的方式而分,有直線標準分數(linear standard scores)和常態化標準分數(normalized standard scores)兩種;依定準點和尺度的不同而分,有 z 分數、T 分數、AGCT 分數、CEEB分數、離差智商(deviation IQ)、標準九(stanine)等。

測驗結果的解釋必須有適用的常模作為參照的基準。常模的適用性取決於標準化樣本的代表性和人數的多寡。從前測驗求取常模的範圍往往過於廣泛,晚近的趨勢則根據測驗目的選擇適切的樣本以建立

常模，除全國性常模（ national norm ）外，另有地區性常模（local norm ）、學校常模（ school norm ）以及其他各種分類的常模。爲了便於兩種以上測驗分數之間的比較，最近測驗學者採用「雙重標準化」（ dual standardization ）的方式，參酌測驗的性質、功能和將來應用的範圍，選取具有共同代表性的樣本，以建立常模。

㈢建立常模的方法

我國現行心理測驗大多採用「百分位數」與「標準分數」兩種常模。從量化及統計特性的觀點言之，標準分數是各種衍生分數中最佳者之一，有日漸被普徧採用的趨勢。由於百分位數的意義明確而易於解釋，故常爲一般學校教師所樂於採用。茲舉例說明這兩種常模的求法如下：

1.百分位數常模的求法

這是一個由單值組距次數分配表推求百分等級的實例。假定某國民小學高年級 480 名學生共同接受國語文基本能力測驗，測驗所得的原始分數最高者爲 45 ，最低者爲 11 。爲便於由原始分數推求百分等級，須先將這些學生的測驗分數以單值組距（ unit interval ）的方式，從最高分到最低分，依大小順序不間斷地排列，而後歸類整理成次數分配表，其情形如表 2-4 左側兩直行所呈現的資料。這些資料經由下列步驟加以處理，即可求得每一個原始分數的百分等級。其公式如下：

$$PR = \frac{100}{N} \left(cf - \frac{f}{2} \right)$$

表中的 X 爲測驗分數， N 爲總人數， f 爲某測驗分數的次

數（frequency），cf 爲其累積次數（cumulative frequency）。$cf - \dfrac{f}{2}$爲某分數組中點的累積次數，例如：測驗分數 36 的 $cf - \dfrac{f}{2} = 433 - \dfrac{12}{2} = 427$。$\dfrac{cf - \dfrac{f}{2}}{N}$爲某分數組中點的相對累積次數，由 $cf - \dfrac{f}{2}$除以 N 而得，例如：測驗分數 36 的 $\dfrac{cf - \dfrac{f}{2}}{N} = \dfrac{433 - \dfrac{12}{2}}{480} = 427 \div 480 = .890$。PR 表示某分數的百分等級，係由 $\dfrac{cf - \dfrac{f}{2}}{N}$ 乘以 100 而得，例如：測驗分數 36 的 $PR = .890 \times 100 = 89$。

　　由單值組距次數分配表推求百分等級的程序，如表 2-4 所示，由左至右，可歸納爲下列五個步驟：

(1)先將所有受試者的測驗分數依大小順序處理成爲單值組距的次數分配表。

(2)其次，求各個測驗分數的累積次數。

(3)再其次，求各個測驗分數之組中點的累積次數。

(4)然後，求各個測驗分數之組中點的相對累積次數。

(5)最後，求得各個測驗分數的百分等級。

　　前述資料按上列步驟計算的結果，可呈現如表 2-5。

表 **2-4** **480名學生的測驗分數之次數分配表**

及其百分等級之計算過程

X	f	cf	cf − f/2	$\dfrac{cf - f/2}{N}$	PR
45	2	480	479	.9979	99.8
44	0	478	478	.9958	99.6
43	2	478	477	.9938	99.4
42	3	476	474.5	.9885	99
41	5	473	470.5	.9802	98
40	6	468	465	.9688	97
39	8	462	458	.9542	95
38	9	454	449.5	.9365	94
37	12	445	439	.9146	92
36	12	433	427	.8896	89
35	14	421	414	.8625	86
34	15	407	399.5	.8323	83
33	17	392	383.5	.7990	80
32	20	375	365	.7604	76
31	24	355	343	.7146	72
30	25	331	318.5	.6635	66
29	28	306	292	.6083	61
28	32	278	262	.5458	55
27	30	246	231	.4813	48
26	27	216	202.5	.4219	42
25	26	189	176	.3667	37
24	24	163	151	.3146	32
23	21	139	128.5	.2677	27
22	21	118	107.5	.2240	22
21	19	97	87.5	.1823	18
20	17	78	69.5	.1448	15
19	16	61	53	.1104	11
18	13	45	38.5	.0802	8
17	12	32	26	.0542	5
16	7	20	16.5	.0344	3
15	5	13	10.5	.0219	2
14	4	8	6	.0125	1
13	0	4	4	.0083	0.8
12	3	4	2.5	.0052	0.5
11	1	1	0.5	.0010	0.1

N = 480

表2-5 小學高年級學生國語文基本能力 測驗百分位數常模（ N = 480 ）

原始分數	百分等級	原始分數	百分等級
42	99	27	48
41	98	26	42
40	97	25	37
39	95	24	32
38	94	23	27
37	92	22	22
36	89	21	18
35	86	20	15
34	83	19	11
33	80	18	8
32	76	17	5
31	72	16	3
30	66	15	2
29	61	14	1
28	55		

2.標準分數常模的求法

　　茲以 T 分數為例，說明建立常模的步驟如下：

　　T 分數是一種以 50 為平均數， 10 為標準差的標準分數。

由原始分數直線轉換為 T 分數的公式是：

$$T = 50 + \frac{X - M}{SD} \times 10$$

式中的 X 爲個別的原始分數，M 爲原始分數的平均數，SD 爲原始分數的標準差。

　　假定有一所國民小學高年級 480 名學生共同接受國語文基本能力測驗，測驗所得的原始分數最高者爲 45，最低者爲 11，其平均數爲 27.36，標準差爲 6.59。將原始分數的平均數與標準差代入公式，即爲：

$$T = 50 + \frac{X - 27.36}{6.59} \times 10$$

爲便於計算出與各個原始分數相對應的 T 分數，上式可進一步化成下式：

$$T = 8.48254932 + 1.51745068\ X$$

若將原始分數 X = 11 代入上列式中，可得：

$$T_{11} = 8.48254932 + 1.51745068 \times 11$$
$$= 25.17450680$$

原始分數 12 的 T 分數可由原始分數 11 的 T 分數加上 1.51745068 求得：

$$T_{12} = 8.48254932 + 1.51745068 \times 12$$
$$= 8.48254932 + 1.51745068 \times (11 + 1)$$
$$= 8.48254932 + 1.51745068 \times 11 +$$
$$1.51745068$$

$$= 25.17450680 + 1.51745068$$

$$= 26.69195748$$

同理，原始分數 13 的 T 分數 $= 26.69195748 + 1.51745068$ $= 28.20940816$ ；原始分數 14 的 T 分數 $= 28.20940816 +$ $1.51745068 = 29.72685884$ ；其餘類推。

由於一般的計算機皆有固定鍵或記憶鍵，可將本例中的常數 1.51745068 儲存，逐次累計，一一求出與原始分數相對應的 T 分數。由於 T 分數通常取整數，故須將計算所得帶有小數的數值按四捨五入法化爲整數。上述資料的演算過程及結果可摘要如下表：

至於常態化的量表分數（ T－scaled score ） 之求法，必須先將測驗分數依大小順序整理成爲累積次數分配表，據以求出各原始分數的累積百分比，再從標準常態分配數值表中查得相對應的 z 值，代入下列公式，即可求得 T 分數：

$$T = 50 + 10z$$

例如：在 480 名國小學生國語文基本能力測驗分數的次數分配中，25 分的累積百分比爲 .367 ，其相對應的 z 值爲 -0.34 ，故其 T 分數 $= 50 + 10 \times（-0.34）= 46.6 \doteqdot 47$ ；34 分的累積百分比爲 .832 ，其相對應的 z 值爲 0.96 ，故其 T 分數 $= 50 + 10 \times（0.96）= 59.6 \doteqdot 60$ 。各原始分數皆可循此程序求得常態化的 T 分數。

㈣「校準常模」的意義與求法

受試者在測驗上所得的原始分數，必須參照適用的常模，換算成

原始分數	求得的數值	T分數
45	76.76782992	77
44	75.25037924	75
43	73.73292856	74
42	72.21547788	72
41	70.69802720	71
40	69.18057652	69
39	67.66312584	68
38	66.14567516	66
37	64.62822448	65
36	63.11077380	63
35	61.59332312	62
34	60.07587244	60
33	58.55842176	59
32	57.04097108	57
31	55.52352040	56
30	54.00606972	54
29	52.48861904	52
28	50.97116836	51
27	49.45371768	49
26	47.93626700	48
25	46.41881632	46
24	44.90136564	45
23	43.38391496	43
22	41.86646428	42
21	40.34901360	40
20	38.83156292	39
19	37.31411224	37
18	35.79666156	36
17	34.27921088	34
16	32.76176020	33
15	31.24430952	31
14	29.72685884	30
13	28.20940816	28
12	26.69195748	27
11	25.17450680	25

相對的量表分數（scaled score），始能看出他在某項心理特質上的高低或優劣。如想進一步比較兩種以上測驗的分數，則分數換算所根據的常模，必須是基於相同或類似的標準化樣本（standardization sample）所建立者，才有意義。為了便於兩種測驗分數的比較，最好參酌測驗的性質、功能和將來應用的範圍，選取具有共同代表性的樣本，採用雙重標準化（dual standardization）的方式，以建立常模。不過，如果這兩種測驗的編製與標準化工作無法同時進行，前後必須相隔一段時間，則選取完全相同的樣本以建立常模，事實上是不可能的。因此，美國有些測驗學者或編製者（Angoff,1968；Flanagan et al, 1964；Lennon, 1964；Maberley, 1966）乃針對測驗結果之解釋與交互應用的需要，提出建立「校準常模」（calibrated norms）的理論與方法，已在幾種測驗中使用，有逐漸被推廣應用的趨勢。

　　校準常模之建立，其主要目的在於循簡便途徑發展新測驗的常模，並增進兩種以上測驗分數之間相互比較的可能性（comparability）。欲建立某一新測驗的校準常模，必需有一套與其性質相同或密切相關且經過標準化的舊測驗作為「定準測驗」（anchor test）。然後，新測驗與舊測驗同時在標準情境中實施於一羣受試者—「校準樣本」（calibration sample）；再依這些受試者在兩種測驗上的分數分配，分別求得原始分數與百分等級對照表；進而基於「相等百分位數」（equipercentile）的原理，由新測驗分數推測它在舊測驗常模中的相對位置，據以建立新測驗的常模。茲舉一例說明建立校準常模的程序如下：

　　「測驗甲」是已經標準化的數學能力測驗，已有全省性國中一年級學生常模（見表一）。「測驗乙」為新編的數學能力測驗，因受人

表一　「測驗甲」台灣省國中一年級學生
（N＝2,000）百分位數常模

百分等級—— 原始分數	百分等級—— 原始分數	百分等級—— 原始分數
99 — 60	65 — 34	30 — 23
95 — 52	60 — 32	25 — 21
90 — 48	55 — 31	20 — 18
85 — 45	50 — 30	15 — 15
80 — 40	45 — 29	10 — 12
75 — 38	40 — 27	5 — 8
70 — 36	35 — 25	1 — 3

力和經費的限制，祇能在台北縣內取樣，以建立地區性常模。然而，我們可利用「測驗甲」為定準測驗，在建立「測驗乙」台北縣國中一年級學生常模之同時，也求出「測驗乙」全省性國中一年級學生的校準常模。首先，從台北縣國民中學隨機抽取一年級學生兩百名為標準化樣本，使他們同時接受「測驗甲」和「測驗乙」，然後根據這些學生的測驗結果，求得兩測驗的原始分數與百分等級對照表（見表二）。因為「測驗甲」和「測驗乙」同屬數學能力測驗，同一樣本在這兩個測驗上的得分，可參照其百分等級，予以比較和轉換。例如：「測驗甲」和「測驗乙」原始分數的中位數（P_{50}）分別為 36 和 48，表示在「測驗乙」得 48，相當於在「測驗甲」得 36。再從「測驗甲」全省性常模中，可查出原始分數 36 相當於百分等級 70。因此，我們可以逐步推測出在「測驗乙」得48分者，其數學能力在全省國中一年

表二　台北縣國中一年級學生（N＝200）原始分數與百分等級對照表

百分等級	測驗甲原始分數	測驗乙原始分數
99	60	80
90	52	70
80	45	63
70	40	57
60	38	52
50	36	48
40	34	45
30	31	40
20	27	34
10	23	27
1	15	20

表三　「測驗乙」校準常模台灣省國中一年級學生

原始分數	百分等級
80	99
70	95
63	85
57	80
52	75
48	70
45	65
40	55
34	40
27	30
20	15

級學生中的百分等級為70。表三所列的校準常模係從表二和表一照上述的步驟推算而來。

　目前，我國各級學校普遍推行學生輔導工作，所使用的測驗日漸增多，為使各種測驗的結果能發揮其應用的功效，建立多種可資比較的常模，實屬必要。在適當的條件下，審慎運用建立校準常模的方法，為測驗結果的解釋和應用提供合理的參照基準，當可增進測驗在教育或輔導中的功能。

㈤各種衍生分數之比較

　　兩種以上測驗的原始分數不能直接比較，但若參照相同標準化樣本所建立的常模，轉換成百分等級或標準分數，就可相對衡量其高低或優劣。從圖2-4可顯示各種衍生分數之間的相對關係。

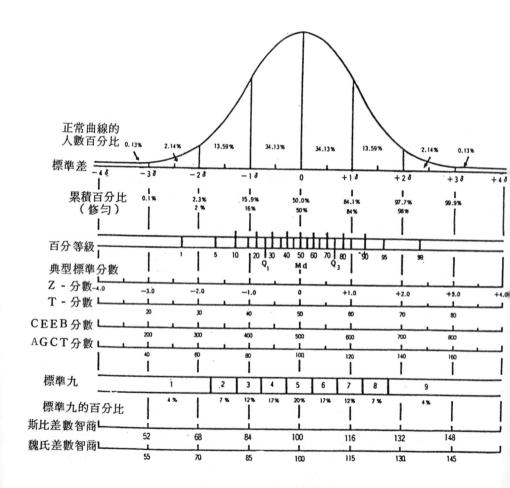

圖2-4　測驗分數對照圖

八、解釋測驗結果應注意事項

歐森（M.M. Ohlsen）氏在一九六三年發表一篇題為「測驗分數之解釋」的文章，提及向學生及其家長解釋測驗結果的原則與要點。茲將其要義摘述如下，以供學校教師與輔導人員之參考。

㈠在測驗實施之前，應使人們有悅納和適當運用測驗結果的正確觀念與積極態度。

㈡除非有受過心理學專業訓練的合格人員足以有效使用測驗工具並能適當解釋測驗結果，心理測驗不可輕易付諸實施。

㈢測驗材料和測驗分數祇能交給通曉測驗原理和方法且能適當有效運用測驗的合格人員。

㈣測驗分數之解釋的對象，應祇限於學生本人及其家長或法定監護人等適當人員；在任何場合，均須避免讓無關的人員聽到或看到測驗的結果及其有關的解釋資料。

㈤鑒於測驗分數常被外行人加以錯誤解釋，是以在提供測驗結果的資料給學生及其家長之時，應附加淺顯的解釋和說明之文字。當學生或其家長覺得確有需要而請求提供更進一步資料之時，應滿足其需求，將測驗分數作充分的解釋，使學生了解自己，也使家長了解其子女。

㈥在解釋測驗的結果之前，教師和輔導人員應熟悉各種有關學生的非測驗資料（ nontest data ）；在解釋測驗分數之時，應該鼓勵學生以非測驗資料補充測驗結果，兩相配合，以求充分運用學生的個案資料，增進對學生的了解。

㈦測驗的解釋者（教師或輔導人員）對學生和測驗工具應有充分的認識和了解，並鼓勵學生參與測驗分數之解釋，適時將正確資料

　　向學生說明，使學生直接領會測驗分數的意義，並藉以獲致眞正
　的自我了解。

㈧測驗的解釋者必須非常敏銳地察覺學生對測驗及其相關資料的瞭
　解情形，必要時，應給予適切的補充說明。

㈨教師和輔導人員應鼓勵學生對其測驗結果主動有所反應；從學生
　在言行上的立即反應，教師和輔導人員可據以判斷學生對測驗結
　果的感受，而及時予以適切的輔導，以增進其自我了解，並能悅
　納自己。

㈩測驗結果之解釋旨在使學生瞭解自己，並作明智的決定；教師和
　輔導人員應就測驗的結果向學生作事實性的說明，避免批判性的
　評斷，更不可與學生爲測驗分數的意義而有所辯論，主觀武斷的
　批評或辯護均非所宜。

參考文獻

Angoff, W.H.(Ed.) Technical manual : College Entrance
　　Examination Board. Princeton, N.J. : Educational
　　Testing Service, 1968.

Flanagan, J.C., et al. The American high school student.
　　Pittsburgh : Project TALENT Office, University of
　　Pittsburgh, 1964.

Lennon, R.T.Norms : 1963. In Proceedings, Invitational
　　Conference on Testing Problems, 1963. Princeton, N.J.
　　: Educational Testing Service, 1964, PP.13-22.

Maberly, N.C. The standard score scale for revised tests
　　in the evaluation and adjustment series. New York :
　　Harcourt, Brace & World, 1966.

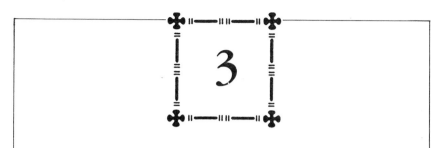

心理與教育測驗的發展

　　心理與教育測驗是二十世紀一門新興的應用科學。其淵源可溯自三千多年前中國以六藝取士及隋唐之後的科舉制度（DuBois, 1970）。如以科學研究的觀點來說，心理與教育測驗的發展歷史尚短，但其成長與進展甚速，現已成為心理學在研究及應用上最主要的方法和技術之一。世界先進國家在各級各類學校、就業服務部門、工商企業機構、軍事單位及醫院診所等，均已普遍採用心理測驗，作為測量人類行為個別差異的科學工具。由於科學技術與統計方法的進步，心理測驗在編製和應用方面已獲致相當的成果，尤其在教育科學化的潮流激盪下，心理與教育測驗的發展更顯現其光明的遠景。本文擬先敘述心理測驗之起源，然後說明美國心理與教育測驗之發展、我國心理與教育測驗之發展，進而綜論心理與教育測驗發展的新趨勢。

一、心理測驗之起源

　　心理測驗萌芽於十九世紀末葉，係受當時德、英、法三國有關人類心理的科學研究之影響。

㈠德國實驗心理學研究

　　實驗心理學之父馮德（W. Wundt）於一八七九年在萊比錫大學設立心理實驗室，利用物理學與生理學的儀器與方法，測量物理性刺激和主觀的感覺之強度，進行心物學（psychophysics）的實驗研究。此種實驗所使用的科學定量技術和精確記錄方法，實爲現代心理測驗之濫觴。

㈡英國個別差異研究

　　達爾文（C.R. Darwin）的名著「物種原始」（Origins of Species）指出生物種屬中有變異存在，激起優生學者高爾登（F. Galton）對人類個別差異研究的興趣。高氏爲了研究人類身心特質的遺傳性，乃發明各種測量工具，並以評定量表、問卷及自由聯想法，獲取客觀可靠的量化資料，進而創用分析個別差異資料的統計方法，後來由其門生皮爾遜（K. Pearson）和斯皮爾曼（C. Spearman）予以發揚光大，爲心理測驗奠定了穩固的基石。從此以後，測驗與統計也結了不解之緣。

㈢法國異常心理學研究

　　十九世紀法國人士基於人道的立場，對智能不足和心理失常者寄予關懷，主動研究其成因，並探求適當診療的方法，以期改善這些不幸者的生活。當時有兩位著名的醫生艾斯奎勒（E.D. Esquirol）和施桂音（E. Seguin），致力於低能者之鑑別及訓練的實驗研究工作

。前者以語文運用的能力作爲鑑別低能層次的標準；後者主張給予低能者充分的感官訓練以發展其動作能力。此等方面努力的成就，對以後智力測驗之發展，具有啓迪和推動的作用。一九○四年，比奈（A. Binet）承法國教育部之委託，主持智能不足兒童的鑑定工作，與其同事西蒙（T. Simon）合作，於一九○五年編成世界上第一套標準化的心理測驗——比西量表（Binet-Simon Scale），而被尊稱爲智力測驗之父。

二、美國心理與教育測驗之發展

美國心理學者卡特爾（J. M. Cattell）是馮德的學生，曾受德國實驗心理學的訓練，後來在劍橋大學講學時，又與高爾登交往，對英國個別差異的研究亦有相當的認識和了解。卡氏由歐返美以後，任教於賓州大學，積極倡導設立心理實驗室及推展心理測驗運動。在一八九○年發表「心理測驗與測量」（Mental tests and measurements）一文，創用「心理測驗」一詞，主張「心理學若不植基於實驗與測量上，決不能夠有自然科學的準確性。」他是使美國心理學由哲學的玄想轉入實際的應用之功臣，在心理測驗發展史上佔有相當重要的地位。當時由於教育上各種革新措施的需要，心理測驗乃成爲不可缺少的科學工具。在此方面從事研究的教育與心理學者承先啓後，人才輩出，形成心理測驗研究發展的風氣。

心理測驗發軔於歐洲，來自德、英、法三國的現代心理學研究之潮流在美國滙合，形成一股巨大的力量，推動心理測驗加速發展。其在二十世紀中的進展，可分爲五個時期：

㈠開創期（自一九○○至一九一五年）

　　由於上述四種科學研究的影響，心理測驗的可能性和重要性逐漸
被人們所認識。當時教育與心理學者在測驗方面正進行各種初步嘗試
性的工作，其研究成果爲以後的發展奠定了基石。在本期中，比較重
要的測驗發展事項有三：㈠比西智慧量表（Binet-Simon Intelli-
gence Scale）在一九〇五年初次問世，又經一九〇八年和一九一一
年兩次的修訂，立即引起各國心理學者的注意，競相翻譯、修訂和應
用，其中以美國斯丹佛大學心理學教授推孟（L.M. Terman）所主
持的修訂工作最足稱道。㈡歐迪思（A.S. Otis）　等學者由於研究
興趣和實際需要，開始嘗試編製團體智力測驗，探討其可行性。㈢在
學校教育方面，不同學科的成就測驗相繼出現，如桑戴克（E.L.
Thorndike）的「書法量表」、史東（C.W. Stone）的「算術測驗
」、白金漢（B.R.Buckingham）的「拼字測驗」等皆是。

㈡盛行期（自一九一五至一九三〇年）

　　大量編製及普遍應用測驗工具，而疏於批判和檢討，以致造成誤
用、濫用的流弊，爲本期最顯著的現象。其測驗發展主要的事項如下
：㈠一九一六年斯比智慧量表（Stanford-Binet Intelligence
Scale）出版，樹立修訂測驗的楷模。㈡在第一次世界大戰期間，美
國陸軍大規模使用團體智力測驗，有甲、乙兩種量表（Army Alpha,
Army Beta），其成果相當良好，使智力測驗的概念流傳民間，並
加強人們對團體測驗的信心。㈢學校教育工作所需的各種標準化測驗
紛紛編製完成，並廣泛加以應用；世界上第一套綜合性成就測驗——
斯丹佛成就測驗（Stanford Achievement Test）於一九二三年出版
，可同時評量學生在各種學科上的一般成就，據以比較不同方面學習

成就的高低。㈣在人格衡鑑方面,開始採用自陳量表(self-report inventories),如吳偉士(R.S. Woodworth)的「個人事實表格」、普萊西(S.L. Pressey) 的「 X - O 測驗」等,使測驗方法的應用由智能之測量擴及情性領域。

㈢批判期(自一九三〇至一九四五年)

在此一時期中,心理測驗的研究轉向理論基礎的探討,測驗的方法和技術注重信度和效度之提高,對各種測驗結果的解釋採取比較審慎的態度,而教育評量的重心已由少數學科知能的測量轉至整個教育目標是否實現的評鑑。此外,衡鑑人格特性及適應狀態的投射技術(projective techniques)由臨床心理學所創用,受到相當的重視,使心理測驗能進一步探索個人心理深層的反應。

㈣統合期(自一九四五至一九六〇年)

第二次世界大戰中,美軍測驗計畫之實施又獲致相當的成功,加強了人們大量使用測驗的信心,於是全國性大規模的測驗計畫(large-scale testing programs),如CEEB(College Entrance Examination Board)和ACTP (American College Testing Program)等,受到社會大眾的支持,充分發揮測驗在人員甄選(personnel selection)、分類(classification)和安置(placement) 方面的統合功能。各種測驗有計畫的安排配合,且以有系統的方式付諸實施,為本期測驗發展最主要的特徵。

㈤推廣應用期(自一九六〇年以後到現在)

在電腦時代的工業社會中,測量和現代生活息息相關,人們常以

數字表示個別差異現象，每年成千上萬的兒童、青年及成人接受各種心理測驗，而測驗的結果決定了他們升學和就業的機會，於是物極必反，引起社會大衆對心理測驗的懷疑和攻擊，紛紛批評測驗的使用侵犯了私權（ invasion of privacy ），指責他未必是公平的衡鑑工具。因此，心理測驗的編製、使用以及結果的解釋分析，更需心理學專業知識的配合，務使學校教師、輔導人員和社會大衆皆有充分的認識和了解，然後測驗始能有效地推廣應用於人生各方面的活動，而發揮其最大的功能。

三、我國心理與教育測驗之發展

　　我國以考試取才已有相當悠久的歷史，隋唐以降的科舉制度對傳統教育的影響至爲深遠。歐美各國文官考試制度亦取法於我國，故外國學者論述考試的理念與方法之起源，大致歸之於中國。林一眞（民73）曾爲中國式智力測驗尋根，指出一些民俗活動如搯子兒、翻鼓、中國結、跳房子、仙人擺渡、九連環、七巧板、燈謎、字陣等，皆蘊含智能的巧思作用，與智力測驗的原理相通。至於以現代科學方法引進歐美心理測驗的技術，進行研究發展工作，雖然僅有大約七十年的歷史，但其研究成果不少，值得一述。路君約和黃堅厚（民71）在其所著「我國心理測驗五十年來之發展」一文中，以中國測驗學會於民國二十年六月在南京成立及於民國四十年六月在台北復會爲準，分爲三個時期，說明我國心理與教育測驗發展的重要史實。

㈠發軔期（民國元年至民國二十年）

　　我國心理測驗的發展，係從智力測驗的引進開其端，帶動其他各種測驗的研究。民國四年，柯雷頓（ Creighton ）曾在廣東以直譯的

智力測驗測量五百餘個兒童，測驗內容包括機械記憶、邏輯記憶、交替、類推等項目。綜其結果，中國男生智力僅及美國男生的百分之八十四，女生僅及百分之七十七，蓋因語文之不同所致。民國七年，華爾科特（Wallcott）任敎於北京清華學校，曾以一九一六年斯比量表（Stanford-Binet Intelligence Scale, 1916）測驗該校高等科四年級學生六十四人，其結果有四十四人智商在一百以上。兪子夷等也在民國七年根據桑戴克的書法量表之編製程序，編成小學生適用的正書中字、小字及行書中字、小字四種量表，開我國敎育測驗編製之先河。民國八年，廖世承與陳鶴琴在南京高等師範敎育系講授心理測驗，是爲我國大專院校設有心理測驗課程之始。民國九年，廖陳二氏在新生入學考試時使用心理測驗，正式介紹應用科學的測驗方法，翌年其合著的「智力測驗法」一書出版。

民國十一年，美國哥倫比亞大學敎授麥柯爾（W.A. McCall）應中華敎育改進社之聘，來華指導編製各種測驗工作，南京高師、北京高師、北京大學、燕京大學等校心理學者及敎育學者全力協助之，至民國十三年陸續完成智力測驗及敎育測驗達二十餘種之多，計有(1)廖世承的團體智力測驗、(2)劉延芳的中學智慧測驗、(3)德爾滿（E.L. Terman）的非文字智力測驗、(4)德爾滿的機械智力測驗、(5)陳鶴琴的圖形智力測驗、(6)陸志韋訂正的比納西蒙智力測驗等。

民國十七年，國民革命軍統一全國以後，致力於國家建設，社會各方面欣欣向榮，心理測驗也有了新的發展。中國國民黨於中央訓練部設置測驗科，一面編製標準測驗，一面舉行新法考試。民國十九年於中央政治學校設立測驗工作人員養成所，由吳南軒敎授主持其事，訓練專才辦理測驗工作，對我國心理測驗之發展，頗有貢獻。

(二)成長期（民國二十年至民國四十年）

民國二十年六月二十一日，中國測驗學會在南京中央大學正式成立，參加者有來自全國各地的心理學者及教育行政專家一百三十七人，以研究測驗理論、推行測驗方法、並培植測驗專門人才爲宗旨，發行測驗專刊，致力於各種測驗之編訂及研究發展。

在智力測驗方面，中國測驗學會與中央大學心理學系合作完成者有小學智慧測驗兩種、中學智慧測驗五種、訂正古氏兒童智慧測驗及訂正墨跋幼兒量表等；與人事心理研究社合作者有大學心理測驗五種；與內政部合作者有普通警察個別測驗一種、普通警察團體測驗兩種及警官智慧測驗十種。此外，尚有陸志韋和吳天敏第二次訂正比奈西蒙智力測驗、艾偉修訂賓特勒兒童智慧測驗、黃覺民修訂幼兒智力圖形測驗等。

在教育測驗方面，艾偉於民國十五年起受中華教育文化基金董事會贈予科學講座，從事於中小學學科心理的研究，尤注重國語心理的研究，遂編製若干國語及英語測驗，以研究國語文及英語學習心理，其研究結果曾發表爲四大著作：一爲漢字問題，二爲國語問題，三爲國文教學心理學，四爲英語教學心理學，對我國教育學術之研究，貢獻至鉅。抗戰時，艾氏專心主持中大教育心理研究所，一方面繼續研究學科心理學，一方面擴大與指導所中師生編製心理與教育測驗。陸續發表的測驗，屬於國語文者有中學文白理解力量表、漢字測驗等八種；屬於數學者有小學算術應用題測驗、高中平面幾何測驗等九種；屬於英語文者有中學英語測驗、大一英語理解速度測驗等四種；屬於常識科者有初中常識測驗等九種；並於民國二十五年出版中學學力及高中與大學學力測驗兩種，幾乎包羅全部中小學學科，均由中華書局出版（路君約、黃堅厚，民71）。

在人格測驗方面，蕭孝嶸於民國二十三年修訂「Ｘ－〇測驗」，民國二十五年修訂「個人事實表格」、「馬氏人格評定量表」及「勒氏品質評定量表」。此外，尚有沈有乾修訂的情緒態度測驗、興趣測驗各一種及何清儒修訂的主要興趣測驗等。

在心理測驗推廣應用方面，內政部警政司於民國二十四年成立測驗小組，與國立中央大學心理系合作研究警員心理，並進行編製各種心理測驗。民國二十七年改組為警察智力測驗室，民國三十五年警察總署成立後，更加強此項科學技術的研究工作，先後編製完成「普通警察心理測驗」、「特種警察測驗」、「警官智力測驗」、「警官品格測驗」等數種。自民國二十九年至三十六年間，接受測驗的員警，即達二萬三千餘人之多。民國三十六年，我國空軍總司令部成立心理研究室，由程法泌教授主持其事，曾參照美國 Army General Classification Test 編訂四種普通分類測驗，以測量空軍官兵的智力。考試院也成立考試技術改進委員會，負責籌辦心理測驗的研究與實施等工作。

㈢研究發展與推廣應用期（民國四十年至今）

民國四十年六月十日，中國測驗學會在台灣省立師範學院召開會員大會，重新展開心理測驗研究發展工作，於民國四十一年十一月第二次年會時，發行「測驗專輯」，於民國四十二年十二月舉行第三次年會時，出版「測驗年刊」第一輯，此後每年年會均循例印行年刊一輯，至民國七十六年一月已發行三十四輯，共有論文四百餘篇。

民國四十一年，國防部成立心理研究室，進行分類任職制度的規劃與研究，由路君約、孫敬婉及顧吉衛等教授先後主持普通分類測驗之編製與實施工作。民國四十二年，海軍總部人事署成立供求分類室

，由路君約教授主持海軍測驗的編製和實施工作。民國四十四年，陸軍總部人事署成立分類任職室，由徐正穩教授主持陸軍人員分類測驗之編製和實施工作。民國四十五年，國軍退除役官兵就業指導委員會聘請蘇薌雨、倪亮、蕭世朗、張肖松、湯冠英諸教授，應用陸軍乙種智力量表、班達完形測驗等，檢定不適服現役人員。

　　民國四十八年，教育部國民教育司與中國測驗學會合作編訂智力測驗，由程法泌、顧吉衛兩位教授主持編製國民智慧測驗甲種（文字）、國民智慧測驗乙種（非文字），於民國四十九年完成；由路君約、黃堅厚兩位教授主持比西智力量表第三次修訂工作，於民國五十二年完成。民國五十六年，教育部委託國立台灣師範大學教育研究所編製國民中學適用的心理測驗，由賈馥茗教授主持其事，完成國民中學普通能力測驗一種及國民中學學科能力測驗五種，已建立台灣地區常模。民國五十七年，政府明令國民教育延長為九年，並公佈國民中學暫行課程標準，規定國民中學應辦理「指導活動」，必須實施各種心理測驗，以了解學生的智力、性向及興趣等心理特質，於是各大學心理系、教育心理系、教育系、教育研究所等學術研究單位紛紛從事各種心理測驗的編製和修訂，以利輔導工作之推行，已完成的智力測驗達二十餘種之多。民國六十年，教育部指定九所高級中學試辦學生評量與輔導工作，各大學亦應需要而編訂各種心理測驗，計有加州心理成熟測驗第五種、區分性向測驗、白氏職業興趣量表等。

　　最近數年來，先後完成兩種重要的個別智力測驗之修訂工作，乃是我國測驗學界的兩件大事。比西智力量表的第四次修訂，由教育部邀請路君約、程法泌、黃堅厚、張春興、盧欽銘、簡茂發、黃國彥、林邦傑等二十餘位教授成立工作小組，從民國六十四年四月開始，進行編訂測驗題、取樣及建立常模等，於民國六十五年七月完成。魏氏

兒童智力量表（WISC-R）的修訂工作，由國立台灣師範大學教育心理學系主任陳榮華教授主持，參加者有郭爲藩、黃堅厚、路君約、簡茂發、盧欽銘、吳武典等教授，自民國六十六年八月開始，至民國六十八年七月完成，共歷時二年。這兩套智力測驗對我國近年來積極推展特殊教育與輔導工作，已充分發揮衡鑑和診斷的功能，貢獻頗大。

在教育成就測驗方面，台灣省教育會與中國測驗學會合作，由師大宗亮東教授領導編製國民學校五、六年級適用的國語默讀、算術、算術應用題、公民、歷史、地理、自然等七種學科測驗，於民國四十一年由台灣省教育會出版。民國四十六年起，台灣省國民學校教師研習會在政大程法泌教授指導下，三年中編成國民小學國語、算術、常識、自然、歷史、地理、公民等學科各年級上下學期的成就測驗四十種，參加建立常模的學生樣本多達六十萬人。台灣省立師範學院中等教育輔導委員會亦聘請專家學者設計編製初中適用的學科成就測驗，至民國四十三年已完成出版者計有沈亦珍氏初中英語測驗、唐守謙氏初中作文量表、孫邦正氏初中書法量表、宗亮東和朱辛二氏合編初中代數測驗及其他學科測驗等。其後數年間，教育部亦聘請李祖壽、程法泌教授編製初中算術、代數、幾何、理化、博物等五種學科測驗。民國六十二年，教育部指定九所高級中學試辦評量與輔導工作，逐年陸續編製各年級學生適用的國文、英文、數學、三民主義、歷史、地理、物理、化學、生物等學科成就測驗，並建立各科題庫，共有選擇題二萬七千餘則。民國六十八年，國民小學新課程由一年級開始逐年實施，台灣省國民學校教師研習會爲求配合，乃聘請學科專家與測驗學者共同指導國小資深優秀教師參與數學及自然科學成就測驗之編製工作，迄民國七十五年六月，完成國小一年級至六年級上下學期各一冊的數學、自然科學成就測驗共二十四種，建立都市、北部、中部、

南部、東部及離島等五個地區的 T 分數、百分位數常模。

　　各大學心理系、教育系、教育心理系、教育研究所、心理研究所、輔導研究所等單位，對心理測驗的研究發展不遺餘力，貢獻良多，其主要成果如下：

1. 國立台灣大學心理學系所曾編訂大學資格測驗（CQT）、加州心理成熟測驗第五種（CTMM-Level V）史氏職業興趣調查表（SVIB）、基晉氏性格量表（G-Z-T-S）、卡氏十六人格因素量表（Cattell's 16 PF）等測驗。

2. 國立政治大學教育系所及心理系所曾編訂孟氏行為困擾調查表（Mooney Problem Check List）、石爾斯通性格量表（Thurstone Temperamental Schedule）、多元性向測驗（Multiple Aptitude Test）、貝爾適應量表（Bell Adjustment Inventory）、白氏職業興趣量表（Brainand Occupational Preference Inventory）、包何二氏學習習慣態度問卷（Brown-Holtzman Survey of Study Habits and Attitudes）、葛氏非文字測驗（Cattell's Culture Fair Intelligence Test）羅桑二氏語文智力測驗、羅桑二氏非語文智力測驗（Lorge-Thorndike Intelligence Tests）、國民中學國文科、英語科、數學科、物理科、化學科成就測驗等。

3. 國立台灣師範大學教育心理系及教育研究所曾編訂普通分類測驗（AGCT）、中學智慧測驗、瑞文氏非文字推理測驗（Raven's Progressive Metrices）、魏氏成人智力量表（WAIS）、魏氏兒童智力量表（WISC-R）、系列學業性向測驗、美術性向測驗（修訂 Meier's Art Judgment Test 及 Graves' Design Judgment Test 而成）、青年人格測驗（

MCＩ）、圖畫觀察測驗（Harrower's Multiple Choice Rorschach Test）、艾德華斯個人興趣量表（EPPS）、逆境對話圖册（Rosenzwieg Picture Frustration Study）、加州人格品質量表（CPＩ）、社會興趣調查問卷（Study of Values）、普通能力測驗（甲）、國文能力測驗、英語能力測驗、數學能力測驗、機械能力測驗、動作能力測驗、國民中學適用國文成就測驗、英語成就測驗、數學成就測驗、社會科成就測驗、自然科成就測驗等。

4.私立東海大學曾編訂國語文能力測驗、英語診斷測驗、數學測驗、職業興趣量表等。

行政院青年輔導委員會於民國六十二年六月邀集國內測驗學術界人士組成心理測驗策進委員會，同時委託中國測驗學會編印發行「測驗與輔導」雙月刊，迄民國七十六年四月已刊行八十一期。在編製心理測驗方面，曾委託中國測驗學會修訂完成「青年性向測驗」、「青年興趣測驗」、「工作價值觀量表」與「職業探索量表」。

內政部職業訓練局爲配合我國職業訓練與就業輔導之需要，計劃編訂完整的心理測驗工具，乃於民國七十一年聘請學者專家組成職業心理測驗指導小組，研擬長期的發展計劃，並委託中國測驗學會進行有系統的測驗編製或修訂工作，迄民國七十六年已完成修訂通用性向測驗（General Aptitude Test Battery）、修訂職業興趣量表（USES Interest Inventory）修訂基本語文及計算能力測驗（Basic Occupational Literacy Test）、編製興趣檢核表（The Interest Check List）、編製工作性格測驗、建立特定職業性向組型等任務。

此外，心理測驗的發展與文官考試制度及方法的研究改進之關係至爲密切。考試院爲改進考試技術，成立考試技術研究委員會，負責

籌辦心理測驗的研究與實施等工作。自民國四十年至四十三年，各年
度心理測驗均與高普考同時舉行，四十四年僅普通考試施行心理測驗
。民國四十四年高普檢定考試開始採用測驗式試題的科目有國父遺教
、憲法、歷史和地理；翌年，物理、化學、政治學、法學通論等科目
亦採用新法考試試題；到了民國四十六年，又推廣至行政法、民刑法
概要。迄民國四十九年止，一共有高檢部分的新法考試試題二十九種
，普檢部分的新法考試試題三十一種，合計六十種。據統計，自民國
四十四年至五十六年止，考試院共編印智力測驗八種和人員分類測驗
二十五種，以拔取眞才，杜阻倖進之徒。

四、心理與教育測驗發展之新趨勢

　　心理測驗發展到今天，大約有將近一百年的歷史。理論的闡發日
益精微，編製技術不斷進步，其應用範圍也逐漸擴大。最近心理測驗
的發展，以心理學的理論作基礎，運用統計學的方法和技術，在量的
增加和質的提高兩方面，均有相當可觀的成就。現代心理計量學（
psychometrics）和差異心理學（differential psychology）的研
究，已與心理測驗的編製和應用密切結合，使心理測驗成爲一門兼顧
理論和實際的應用科學。由於新式電子計分機和電腦在測驗資料的處
理方面提供最佳的服務，乃使心理測驗獲致長足的進展。綜觀本世紀
以來心理測驗的演進趨勢，可知心理測驗之興起乃由於心理學者在理
論方面的研究興趣以及社會方面的實際需要；其研究之內容自智能的
測量而擴及整個人格的衡鑑，由表面行爲的觀察而透入深層反應之剖
析，從一般學習成果之考查進而注重各方面行爲變化之評量；測驗的
對象包括兒童、青年和成人，而應用的範圍已從學校推廣至社會各行
業。茲分測驗的理論、編製和應用三方面，說明心理測驗今後發展的

趨勢。

㈠理論方面

1. 心理測驗旨在增進個人的了解——現代民主化教育尊重學生的人格，教育情境之安排以學生身心的生長與發展爲着眼點，舉凡教材的選擇與教法的運用，均力求配合學生的能力、經驗、興趣與需要，以促進學生完整人格的健全發展。爲了解學生各方面個別差異現象，必須配合運用各種不同性質的心理測驗，以獲取正確可靠的量化資料，作爲施教和輔導的依據。測驗結果應向學生作充分的解釋分析，使其了解自己，並作明智的抉擇，惟有關測驗的資料宜予適當的保密（ confidentiality ），以維護學生的私權（ protection of privacy ），這是學校使用測驗的基本原則。

2. 兼顧智性與情性之測量——個人是機能性的整體（ functional whole ），要了解一個人，必須從其完整人格各方面行爲去觀察、測驗和衡鑑，而個體的行爲主要涉及智性（ cognitive ）與情性（ affective ）兩種心理特質。前者屬能力範疇，包括智力、性向和成就；後者爲非智能的人格特質，諸如性格、興趣、態度等均屬之。人類在這些心理特性上皆有個別差異存在，其測量的可能性已被肯定，雖然目前對情性特質尚無法加以精確的測量，但測驗學者正在方法上謀求改進，將來可能會有一些突破性的發展。由於智性與情性特質均爲構成整個人格的要素，彼此密切相關而不可分，故現代心理學者認爲這兩方面的測量一樣重要，應同時兼顧之。

3. 智能是多方面能力的綜合表現——心理學者對智能的性質及其

組成因子的見解不盡一致，形成各種智能理論，影響智能測驗之內容及其測驗結果之解釋。然而，異中有同，大致認為智能並非單一因子，而是多方面能力的綜合表現，且智能之發展兼受遺傳和環境的交互作用，性向與成就並無截然區分的界限，故智力測驗、性向測驗與成就測驗固然有其目的和功能上的差異，但其內容殊多重疊之處，三者在運用上應力求相互配合，而不宜有所偏廢。

4. 重視創造力的測量與研究——最近有不少教育與心理學者致力於創造力（ creativity ） 的研究，分析創造者的人格特質，並探求創造力與智力、學業成就之間的關聯性，發現創造力不同於一般智能，其可變性較大，以擴散性思考（ divergent thinking ）的能力為主，故無法以傳統的方式測量之，而須改用無固定答案的開放式題目，就受試者作答時所表現的獨創性（ originality ）、變通性（ flexibility ）、流暢性（ fluency ）和精密性（ elaboration ）四方面，以測量其超乎尋常的思考力。此外，創造性的表現屬情性範疇，尚須以人格測驗定性的方法衡鑑之。

5. 注重測驗性能之實證分析——各種測驗所測量的特質應予以具體明確的說明，行為樣本（ behavior sample ）和效度標準（ validity criterion ）之選取，須依據測驗的性質和功能而決定之。測驗的內容宜包含生活情境中反應性和操作性兩種行為，使其能充分反映個人在所測量的特質上之差異情形。至於測驗的因素之確定，可用「多變數分析（ multivariate analysis ）」的方法為之，而試題之難度和鑑別度以及測驗之信度和效度，更須以適當的統計方法，進行多次的複核，相互參照

比較，以確定測驗眞正的性能，進而適切地應用測驗，發揮其
評估、診斷和預測的功能。

6.潛在特質理論之建立與發展——測驗理論是測驗編製、解釋及
　應用的基礎。鑑於傳統的測驗理論之缺失，現代心理計量學者
　乃提出新的測驗理念，建立並發展更適宜的心理測驗理論，此
　即「潛在特質理論」（ latent trait theory ），或稱「試題
　反應理論」（ item response theory ）。Lord（ 1952,1953
　），首倡此一理論，Rasch（ 1966 ）提出單參數的對數模式，
　其後學者（ Bock, 1972 ; Hambleton & Traub, 1973 ;Ham-
　bleton & Cook, 1977 ; Lord, 1980 ; Samejima, 1972 ;
　Wright, 1977 ） 加以發揚光大，雖然所用的函數程式不盡相
　同，但有其共通性，要點有四：(1)心理特質潛藏在個體之內，
　無法直接觀察，祇能從受試者的行爲表現加以推衍得知；(2)估
　計試題難度時，應摒除受試樣本程度的影響；(3)估計個人特質
　分數時，應摒除測驗特性的影響；(4)把試題難度及特質分數化
　成相同的尺度，便於測驗結果的解釋與預測。基於上述觀點，
　研究者可選擇適當的試題或用加權的方法組成測驗，以增加所
　估計特質的精確性，也可經由電腦程式來估計潛在特質之值。

(二)測驗編製方面

1.對測驗編製持審愼態度——目前心理學者對測驗之編製，已持
　相當審愼的態度，認爲它是一種有計畫的專業性工作，必須按
　照一定的程序，經由設計、命題、預試、項目分析、選題、建
　立常模等步驟，始能編出一套測驗，而一套優良的測驗有其必
　備的條件，測驗編製者尙須顧及其信度、效度和實用性等問題

。美國心理學會（American Psychological Association）於一九七四年出版「教育與心理測驗的標準」（Standards for Educational and Psychological Tests）一書，對標準測驗的信度、效度、常模等均有明確的規定，已成爲心理學者編製測驗的圭臬。布羅斯（O.K. Buros）從一九三八年起編輯「心理測量年鑑」（Mental Measurements Yearbooks），至今已出版八卷，對各種標準測驗均有中肯的評論，可作爲一般人選擇測驗與編製者修訂測驗之借鏡或參考。

2. 成立題庫以備測驗取材之用——試題是組成測驗的要素，有了適當的試題，始能構成一套可靠而有效的測驗。現代由於電腦的發明和統計分析方法的進步，大規模的測驗編製機構均事先配合發展測驗的需要，約請專家大量命題，經有計畫的預試，然後進行電腦化的資料處理，求出各試題的難度和鑑別度，再依試題材料的性質及其功能，分門別類予以儲存，成立題庫（item banks），將來編配正式測驗各種複本之試題時，即可通盤考慮各項因素從中取材，使測驗具有相當的適切性，而更能發揮其功能。

3. 研究改進編製成就測驗的新方法——傳統編製成就測驗的方法大多以課程教材內容爲其主要的着眼點，力求試題的取材出處符合均勻的比例分配，據以編成「內容取向的成就測驗」（content-oriented achievement tests）。鑑於正常的教學與評量須兼顧教材內容和教學目標，成就測驗之編製除了切合教材內容外，應依據教學目標，就學生行爲變化的不同層面加以分析，注重認知、情意及技能等心理歷程之評量，而編成「歷程取向的成就測驗」（process-oriented achievement

tests）。因此，在編製學科成就測驗的時候，通常先分析課程的教材內容及行為目標，進而形成「雙向細目表」（two-way specification table），作為命題的藍圖，如此可提高其內容效度，發揮評量的功能。最近十餘年來，有些學者（Anderson, 1972 ; Bormuth, 1970 ; Gronlund, 1985 ; Hively et al., 1973 ; Millman 1973 ; Popham, 1978, 1981）指出傳統編製成就測驗方法的缺點和限制，引介「領域參照測驗」（domain-referenced testing）的理念，發展一些編製成就測驗的新方法，諸如語文轉換法、試題架構法、詳述目標法、層面設計法等（黃國彥，民73）。

4. 開拓建立常模的新途徑——測驗結果的解釋必須有適用的常模作為參照的基準。常模的適用性取決於標準化樣本的代表性和人數的多寡。從前測驗求取常模的範圍往往過於廣泛，晚近的趨勢則根據測驗目的選擇適切的樣本以建立常模，除全國性常模（national norm）外，另有地區性常模（local norms）、學校常模（school norms）以及其他各種分類的常模。為了便於兩種以上測驗分數之間的比較，最近測驗學者採用「雙重標準化」（dual standardization）的方式，參酌測驗的性質、功能和將來應用的範圍，選取具有共同代表性的樣本，以建立常模。另有一些測驗學者針對測驗結果之解釋與交互應用的需要，提出建立「校準常模」（calibrated norms）的理論與方法，以性質相同而已標準化的舊測驗為定準，基於「相等百分位數」（equipercentile）原理，據以建立新測驗的常模。在成就測驗方面，除傳統的建立常模之方法外，測驗學者發展一種「試題抽樣」（item sampling）的方法，分

別求出學生在各類試題通過的百分比，以比較受試者在不同方面學習成就的水準，從教育評量的觀點而言，此種方法更具有實用的價值。

(三)測驗應用方面

1. 建立完整的測驗計畫——學校為了瞭解學生，以便因材施教，必須使用心理測驗。由於心理測驗的種類繁多，其性質和功能各有不同，在實施和應用方面宜作適當的安排，始能前後連貫，相輔相成。因此，建立學校測驗計畫（school testing program）是首要工作。一項完整的測驗計畫應包括八個步驟：確定計畫的目的、選擇適當的測驗、實施測驗、計分、分析並解釋測驗分數、應用測驗結果、評鑑測驗計畫的成果、登錄資料和提出報告。測驗計畫的施行，是全校教師共同的責任，必須以合作的方式完成之。

2. 測驗的實施、計分和解釋分析電腦化——資訊時代的來臨，電腦在學校等機構普遍使用，對心理與教育測驗的研究發展及推廣應用之影響頗大。電腦可以儲存大量的試題，視受試者的背景條件、能力水準及作答反應情形等，取用最適當組合的試題，進行有彈性且具最大效率的施測，如此可在符合測驗標準化的要求下，充分適應個別差異，使每個受試者都能盡力而為，作最大或最切合實情的表現，此即所謂「適性測驗」（tailored testing）或「個別化測量」（individualized testing）。使用電腦施測的結果，可套用現成的計分及資料處理的程式，發揮自動化功能，打印出測驗分數及其經由統計分析的結果，一貫作業，可達到正確、快速、簡便、充分、有效的科學

要求。

3.兼顧團體性和個案資料的分析——學校對學生測驗結果的分析
，可從廣面的（ extensive ）和深入的（ intensive ）兩個角
度同時進行，一方面從大量的數據中尋求一般的法則（ nomo-
thetic approach ），以認識學生團體普遍的心理現象，另一
方面就個別事例加以精深的探究（ idiographic approach ），
而對某一特定學生各種心理特性之間的交互關係獲取透徹的了
解。兩者在方法上相互補充，在結果上互相印證，使心理測驗
的應用更能切實有效。

4.綜合各項資料解釋測驗結果——各種測驗結果之解釋，必須與
其他有關資料相互配合，對照比較，始能充分顯示其意義，而
有助於真正了解受試者的能力組型和人格適應的狀態。單一分
數祇能表示籠統的結果，而多項測驗分數所組成的側面剖析圖
（ profile ），可顯示個人在各種心理特質上優劣參差的情形
，無論是臨床上的診斷或實際上的應用，都更具有價值。對測
驗結果的解釋，依其方向和着眼點之不同，可分為四個層面：
⑴描述身心屬性的現狀；⑵追溯其現狀的形成原因及其演變之
過程；⑶以過去和現有資料為基礎，預測其未來可能的發展；
⑷根據既定的標準，對行為表現作價值判斷，並就其出路的抉
擇，提供評鑑性的建議。

5.注重測驗結果之適當運用——一般人由於對測驗的基本理論與
技術未能深切認識，而容易產生誤解、錯用和濫用。其實，心
理測驗並非萬能的科學工具，各種測驗均有其特殊的用途和限
制，唯有在它的限制範圍內，由適當的人員，依照它的特性，
作合理的運用，始能發揮其最大的功能。除了測驗本身有其功

能上的限制外，測驗的結果因受外在許多因素之影響，必然造成誤差，故我們在分析測驗結果時，必須利用各種有關資料加以研判，尤其應考慮測驗的信度和效度，據以估計測量誤差的大小，推斷其可信的程度，進而能適當地運用測驗結果，以解決一些實際的問題。

6.心理測驗與教學評量密切配合——無論教學前、教學中或教學後的評量，均可採用心理測量的科學方法，以了解學生身心發展的成熟程度或起點行為；隨時掌握學生在學習過程中行為變化的情形，診斷其學習困難之處，並分析其原因，及時給予補救教學及學習輔導；最後衡鑑學生累積的成就水準或終點行為，據以評定其成績，並考查其努力程度和進步情形。有些學者（ Glaser & Klaus, 1962 ； Popham, 1978, 1981 ） 檢討「常模參照評量」（ norm-referenced evaluation ）的缺失，倡導「標準參照評量」（ criterion-referenced evaluation ）的方法和「精熟學習」（ mastery learning ） 的精神，已形成在此方面繼續研究發展的一股潮流，藉測驗與評量，以維持教學水準，促進教育的正常發展。

參考文獻

王鳳喈：我國測驗工作現況概述。測驗年刊，民國四十八年，第七輯，第一至二頁。

王鳳喈：由本刊一至十輯論文總目錄看測驗在中國之進展。測驗年刊，民國五十二年，第十輯，第一至五頁。

林一眞：潛在特質理論簡介——測驗編製的發展新趨勢。見路君約編：我國測驗的發展。中國測驗學會，民國七十一年，第六十一至

七十頁。

林一眞：中國式智力測驗。張老師月刊，民國七十三年，第十三卷第四期，第三十七至四十五頁。

侯 璠：測驗之重要及趨勢。教育文摘月刊，民國五十年，第六卷第十期，第一至四頁。

張肖松：心理測驗簡史。測驗年刊，民國四十三年，第二輯，第三至十頁。

黃堅厚：近年我國測驗工作的進展。測驗年刊，民國五十九年，第十七輯，第一至五頁。

黃國彥：編製成就測驗的新方法。測驗年刊，民國七十三年，第三十一輯，第六十九至八十二頁。

程法泌：五十年來心理測驗在中國的發展。見中國教育學會主編：近五十年來之中國教育。台北市，復興書局，民國六十六年，第一三六至一八一頁。

路君約、黃堅厚：我國心理測驗五十年來之發展。見路君約編：我國測驗的發展。中國測驗學會，民國七十一年，第五至十六頁。

簡茂發：心理測驗的發展趨勢，見龔寶善主編：昨日今日與明日的教育。台北市，台灣開明書局，民國六十六年，第七五二至七六六頁。

簡茂發：心理測驗問題之檢討。測驗年刊，民國七十四年，第三十二輯，第一九九至二○二頁。

Aiken, L.R. Psychological testing and assessment.(4th ed.) Boston : Allyn and Bacon, 1982.

American Psychological Association. Standards for educational and psychological tests. Washington, D.C.: Author,

1974.

Anastasi, A. Psychological testing. (5th ed.) New York :
Macmillan, 1982.

Anderson, R.C. How to construct achievement tests to
assess comprehension. Review of Educational Research,
1972,42, 145-170.

Bloom, B.S., Hastings, J.T., & Madaus, G.F. Handbook of
formative and summative evaluation of student learning.
New York : McGraw-Hill, 1971.

Bock, R.D. Estimating item parameters and latent ability
when responses are scored in two or more nominal cate-
gories. Psychometrika, 1972, 37, 29-51.

Bormuth, J.R. On the theory of achievement test items.
Chicago : University of Chicago Press, 1970.

Buros, O.K. The eighth mental measurements yearbook.
Highland Park, N.J.: Gryphon Press, 1978.

DuBois, P.H. A history of psychological testing. Boston :
Allyn and Bacon, 1970.

Glaser, R. Instructional technology and the measurement of
learning outcomes : Some questions. American Psycholo-
gist, 1963, 18, 519-521.

Glaser, R. and Klaus, D.J. Proficiency measurements :
Assessing human performance. In R. M. Gagne (Ed.),
Psychological principles in systems development. New
York : Holt, Rinehart & Winston, 1962, 419-474.

Gronlund, N.E. Measurement and evaluation in teaching. (5th ed.) New York : Macmillan, 1985.

Hambleton, R.K., & Traub, R.E. Analysis of empirical data using two logistic latent trait models. British Journal of Mathematical and Statistical Psychology, 1973, 26, 205-211.

Hambleton, R.K., & Cook, L.L. Latent trait models and their use in the analysis of educational test data. Journal of Educational Measurement, 1977, 14, 75-96.

Hively, W., Maxwell, G., Rabehl, G., Sension, D., & Lundin, S. Domain-referenced curriculum evaluation : A technical handbook and a case study from the Minnemast Project. CSC Monograph Series in Evaluation, No. 1. Los Angeles : Center for the Study of Evaluation, University of California, 1973.

Holtzman, W.H. The changing world of mental measurement. American Psychologist, 1971,26,546-553.

Hopkins, K.D., & Stanley, J.C. Educational and psychological measurement and evaluation. (6th ed.) Englewood Cliffs, N.J.: Prentice-Hall, 1981.

Lindquist, E.F.(Ed.) Educational measurement. Washington, D.C.: American Council on Education, 1951.

Lord, F.M. A theory of test scores. Psychometric Monograph, 1952, No.7.

Lord, F.M. The relation of test score to the trait underly-

ing the test. Educational and Psychological Measure-
ment, 1953,13,517-548.

Lord, F.M. Applications of item response theory to practi-
cal testing problems. Hillsdale, N.J. : Erlbaum, 1980.

Mehrens, W.A., & Lehmann, I.J. Measurement and evaluation
in education and psychology. (3rd ed.) New York : Holt,
Rinehart and Winston, 1984.

Millman, J. Passing score and test lengths for domain-
referenced measure. Review of Educational Research,
1973,43,205-216.

Nunnally, J.C. Psychometric theory. (2nd ed.) New York :
McGraw-Hill, 1978.

Popham, W.J. Criterion-referenced measurement. Englewood
Cliffs, N.J.: Prentice-Hall, 1978.

Popham, W.J. Modern educational measurement. Englewood
Cliffs, N.J.: Prentice-Hall, 1981.

Popham, W.J., & Husek, T.R. Implications of criterion-
referenced measurement. Journal of Educational Mea-
surement, 1969,6,1-9.

Rasch, G. An item analysis which takes individual differe-
nces into account. British Journal of Mathematical
and Statistical Psychology, 1966,9,49-57.

Samejima, F. A general model for free-response data.
Psychometric Monograph, 1972, No.18.

Sundberg, N.D. Assessment of persons. Englewood Cliffs,

N. J.: Prentice-Hall, 1977.

Thorndike, R.L.(Ed.) Educational measurement. (2nd ed.)
Washington, D.C.: American Council on Education, 1971.

Thorndike, R.L., & Hagen, E.P. Measurement and evaluation
in psychology and education. (4th ed.) New York : Wiley,
1977.

Thorndike, R.L., Hagen, E.P., & Sattler, J. M. Technical
manual for the Stanford-Binet Intelligence Scale :
Fourth Edition. Chicago : Riverside, 1986.

Wechsler, D. The measurement and appraisal of adult
intelligence. (4th ed.) Baltimore : Williams &
Wilkins, 1958.

Wechsler, D. Manual for the Wechsler Intelligence Scale
for Children-Revised. New York : The Psychological
Corporation, 1974.

Wright, B.D. Solving measurement problems with the Rasch
model. Journal of Educational Measurement, 1977,14,
97-116.

A BRIEF HISTORY OF PSYCHOLOGICAL AND EDUCATIONAL MEASUREMENT

Professor

Chien, Maw-fa

(Abstract)

The historical origins of psychological and educational measurement are lost in antiquity. There was an elaborate system of civil service examinations in the Chinese empire some three thousand years ago. Modern psychological testing has roots in studies by European and American scientists on the measurement of individual differences in human behavior. A brief overview of the historical antecedents and origins of psychological and educational measurement will provide perspective and should aid in the understanding of present-day tests.

In recent years, numerous changes have taken place in psychological and educational testing. Some of the more important trends concerning current developments in psychological and educational measurement are as follows:

1. There is more use of computers in testing. A complete computer-assisted test construction system should include item banking, item generation, item selection, and item printing. The computer has also been used for tailored

(adaptive, sequential) testing.

2. There is increased use of criterion-referenced measurement. The use of tests to improve learning and instruction has created a greater need for criterion-referenced testing. Accountability and minimum-competency testing are designed to determine how well pupils are achieving specific learning tasks; this requires criterion- referenced measures.

3. There is increasing public concern about testing. Legal scrutiny of psychological and educational measurement is both a present and a future reality.

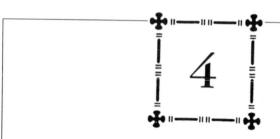

心理與教育測驗發展的回顧與展望 *

摘　要

　　本研究旨在針對近百年來心理與教育測驗的發展做一鉅觀性的回顧與展望，共區分為開創、盛行與擴展三個時期，分別就其理論、編製與應用三方面加以剖析，其主要趨勢如下：

一、在測驗理論方面融入更深入與多元的觀點，如認知心理學、試題反應理論、Bayesian 思考模式，以及測驗整合分析概念等。

二、在測驗編製方面顯示趨向於量化的精密以及個別性的考量，如電腦與測驗編製的結合、適性測驗的編製以及少數民族測驗等。

三、在測驗應用方面的趨勢是測驗與教學更加緊密相連，但是測驗

＊此文登載於測驗年刊（第 42 輯），由簡茂發教授指導台灣師大教育研究所博士班李琪明、陳碧祥兩位研究生彙整「人類行為評量研究」講義資料而成。

的使用也更爲謹愼以避免誤用或濫用，因此，有關測驗倫理、
法律規章等的正確認識日益受到重視。

前　言

心理與教育測驗是二十世紀一門新興的學科。一九五一年林奎斯
特（E. F. Linquist）主編＜教育測驗＞（Educational Measurement）一
書，爲心理與教育測驗做了重要的回顧與統整。一九七一年桑代克（R.
L. Throndike）擔任＜教育測驗＞第二版的主編，又建立了該學科的重
要里程碑。一九八九年林因（R. L. Linn）傳承研究發展的重任，在其
主編的＜教育測驗＞第三版中，闡述了心理與教育測驗的現況與發展
趨勢。這三本書的出版年代大約各相隔二十年，顯示心理與教育測驗
不同時期的發展狀況，藉此回顧與比較，可展現心理與教育測驗每一
時期的重點與精髓，且更能掌握其未來的發展方向。因此，本文擬將
心理與教育測驗區分爲開創期、盛行期與擴展期，分別就理論、測驗
編製和應用三方面剖析，期能對心理與教育測驗發展的歷史脈絡之瞭
解有所俾益。

一、心理與教育測驗之發展㈠──開創期
（1850-1950 年）

心理測驗萌芽於十九世紀末葉，受到了德國實驗心理學、英國個
別差異研究及法國異常心理學的影響，在美國也因著卡特爾（J. M. Cat-
tell）發表「心理測驗與測量」（Mental Tests and Measurements）一文，
不僅創用了「心理測驗」一詞，更使美國心理學由哲學的玄想轉入實
際的科學研究（簡茂發，民 76）。不過，直至 1905 年「比西智力量
表」（Binet-Simon Intelligence Scale）的編製成功，才爲心理測驗奠定

了開創的起點。在往後的五十年間，陸續有各類測驗的編製與修訂，如推孟（L. M. Terman）所主持的斯比智力量表（Standford-Binet Intelligence Scale）的修訂和發展，桑戴克（E. L. Thorndike）所倡導編製的成就測驗以及吳偉士（R. S. Woodworth）等學者在人格衡鑑方面的努力，皆使得心理測驗的重要性日益彰顯。尤其是美軍在兩次的世界大戰中所使用的大規模團體智力測驗，充分發揮了測驗在人員甄選、分類和安置方面的功能（簡茂發，民 76）。茲將 1850 年至 1950 年間心理與教育測驗發展的重點概分為理論、編製與應用三方面敘述如下（Lindquist, 1951）：

一、理論方面

(一)強調重測信度：

　　信度是指測驗的一致性而言，本時期乃多藉由重測法（test-retest method），在不同的時間重複測量相同的一群受試者，求得兩次測驗分數的相關。亦即真實分數與測量分數彷者兩條平行線，信度旨在求取其間的符合程度。

(二)重視內容效度與效標關聯效度：

　　效度是指測驗分數的正確性。本時期的效度概念多強調內容效度（content validity）與效標關聯效度（criterion-related validity）。內容效度是指測驗內容的代表性或取樣的適切性，通常根據以教材內容與教學目標所建立的雙向細目表（two-way Specification table）來判斷。效標關聯效度則經由實徵性途徑（Empirical approach）研究測驗分數與一些外在效標間的關係。

(三)提倡常模參照測驗理念

　　常模是解釋測驗分數的依據，亦即表明個人分數在團體中的相對

地位，或提供比較的量數，以便分析個人在不同測驗上的分數之相對意義。本時期注重心理與教育測驗的「標準化」過程，強調基於常模參照的理念解釋測驗分數的意義。

二、編製方面

㈠強調標準化測驗：

在心理與教育測驗的開展期間，測驗的「標準化」是逐漸被強調的重點，亦即唯有達到標準化，才符合所謂科學的原則。因此，從測驗的目標設定、試題的撰寫、試題的選擇、實施的過程以及記分等皆需符合標準的原則。換言之，如何編製一份優良的測驗，並符合信度與效度的考驗，是本時期最重要的課題。

㈡倡用行為目標：

行為目標強調目標的敘寫方式必須指出學生身上可觀察到的行為改變，和該項行為所影響的內容和情境，並含有可量化的標準可加衡量。在提倡標準化測驗的理念引導之下，行為目標適足以配合本時期的潮流所趨。

㈢實施試題分析：

測驗的良窳視試題的好壞而決定，而試題的品質可藉由試題分析（item analysis）加以提昇。亦即良好的試題必須是內容效度適切、鑑別力高且難度適中。因此，本時期為求測驗品質的提高，發展了試題分析的觀念和方法。

㈣運用電腦統計：

由人腦走向電腦可謂心理與教育測驗發展的重要里程碑。本時期不僅因著自動計分機器的發明，使得計分速度加快。更因著電腦IBM805機型的出現，促使因素分析（factor analysis）統計方法得以應用在多因

素性向組合測驗（multiple aptitute batteries）中。

三、應用方面

㈠協助教學目標與效果之達成：

教學的重點在於了解個別差異，進而因材施教，以達有效教學的效果。但是，教學目標往往不易掌握，內容可能選擇不當，程序亦可能安排欠妥。因此，藉由心理與教育測驗之應用有助於教學目標、內容、程序的選擇與安排，找出學生同中有異、異中有同的部分，使得教學目標與效果易於達成。

㈡提供輔導重要的輔助：

輔導工作是教育中不可或缺的一環，而心理與教育測驗則是輔導工作必要的支援。無論是輔導之前所必須瞭解輔導對象的相關背景、輔導過程中所使用的技巧、以及輔導後效果的評鑑等，皆需要借重測驗的功用，提供最明確的參考資訊。

㈢利於最佳客觀的選擇：

本時期的心理與測驗發展著重於「選擇」方面的運用。無論是美軍在兩次的世界大戰中對於智力方面的運用，或是入學考試等的篩選，皆發揮了測驗在「客觀」選擇方面的功能。

總之，在心理與教育測驗開展時期，理論方面有許多測驗的重要概念已逐步形成，如信度、效度、常模等，但這些概念仍停留在起步的層次；在測驗編製方面，強調的是標準化測驗的完成，亦即以如何編製一份優良的測驗為重點；在應用方面，無論在教學、輔導或行政方面，測驗實已成為不可或缺的工具。

二、心理與教育測驗之發展㈡——盛行期（1951-1970 年）

自 1951 年由林奎斯特（E. F. Lindquist）主編的「教育測驗」（Educational Measurement）一書問世後，可謂進入了測驗的盛行期。本時期的特色除測驗與教育緊密相連外，在技術上藉由電腦的輔助，使得測驗在編製方面有了長足的進展。此外，在應用方面不僅範圍擴大，也有若干的反省與檢討，如美國心理學會（APA）於 1953 年出版的「心理學者倫理標準」等，皆期使心理與教育測驗不致誤用與濫用。茲將本時期的特點分為理論、編製與應用三面向敘述如下（Thorndike, 1971）：

一、理論方面

㈠力求教育目標明確化：

教育目標愈明確，測驗的品質也就益加容易掌握。因此，1956 年認知領域的目標分類法誕生以來，對於測驗的理論之奠立著有貢獻。認知領域的目標分類包括知識、理解、應用、分析、綜合、評鑑六個層次，每一層次均有其心智功能，這種觀點對於測驗頗有助益。此外，雖然情意與技能方面的目標分類也接踵發表，但是應用在測驗方面的理念仍以認知性為主。

㈡提出建構效度概念：

本時期的效度概念由內容效度、效標關聯效度擴展為「建構效度」（construct validity）三種。所謂建構效度是指測驗能夠測驗到理論上的構念或特質的程度。換言之，著重在測驗分數所能依據某種理論構念解釋的程度，亦即考慮整體的意義與脈絡，此常見於行為特質的研究。

㈢重視複本信度概念：

　　本時期的信度概念除了以重測方法進行外，逐漸重視複本信度（alternate-forms reliability）。複本信度是指測驗被視爲從試題的母群體所抽出的樣本，亦即領域取樣（domain sampling），因此，每一個測驗可以有許多複本測驗，而依據兩份複本測驗實施於一群相同受試者所得的測驗分數求取相關即是。因此，複本信度重視的是測驗分數能夠推論的範圍，而不是眞實分數與測驗分數之間的關係。

㈣強化參照概念：

　　本時期解釋測驗的分數，在常模參照概念中發展了一種「試題抽樣」（item sampling）的方法。亦即在傳統的建立常模之方法外，分別求出學生在各類試題通過的百分比，以比較受試者在不同方面學習成就的水準。這種接受較少測驗試題的方法，較不易使受試者感到厭煩。此外，本時期也由常模參照轉而重視「標準參照」（criterion reference）的概念，以配合「精熟學習」（mastery learning）的潮流趨勢。

二、編製方面

㈠產生大規模樣本數的測驗：

　　本時期因著電腦的神速進展及掃描器的出現，使得印表機列印的功能增強，如可列印標籤等，而統計能力也由因素分析增強爲資訊——歷程技術（information-processing technology）。因此，測驗的樣本數顯著地擴增，全國性甚或跨國性的測驗也紛紛出爐。

㈡產生因應個別化的測驗：

　　本時期由行爲目標的不斷精確化，加以電腦的輔助，產生「編序教學」（programming teaching）的理念。此外，有別於標準化測驗所強調的齊一性、同時性，而重視個別化的學習，使學生得以依其自我的進度而接受一系列的教學與測驗。

㈢發展適性測驗：

本時期逐漸朝向適性測驗（tailored testing）發展。編製測驗時需考慮試題難度的上限與下限（ceiling level & floor level），並以電腦儲存大量的試題，視受試者的背景條件、能力水準及作答反應情形等，採用多元、系列的測驗，取用最適當組合的試題，進行有彈性且具最大效率的施測，如此可在符合測驗標準化的要求下，充分適應個別差異，使每個受試者都能盡力而為，做最大或最適合實情的表現。

㈣建立題庫：

本時期為配合個別化測驗與適性測驗的編製，建立題庫自然成為必要的發展。大規模題庫（item banks）的建立，通常約請專家大量命題，經有計畫的預試，然後進行電腦化的資料處理，求出各試題的難度和鑑別度，再依試題材料的性質及其功能，分門別類予以儲存，以便配合正式測驗各種複本之編製時，即可通盤考慮各種因素從中取材，使測驗具有相當的適切性，而發揮其功能。

㈤提昇測驗品質：

本時期陸續有許多學術期刊探討測驗的編製問題，此實有助於測驗品質的提昇。在相關研究中多強調各種測驗所測量的特質應予以說明，行為樣本（behavior sample）和效度標準（validity criterion）之選取，也需依據測驗的性質和功能而決定。此外，測驗是一種有計劃的專業性工作，必須按照一定的程序，經由設計、命題、預試、項目分析、選題、建立常模等步驟，始能編出一套測驗；而一套優良的測驗有其必備的條件，需顧及其信度、效度與實用性等問題。

三、應用方面

㈠釐清教育與測驗的關係：

本時期在測驗的應用上開始有所反省，認為測驗有其限制。因此，

測驗並不能替代教學，測驗應扮演教育的「酵母」角色以彰顯教育目的。易言之，在教學前、教學中或教學後，可採用心理測驗的科學方法，以了解學生發展的成熟程度或起點行為，掌握學生在學習過程中行為變化的情形，最後衡鑑學生的成就水準或終點行為。

(二)避免侵犯隱私權：

本時期對於受者的隱私權特別予以關注。因此，心理與教育測驗所得的資料一定要審慎地保存，以免侵犯了他人的隱私權。尤其是敏感的資料與情意方面的資料更要審慎，以免招致教育上的反效果，且造成對受試者的傷害。

(三)避免測驗偏見：

本時期逐漸著重測驗對於不同社經背景或不同種族之間的公平性問題。測驗的編製與解釋應避免因偏見而造成的不公平待遇。不過，這也引發了教育目標的一元與多元間的矛盾，如何兼顧統一性與個別性，如何才是真正的公平諸問題，是本時期所極為重視的課題。

(四)重分類與安置而非選擇：

測驗結果的應用通常有兩種目的：一是選擇，如心理與測驗發展的開創期著重的是篩選的問題，也就是接受或是拒絕的二元選擇；二是分類與安置，是指經由測驗所得的結果對受試者加以分類，並施以不同的處遇（treatments）。本時期即強調測驗結果應作為教育安置的依據。

總之，在心理與教育測驗盛行時期，在理論方面有許多測驗的重要概念正逐步擴展其深度與廣度，如信度、效度與標準參照等概念；在測驗編製方面，除了促進測驗品質的提昇外，也漸著重個別化的適性測驗與運用電腦建立大規模的題庫等；在應用方面，則做了甚多的反省，如避免侵犯隱私權以及強調公平性等課題，皆使得心理教育測

驗的發展又邁進了一個里程碑。

三、心理教育測驗之發展㈢——擴展期（1970～迄今）

自 1970 年代迄今之二十餘年間，係為心理與教育測驗之蓬勃發展時期。諸如大量測驗之重新修訂或編訂、測驗理論日趨於成熟、測驗編製技術之進步、電腦科技之應用及測驗運用之反省等，均顯示出測驗發展之多面性。茲將本時期測驗之發展分為理論、編製與應用三面向臚列如下：（Linn, 1989;Thorndike, et al 1991）

一、理論方面

本時期之測驗理論，除延續測驗理論傳統之重視標準化、效度、信度外，深受當代認知心理學之影響，尤其是訊息處理論的影響，而試題反應理論亦實際地應用到測驗編製上。再者，Bayesian 思考模式及測驗整合分析與效度概念化等理念，均對本時期之理論發展有顯著之影響。

㈠認知心理學理論：

近年來，認知心理學理論日趨成熟，且研究重點逐漸轉移至探索人類認知過程之個別差異及分析問題解決之基本模式。其對測驗編製與使用等方面均造成鉅大之影響，尤其對有關建構效度、作業分析技術及學習障礙者之診斷方面之應用，均有不小之激盪。認知心理學理論中，訊息處理論觀點對測驗編製之理念貢獻尤屬重要。其將人類認知及記憶過程視為訊息處理程序，依輸入→短期記憶→編碼→長期記憶→解碼→使用資訊等步驟來論述，對於人類解決問題模式有詳細之說明。

㈡試題反應理論（item response theory）：

　　1970 年代以還，測驗技術之重要發展，係將試題反應理論應用至測驗實際編製上。安果夫（W. H. Angoff）即嘗言：「試題反應理論已然居於心理測驗發展之核心。」（轉引自 Linn, 1989, p2）

　　試題反應理論又稱潛在特質理論（latent trait theory）或試題特徵曲線理論（item characteristic curve theory）。其基本特性有四：

1. 認為人類潛在特質無法直接觀察，祇能從受試者之行為表現或認題反應中推衍得知。
2. 估計試題難度時，應排除受試樣本程度之影響。
3. 估計個人特質分數時，應摒除測驗特性之影響。
4. 把試題難度及特質分數化成相同尺度，便於測驗結果之解釋與預測。

　　質言之，試題反應理論即在於設法求得受試者在試題表現與其潛在特質，估計兩者間的關係程度；而潛在特質是一種統計上所建構之特質，非指心理或生理獨立存在之實質，而為增加估計特質之精確性，可選擇適切難度之試題或加權方式組成測驗施測。試題反應理論主要可解決古典測驗理論所難以處理之問題，諸如測驗設計完備性、測驗偏見之袪除、測量公平性等問題。

　（三）Bayesian 思考模式：

　　Bayesian 思考模式係指在詮釋資料或測驗結果時，參考已知或先前獲得之資訊而加以詮釋。其與一般做法沒有很大區別，較不同之處係 Bayesian 思考模式較重視先前資訊之客觀性及其影響之比重。所謂「客觀性」及「比重」可由先前資料與測驗資料之間的測量變異誤差及評量變異誤差兩者獲知，即藉此可得知先前或已得資料之重要性。Bayesian 思考模式對適性測驗之影響最大，若能就先前已知之資料對受試者現有能力作較精確之預估，則適性測驗較易獲得成效。

㈣測驗整合分析概念（concept of meta-analysis）：

　　許多心理與教育研究，常發現針對相同現象，因採取不同研究途徑或方法，其研究結果有所差異。此種情形在過去強調標準化過程及單一化結果的時代中，較不易爲人所接受。惟近年來，「眞理」多面性之觀點逐漸爲人所接受，即研究者能從不同研究途徑獲致不同之結果來詮釋相同現象。此種眞理多面性觀點，對測驗之詮釋有相當程度之衝擊。以測驗效度爲例，爲求得較接近事實之效度係數，首先要克服測驗統計之誤差，即將統計過程所造成之變異誤差降低，其次是累積許多個別研究之資料加以綜合分析並求取平均值，此可爲評估效度之用，藉此較易獲致接近事實之效度係數。

二、編製方面

　　1970年代後，對測驗編製影響最鉅者，應屬電腦技術之快速發展；其對測驗造成之衝擊改變，實可喻爲測驗之哥白尼式革命。其次，藉電腦之功，適性測驗編製將更具成效。此外，重視建立題庫、測驗不當內容之去除、少數民族測驗之編製等均爲本時期測驗發展之重點，以下分別敘述之。

㈠電腦技術之應用：

　　電腦技術對測驗發展之影響是全面性的，而其對於測驗編製方面影響有六：

1. 運用電腦技術可使測驗呈顯方式及答題形式多元化，並可立即獲得回饋，亦可視受試之能力而呈顯相當程度之試題，使測驗有趣有效。
2. 透過電腦技術，可將多重選擇試題理念應用至電腦化測驗上，使測驗更具鑑別力。
3. 運用電腦高速計分能力，可以鉅細靡遺地將各子題分數相聯結，

使分數具有更多意義。此外,電腦能精確記錄受試者所有答案並加以分析,使測驗結果報告更具客觀性。

4. 電腦技術可處理龐雜資料及多重因素分析,且快速精確,可以改善測驗之信度與效度,使測驗更趨於標準化。

5. 電腦大幅提昇編製者或教師之試題分析能力,且可隨時獲得回饋,以改善編製之缺失並提昇測驗編製之技術。

6. 透過電腦技術可建立大規模題庫及編製適性測驗,以協助教師之教學活動,使測驗編製成為教學活動中重要部份之一。

(二)適性測驗之編製:

本時期更為強調適性測驗的編製與實際應用,即選擇適當難度之試題,對相當層級能力之受試者進行施測,俾便了解受試者目前之能力水準,其實施程如下:

1. 依據受試者年級、年齡或事前蒐集之基本資料,提供相當難度之試題。

2. 依受試者答題之結果,給予提高或降低試題難度,直至測驗達到事先設定之標準為止。

3. 受試者成績之估計,並非以答對題數為準,而是依每一題目之難度及其他心理計量特質加以計算,最後得分則由答對題目之相對能力估計值計算出此一能力估計值,隨時因著受試者完成新試題而調整修正,直到測驗完成為止。因而凡接受相同題庫測驗者,無論回答那些試題,每個受試者之分數皆可相互比較。

(三)少數民族測驗之編製:

由於尊重多元文化社會環境之改變,測驗編製者逐漸重視試題偏見之分析及編製少數民族測驗,俾使文化不利者亦能脫穎而出。例如寇勒(N. Cole)探究有關測驗偏見之文獻,從文化背景、測驗內容、

預測及選擇等方面加以分析，認為測驗偏見基本上是效度問題。另有學者認為測驗編製係反應出編製者之價值觀，因此，偏見無可避免，只能在實際施測時多加注意，並於詮釋結果時加以註明，以減低偏見之影響。再者，為使測驗能切合社會正義之要求，針對少數民族或文化不利者，編製適合其文化背景之測驗以供使用，使能在公平之條件下，充分表現能力或潛能，不致因測驗表達方式而阻礙其表現。（轉引自 Linn, 1989）

三、應用方面

隨著測驗理論日趨成熟，編製技術不斷進步，使測驗朝向更有效度及客觀性發展，此亦常成為決策之重要輔助工具。因此，測驗實施及結果應用之影響力日益增加。所謂「水能載舟，亦能覆舟」，本時期對於測驗之應用更趨於謹慎，以防止測驗之誤用，也重視測驗道德與規範，法令規章亦對測驗之應用發生若干之影響。

㈠建立正確使用測驗觀念：

由於測驗之重要性日漸增加，其在決策過程具有影響力，因而本時期對於測驗之應用首重建立正確使用測驗之觀念。若僅以智力測驗結果作為診斷及安置之依據，常會因測驗使用不當造成誤置現象。瑞斯里教授（D. J. Reschly）曾討論智力測驗在教育診斷及安置上之用途，並指陳偏差之教育安置是由於測驗使用不當所致，故須設法改進評量之程序和分類措施。海勒（K. A. Heller et al.）等亦主張智力測驗僅在於提供資訊以促使教學更具功效，並不能據以作教育決定。因此，測驗使用者必須真確瞭解每一種測驗之適切性及限制性，以免測驗之誤用較之不用測驗危害更烈。（轉引自 Linn, 1989）

㈡重視測驗道德與規範：

自 1970 年代以後，測驗道德及規範逐漸受到重視，而各種測驗倫

理或標準之訂定亦多會列述測驗道德及規範之要點。

1. 使用測驗者資格之界定：

心理與教育測驗必經由具備適當專業資格者使用，才能避免誤用或濫用。一般而言，不同性質之測驗須有不同資格使用者，惟其共同條件是需經專業訓練。

2. 測驗之使用與實施：

心理與教育測驗通常僅限於具有一定資格者方能購買使用，其目的在於測驗之保全及預防濫用與誤用。若人人皆可購買使用，則測驗之效度將會大幅降低，危及測驗之品質。其次，實施測驗最好不要將測驗資料郵寄受試者自行施測，因其易導致誤差。另在實施後，應將所有測驗資料回收，以維護測驗之安全和保密。

3. 測驗資料之保密：

在日益重視研究倫理與測驗倫理之時代中，受試者之隱私權及測驗資料之保密變得相當重要。尤其是有關人格測驗方面，最易涉及個人之隱私權。因此，受試者常有自我防衛意識，以致影響測驗之效度。為謀解決此問題，應確實做好資料之保密，保障個人之隱私權，以獲取受試者之信任，俾利測驗之實施。

4. 測驗結果之詮釋：

測驗施測者有義務將測驗結果所代表的意義向受試者陳述，使受試者能充分瞭解測驗結果之意義。若僅將測驗結果以數字呈現，易導致受試者產生誤解，衍生許多不必要之困擾。

㈢法律規章之影響：

因社會正義及社會公平問題日益受到重視，許多學者乃強調透過立法以改善測驗對於不同社經背景或不同種族文化之間所造成之差別對待及測驗偏見問題，力求符合公平、正義原則。如巴索夫（D. N. Bersoff）從法律觀點分析教育測驗之文化差異、就業測驗效度與測驗材料之保密性，進而認為司法有助於保障測驗之公平性，亦可促進評量技術之改進。

㈣測驗與教學之聯結：

測驗之使用對實際教學活動有相當之助益。教育測驗專家強調測驗並非用來預測受試者未來發展，或是使用測驗結果以滿足績效要求，而是協助受試者在教學活動中獲得最好的學習。庫克（W. W. Cook）表示：「教育測驗直接、間接地與學習能力有關。學習能力經由評量將教育與測驗密聯結在一起」。泰勒（R. Tyler）亦言：教育測量與評量非在教育過程外，而是教學過程中之一部份。

綜上所述，本期心理與教育測驗之發展，在理論方面引介了許多其他學科之理念應用至測驗理論中，諸如認知心理論、試題反應理論、Bayesian 模式及測驗整合分析概念等，在測驗編製方面廣泛運用電腦技術、編製適性測驗、建立等值量表題庫、重視測驗偏見之研究改進；在測驗應用方面重視建立正確使用測驗觀念、訂定測驗道德規範、並強調法律規章之影響力及測驗與教學之緊密連結關係。

四、三個時期之比較及結語

茲將一百多年來心理與教育測驗之發展重點，列表對照比較如下：

時期＼層面	開創期（1850—1950）	盛行期（1951—1970）	擴展期（1971—迄今）
理論	強調重測信度 重視內容效度與效標關聯效度 提倡常模參照測驗理念	力求教育目標的明確化 提出建構效度概念 重視複本信度概念 強化參照概念	認知心理學理論 試題反應理論 Bayesian 思考模式 測驗整合分析概念
編製	強調標準化測驗 倡用行為目標 實施試題分析 運用電腦統計	產生大規模樣本數的測驗 產生因應個別化的測驗 發展適性測驗 建立題庫 提昇測驗品質	電腦技術之應用 適性測驗之編製 少數民族測驗之編製
應用	協助教學目標與效果之達成 提供輔導重要的輔助 利於最佳客觀的選擇	釐清教育與測驗的關係 避免侵犯隱私權 避免測驗偏見 重分類與安置而非選擇	建立正確使用測驗觀念 重視測驗道德與規範 法律規章之影響 測驗與教學之聯結

綜而言之，心理與教育測驗的發展可說是日新月異，自十九世紀末至今已近一百年的歷史，在理論方面趨向於更深入與多元觀點，在測驗編製方面趨向於量化與個別化的考量，而在應用方面則趨向於教育性與規範性。凱皮連（Kaplan, 1993）曾在「心理測驗：原則、應用與問題」（Psychological Testing：Principles, applications, and issues）一書中指出測驗領域正面臨著四方面不斷的衝擊與壓力，分別是專業上有關測驗信度、適切性的問題，道德上有關人權、標記、隱私的問題，在倫理上有關爭議、不同標準與誤用濫用等問題，以及社會上有關人性與民主化等問題。這些外在衝擊使得現今新的心理與教測驗數量不斷增長，多元化的測驗也應運而生，並且大眾對於心測的需求更為殷切。因此，凱氏指出未來的發展趨勢有四：一是心理測驗的發展遠景

是樂觀且充滿希望的，二是新的更進步的心理測驗將源源不絕；三是將來可能會發展出以學校為中心（school-based）的心理與教育測驗；四是心理測驗中的衝突與不一致的觀點仍會持續而有待澄清與研究改進。不過，歷史是有其傳承，才能有所創新，因而新的發展趨勢並不意謂著要拋棄舊有的理論與主張，而應採取互補整合的概念，因應需求而選擇最適切的觀點，方能使心理與教育測驗不斷地在既有的基礎上發揚光大。

參考文獻

郭生玉（民 74）：心理與教育測驗。臺北：精華出版社。

葉重新（民 81）：心理測驗。臺北：三民書局。

簡茂發（民 80）：心理測驗與統計方法（再版）。臺北：心理出版社。

Kaplan, R. M. & Saccuzzo, D. P. (1993). Psychological testing:Principles, applications and issues (3rd ed.). Pacific Grove, CA:Brooks/Cole.

Lindquist, E. F. (Ed.)(1951). Educational measurement. Washington, D. C. : American Council on Education.

Linn, R. L. (Ed.) (1989). Educational measurement (2nd ed.). Washington, D. C. :American Council on Education.

Thorndike, R. L. (Ed.) (1971). Educational measurement (3rd ed.). Washington, D. C. :American Council on Education.

Thorndike, R. M., Cunningham, G. K., Thorndike, R. L., & Hagen, E. P. (1991). Measurement and evaluation in psychology and education (5th ed.). New York. :Macmillan.

教學評量原理與方法

一、評量的意義

英文" Evaluation"一字在我國教育文獻中，通常譯爲「評量」、「評鑑」或「評價」。教育心理與測驗統計學者大多採用「評量」一詞，期能經由測量（measurement）而獲致量化的（quantitative）資料，再根據這些比較正確可靠的數字性資料，進行精細而深入的分析與研判，當更能符合科學客觀性的要求。教育行政與課程專家則慣用「評鑑」一詞，強調「鑑」字的多重涵義，即鑑定、鑑別、鑑賞及視之爲一面鏡子而發揮「反映」作用，據以檢討得失，力求革新進步。至於使用「評價」一詞者，從其本質加以闡釋，極力主張它是一種價值判斷的動態過程。其實，上述三個中譯名詞，在涵義上正可互補不足，相得而益彰。

D. L. Stufflebeam等人在其一九七一年所著的「教育評鑑與決

定」（ Educational Evaluation and Decision Making ）一書中曾界定「評鑑」爲「記述、獲取和提供有用資料以評斷數種方案之效能而做決定的歷程。」（ Educational evaluation is the process of delineating , obtaining , and providing useful information for judging decision alternatives. ）（ Stufflebeam et al., 1971 , p. 40 ）並提出「做決定爲評鑑的理論基礎之架構」（ A Schematic of the Decision-Making Rationale as a Basis for Evaluation ），如圖一所呈現者。

T. D. TenBrink 在其一九七四年出版的「評量：教師實用的指引」（ Evaluation : A Practical Guide for Teachers ）一書中提出「三階段和十步驟評量模式」（ The Three-stage and Ten-step Model of Evaluation ），其流程如圖二所示，且爲「評量」定義如下：「評量是獲取資訊，進而形成判斷，並據以做成決定的過程。」（ Evaluation is the process of obtaining information and using it to form judgments which in turn are to be used in decision making. ）（ TenBrink , 1974 , p. 8 ）。

綜上所述，評量係採用科學方法與途徑，多方面蒐集適切的事實性資料，再參照合理的衡量標準，加以比較分析與綜合研判的系列過程。吾人宜從整合的觀點，把握評量、評鑑、評價的充分涵義，視之爲動態的歷程，而非靜態的實體。

二、教學與評量的關係

教學（ instruction ）包括教（ teaching ）與學（ learning ）兩部分，是師生共同參與而產生交互影響的動態過程。「教學相長」一詞說明了教與學相互助長的密切關係。評量（ evaluation）是運用

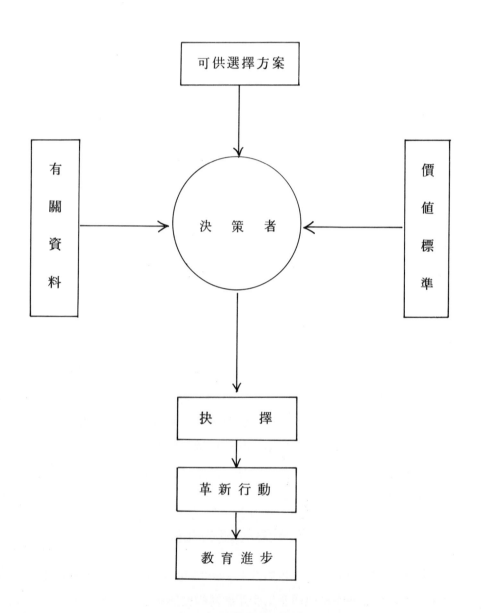

圖一　做決定為評鑑的理論基礎之架構

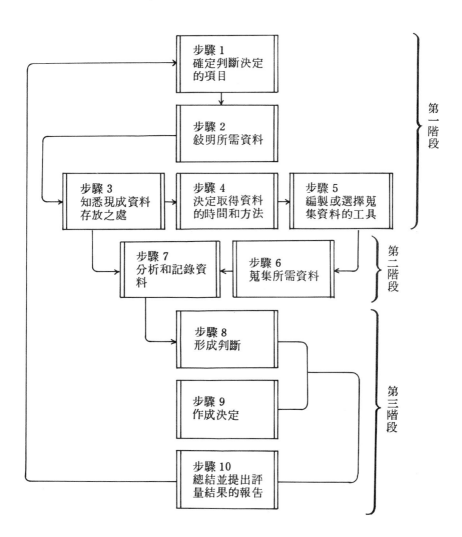

圖二　三階段和十步驟評量模式

科學方法和技術，蒐集有關學生學習行為及其成就的正確資料，再根據教學目標，就學生學習表現的情形，予以分析、研究和評斷的一系列工作。在整個教學歷程中，評量是承接轉合的關鍵部分。

美國教學評量專家R. J. Kibler 曾在其一九七四年所出版的「教學目標與評量」(Objectives for Instruction and Evaluation)一書中，提出「教學基本模式」(The General Model of Instruction, GMI)，把教學的基本歷程分為教學目標、學前評估、教學活動、評量等四部分，進而闡述四者之間的交互關係，並特別強調評量的回饋作用及積極功能，其模式如圖三。

從圖三可知：評量不是教學歷程的終點站，並非表示教學活動的結束。教學評量的主要目的在於分析教學得失及診斷學習困難，作為實施補救教學和個別輔導之依據。

美國心理測驗學者J. C. Stanley 和K. D. Hopkins 認為成績評量在整個教育過程中是很重要的一部分。他把教育歷程分為三大部分：教學目標、學習歷程、成績評量。他認為三者之間，彼此都有交互作用存在。我們要對學生的學習成就加以評量，必須先以課程標準所定的教學目標為依據，然後再配合實際的教學活動，才能給予適當的測量與評斷。有了成績評量的結果，我們才可了解學生學習的成就是否已經達到了我們所預先訂定的目標，或是否已經達到我們教學時所

圖三　教學基本模式（GMI）

預期的效果。因此,教學目標、教學活動和成績評量三者之關係是非常密切的。

美國教育心理學者 J. P. DeCecco 於解釋成績評量在教學活動中的地位時,將教學歷程分爲四大部分:教學目標、起點行爲、教學活動、教學效果評量。他的觀點和前述 R. J. Kibler 的看法大致相似,即在從事教學活動之前,先對學生當時的行爲狀態加以衡量,然後再配合教學目標,針對學生的需要,提供各種適當的教學情境,讓學生在合理的、理想的環境中進行學習活動。經過一段教學活動之後,我們即可預期在學生行爲中會產生某種行爲改變,而行爲之改變可從成績評量中顯示出來。根據成績評量的結果,我們可以適當地修正教學目標,也可以切實地改進教學活動中所用的教材教法。因此,成績評量的結果可以作爲補救教學與個別輔導的參考。

另有一位日裔美國教授 K. Yamamoto 在其所著「教學中的評量（Evaluation in Teaching）一文中,主張評量應顧及教學活動的七W層面,即「爲何而教」（Why）、「誰教」（Who）、「教誰」（Whom）、「何時教」（When）、「教什麼」（What）、「如何教」（How）、「何處施教」（Where）等。

三、教學評量的內涵與功能

教學評量包括三大部分,即教師的教學效率之評量（evaluation of teacher's teaching effectiveness）、學生的學習成就之評量（evaluation of student's learning achievement）、課程的設計與實施之評量（evaluation of curriculum program）。第一部分以教師爲評量對象,就教師適性及其教學方法和技術加以評量,涉及教師的人格品質、教育信念和抱負、專業熱忱和知能、專門學科知

識、教學性向、教學效率等。其中教學效率的評量包含教學活動設計
、教學情境佈置、教材的編選、教法的運用、教學進度的掌握、師生
參與活動情形、作業的規定和批閱訂正、教室管理和常規訓練等項目
。第二部分以學生為評量對象，旨在評鑑學生的學習行為和學習結果
，宜先瞭解學生的個別差異，包含身體、智力、性向、人格特質、家
庭背景等方面；在學習過程中應注意觀察並記錄學生的學習動機、興
趣、態度、方法、習慣、努力情形等；經過一段學習活動以後，再採
用科學方法從多方面考查學生的學業成績，分析其優點和缺點，進而
診斷其學習困難之所在及原因，據以實施補救教學或個別輔導。第三
部分以師生共同參與的課程與教學活動為主，評鑑學校課程計畫與實
施之利幣得失，再加以檢討改進，期能有較佳的均衡課程之安排（
better-balanced curriculum ），而獲致更為良好的教與學（ be-
tter teaching & better learning ）之效果。

　　教學評量主要的目的在於衡鑑教師教學的效率與學生的學習結果
。可能有一些老師認為成績評量祇在考查學生學習的結果，但是現在
教育學者大多認為成績評量有雙重任務，除了評量學生學習的結果之
外，同時也在考驗教師教學的效率，看看它是否符合我們的要求。學
生學習的成就固然是由學生的能力、努力程度以及學生的學習方法和
學習態度所決定，但是不可否認的，教師在教學活動中所使用的教材
教法都會影響學生學習成績的高低。因此，成績評量不應只限於學生
學習結果之衡量，更要進一步看看老師在教學活動中是否能夠充分的
發揮其效率。此外，我們尚須了解者，成績評量並不是教學活動的結
束，而是整個教學活動中某一單元接着另一單元承轉的重要部分。在
教學活動中，成績評量應該只是一種方法、工具或手段，而不是終極
的目的。總之，成績評量應以分析教學得失、診斷學生學習的困難、

了解學生學習進展情形爲重點，而不要以成績評量之結果，作爲判決學生行爲而予以獎懲的依據。

　　一般而言，評量在教學過程中具有下列四項主要功能：(1)瞭解學生的潛能與學習成就，以判斷其努力程度；(2)瞭解學生學習的困難，作爲補救教學及個別輔導的依據；(3)估量教師教學的效率，作爲教師改進教材、教法的參考；(4)獲悉學習進步的情形，可觸發學生學習的動機。

四、教學評量的基本原理原則

　　教學在本質上是師生共同參與而交互影響的持續性活動，以學生的「學」爲主，以教師的「教」爲輔，故評量的重點在考查學生的學習成就，同時也衡鑑教師的教學效率。在進行教學評量時，必須把握下列五項基本原理：

㈠決策原理

　　在教學過程中，隨時會遭遇各種教學問題，有待分析研判而後從幾個可供解決問題的方案中加以抉擇，採取必要的革新措施，以增進教與學的效果。決策是評量的理論基礎，爲一種有次序且週而復始的連貫性歷程，從各方面蒐集正確可靠的資料，並參照合理而適當的價值標準，以定取捨。

㈡回饋原理

　　評量旨在教學歷程中提供各種必要的「回饋」（ feedback ）和「引導」（ guide ），一方面針對教學上的缺失而檢討改進，另一方面設法突破學習上的障礙，以提高其成就水準。因此，評量乃成爲學校

教育品質管制（ quality control ）的有效工具，可促進教育的正常發展。

㈢完整原理

評量需要全面性、多元性的綜合資料，並從各個角度和不同觀點加以分析研判，故蒐集的資料愈多、愈齊全，則愈能掌握整體而加以靈活運用，既可避免「盲人摸象」之弊，又能發揮「既見樹木，也見森林」的統合功能。

㈣合作原理

無論評量計畫之擬訂、評量工具之設計與編製、評量之實施及其結果之分析、解釋與應用，均須集結全校師生的力量，大家共同參與，彼此協調合作，始能順利進行，達成教學評量的任務。

㈤研究發展原理

評量與研究乃一體之兩面，關係至為密切。為求突破目前教學的瓶頸，革新教學措施，以提高教學效率，必須運用評量的方法和技術，進行教學的實驗研究，使理論與實際相互印證，並開拓教學與評量之研究發展的新途徑。

學校進行成績評量時，應注意下列五項原則：

㈠成績評量應以學生身心成熟的程度為依據

因為學生畢竟是學生，他是兒童，是青年，而不是成人，所以我們就不應以成人之標準去要求學生。其次，學生與學生之間，其身心發展成熟程度也不一致。在教學時要顧及學生之個別差異，在進行成

績評量的時候，也不應忽略學生之個別差異的重要性。

㈡成績評量是多方面的

　　過去一般人以為學校的成績評量只限於知識技能的考查，事實上現代國民中小學注重德、智、體、群、美五育均衡發展，應該把評量的範圍擴大至教育的全面。除了知識技能之外，應包括學生的品行、人際關係、學習態度、興趣、方法和習慣等方面。當我們從事某一學科的教學時，雖然以該學科本身為重點，但也不能忽略與該學科有關的知識，而且透過各學科之學習，學生在其態度及理想上可能有所改變或進步，因而副學習（associate learning）與附學習（concomitant learning）之結果，也應納入成績考核的範圍，不要僅以主學習（primary learning）作為成績評量之唯一對象。最近美國心理學者認為學校教學包括：(1)認知方面──以學生心智能力之發展為核心；(2)情感方面──以學生之態度、興趣、對人對事之方式以及各種鑑賞能力為重；(3)心理動作方面──以各種技能為主。凡此無一不屬於成績評量之範圍。

㈢成績評量必須採用多種方式

　　因為成績評量之範圍非常廣泛，所以應該採取不同的考查方法，以配合教材之性質與內容，進行多種方式的評量。評量時所採用的方法愈多，蒐集資料愈齊全，其結果愈客觀正確，愈能符合成績考查的要求。

㈣成績評量應注意學生平時的學習活動

　　除了舉行月考、期考之外，應將學生平時的學習情形予以記錄，

這樣才能了解學生在學習過程中的缺點，指導他及時改正。應該避免
到學期之末，才將學習成績算一總帳。如能隨時注意學生學習的情形
，使學生了解本身進步的狀況，必能增進其學習的興趣，提高其學習
成就水準。

㈤成績評量由教師、學生與其他有關人員共同參與

以往一般人認為成績評量是老師的責任，只有老師有權力來評定
學生學習的成果。然而，從學生學習成果綜合評定的觀點來看，教師
、學生家長、學生本人及其他有關人員均可提供成績評量的各種資料
，根據這些多方面的資料，才能作一個周全的評斷。

五、教學評量類型的比較分析

在整個教學歷程中，評量都有其適用的時機，也能發揮其功能和
作用。教學前評量在於了解學生身心發展的成熟程度、舊學習的基礎
和生活經驗背景，亦即新學習的起點行為（ entry behavior ）；教
學中評量，教師可隨時觀察和記錄學生學習態度、學習習慣、學習方
法、學習動機與興趣等方面的行為表現，了解學生在學習過程中行為
變化的情形，發現學習困難之處，分析其原因，及時調整教材教法，
並給予必要的學習輔導，使學生更適切和有利的反應；教學後評量在
於衡鑑學生的學習成就，亦即學習達到的終點行為（ terminal be-
havior），據以評定其成績，並考查其努力程度和進步情形。

從評量的時機和性能而言，教學評量可分為「形成性評量」（
formative evaluation ）和「總結性評量」（ summative evalu-
ation ）；從評量資料的解釋方式而言，教學評量又可分為「常模參
照評量」（ norm-referenced evaluation ）和「標準參照評量」（

criterion-referenced evaluation ）。

㈠「形成性評量」與「總結性評量」之比較

　　沙克利芬（M. Scriven ）在一九六七年所發表的「評量方法論」（ The Methodology of Evaluation ）一文中創用「形成性評量」一詞，此後在許多教學評量的論著中，爲其他學者所沿用，經常與「總結性評量」相提並論。前者係在教學過程中，就教師的教學情形與學生的學習表現加以觀察和記錄，通常採用評定量表爲工具，進行非正式的評量；後者係在教學活動之末或結束之後，以定期考試或測驗的方式，考查教師的教學成果與學生的學習成就，通常採用標準化學科測驗及教師自編課堂測驗爲工具，進行正式的評量。茲將上述兩種評量方式與一般所謂的「診斷性評量」（ diagnostic evaluation ）加以比較如表一。

㈡「常模參照評量」與「標準參照評量」之比較

　　「常模參照評量」係以同年級或其他條件相若的一群學生在某項成績上的分配情形，取其平均數或中位數爲參照點，據以比較分析學生之間相對的優劣；「標準參照評量」則以事前決定的絕對性標準爲衡斷的依據，考驗個別學生的知能是否已達要求的程度，從而判定其成績的及格或不及格。學校通常所採用的標準化成就測驗或教師自編課堂測驗的施測結果之解釋分析，屬於「常模參照評量」，旨在區分學生彼此之間的成就水準，說明個人分數在團體中的相對地位，可供分班編組、評定等第、擇優汰劣之用。至於能力本位教學績效之考查、行爲目標式教學活動設計實施成果之評鑑、精熟學習（ mastery learning）之評量等，旨在檢定受教者學會那些知能及熟練到何種程

表一 診斷性、形成性、總結性評量之比較

比較項目	診斷性評量	形成性評量	總結性評量
功能	決定學生的成熟度、預備狀態、起點行為，與學習有關的特質，予以分組安置；診斷學習困難的原因。	提供學生進步的回饋資料，指出教學單元上結構上的缺陷，以便實施補救教學。	在某一教學單元、課程或學期之末，就學生們的學習成就進行評量，決定其成績的等第、及格與否。
時間	教學之初或學習困難之時。	教學進行之中。	教學之末。
評量重點	認知、情意、技能方面的行為；身心及環境因素。	認知方面的行為表現。	一般以認知行為為主，但有些科目也涉及技能、情意方面的學習結果。
工具類型	學前測驗、標準化成就測驗、診斷測驗、教師自編測驗、觀察和檢核表。	為教學需要而特別設計的評量工具；評定量表、作業及其共同訂正、口頭考問、實際演示、問題研討。	期末或教學單元結束時的考試。

行為目標行為樣本之選擇	依教學目標和教材內容的相對重要性而擇定評量項目，使其有適當的比例分配。	教學單元層次結構中所有相關的行為項目；教材細目、方法、態度的動機、學習因素等。	必備的起點行為；單元目標的要項和教學有關學生身心特質及環境因素所涉及的行為。
項目難度	大部分試題的P在.30至.70之間，但很容易、很困難的試題也有一些。	隨實際情形的需要而異，未能事先決定。	為診斷必備的知能和基本技能，大部分試題是簡易的，通常P在.65以上。
計　分	通常是常模參照，但有時也可能是標準參照。	標準參照。	常模參照和標準參照。
通報分數的方式	根據行為目標列出各項分數和總分。	把個人在教學單元層次結構中各項細目及格與否的組型呈現出來，以便了解個別情形。	把各方面知能程度以側面圖呈現之。

度，是屬於「標準參照評量」，可以發揮教育診斷的功能，作爲實施補救教學或個別輔導之依據。

葛拉索（R. Glaser）和柯勞斯（D. J. Klaus）在一九六二年共同撰寫的「熟練能力之測量：人類行爲表現的評估」（Proficiency Measurements : Assessing Human Performance）一文中，創用「標準參照評量」一詞，翌年葛氏又發表「教學技術與學習成果之測量」（Instructional Technology and the Measurement of Learning Outcomes）一文，極力倡導「標準參照評量」的方法和「精熟學習」的精神，引起教育界學者及教師的重視和研究興趣，於是重估「常模參照評量」的適用價值，並就其利弊得失加以檢討改進。職是之故，吾人宜從基本原理和方法取向上，了解「常模參照評量」與標準參照評量」的異同之處，配合各種教學活動的性質和需要，靈活運用評量的方法和技術，相輔相成，以收相得益彰之效。

茲將上述兩種評量方式比較如表二。

六、教學評量的方法與技術

美國教育學者華欽斯（R. K. Watkins）曾將學校中通常所採用的成績評量措施歸納爲下列九種方法：(1)教師的評判（teacher's judgement）；(2)口頭述誦（oral recitation）；(3)論文式考試（essay examination）；(4)標準化客觀測驗（standardized objective test）；(5)教師自編客觀測驗（informal teacher-made objective test）；(6)學生作品的評定（the rating of samplings of products of pupils'work）；(7)操作的評定（performance rating）；(8)非正式記述的評量（informal descriptive evaluation）；(9)機械記錄（mechanical recording）。由於教學和

表二　常模參照評量與標準參照評量之比較

比較項目	常模參照評量	標準參照評量
主要目的	學習成就的相互比較。	特定精熟性的考驗。
評量內容	涵蓋廣泛的成就領域。	針對界定的學習項目。
量尺定準點	中間，事後決定。	兩端，事前決定。
參照點性質	實際的、相對的。	理想的、絕對的。
評量功能	鑑別：比較團體成員之間的差異情形，找出最具有潛能者。	檢定：找出超乎某一特定的能力水準以上者。
數據性質	分數的變異性愈大愈好。	注重各題反應與效標之間的關聯性。
結果表示法	百分等級、標準分數。	及格或不及格（滿意或不滿意）。
記分制	常態等第制。	傳統百分制。
主要用途	安置：分班編組。	診斷：補救教學。

輔導的範圍非常廣泛，除知識技能之外，尚包括學生的品行、人際關係、學習態度、興趣、方法和習慣等方面，所以必須採用不同的考查方法，以配合學科性質和教材內容進行多種方式的評量。例如：自然科學課程強調科學概念、科學方法和科學態度之教學，故考查學生的學習結果時，必須兼顧這三方面的評量，不可有所偏廢。科學概念的評量，可採用口頭考問、紙筆測驗或情境測驗等方式進行之；科學方法注重過程技能（process skills）之訓練，此方面的評量宜以實際操作方式實施之；至於科學態度方面的評量技術，較難達到客觀衡鑑的要求，必須同時並用行為觀察法、評定量表、自陳量表、項目檢核表及個別晤談等方式，設法蒐集多方面的資料，以便比較分析與綜合研判。

茲提供幾種實際從事成績評量的方法如下：

㈠適當地使用標準化測驗

1. 學業性向測驗：它是一種普通性向測驗。從教育的觀點而言，智力可說是一種學習的潛在能力。學業性向測驗的功能，即在測量學生的學習能力。為什麼在評定學生成績之前要先了解他的學習能力呢？因為每一個學生之能力並不相等，且各有所偏，為了使成績評量公平合理起見，就先要了解各個學生之學習潛能，然後以學習潛能為基準，評定他在各方面學習的成就，可據以瞭解學生努力的程度。

2. 綜合與特殊成就測驗：成就測驗的目的，在於考查學生學習之後在行為上、能力上和人格特質上改變的情形。這種標準化測驗可分為兩類：一種就是綜合成就測驗，即在一套測驗之中，可以同時測出學生多方面的成就，它可能包括國文、英文、理

化等各學科的成就；另一種就是特殊成就測驗，即以某一學科學習的結果作爲評量的對象。通常使用成就測驗有兩個目的：第一個目的就是對學生學習結果作一般性的評斷，看看學生學習的結果是否達到我們所預期的程度；第二個目的在於診斷方面，我們可以從成就測驗的分數中看出學生在不同方面的學習結果，分析他的優點和缺點，發現他在學習方面的困難所在，然後予以補救教學或個別輔導。學習困難的診斷過程應該由廣泛而普遍的方面著手，然後逐漸縮小範圍，找出眞正困難所在，分析學生學習成績在那一方面比較差。若發現他對英文學習成績比較差，進一步我們可以選擇英文科成就測驗，看看他在那一方面有學習不足的地方，如果發現學生在字彙、發音、閱讀能力都能達到我們預期的目標，但是在文法方面特別有困難，更進一步可以從句子的結構、人稱和時態各方面加以分析，也許最後可以找出他的眞正困難是在「時態」的應用方面。

3. 興趣測驗：學生的學習興趣，對他的學習成就是相當重要的。爲了瞭解學生的興趣，就應該作各種興趣的調查。興趣調查方法有很多種，我們可以根據平時觀察的結果，看看他對某些學科有無興趣，這樣可以對他的學習興趣得到大略的了解。我們也可以藉著編製各種興趣問卷的方式去瞭解他，問卷的方式有很多種，包括許多興趣的範圍，讓他圈選其中有興趣的項目，然後加以分析。

4. 社會測量：我們可以利用社會測量方法，了解學生社會關係圖，看看在某一個班級中那些學生普遍受到歡迎，那些學生受到排斥而成爲孤僻的學生。我們可以從社會關係圖上看出學生彼此之間的人際關係狀態。

5.態度測驗：關於態度測驗有兩種最主要的方式：一種是美國心理學家塞斯通氏（ L. L. Thurstone ）他所設計的態度測量方法，對某一個問題提出很多種不同程度的敍述句，由受試者從中選擇他所同意者，然後求其平均量表值或取量表值的中數。另外一種是李克特氏（ R。Likert ）所設計的態度測量方法，先提出一個事實加以敍述，由受試者根據他的贊成或反對程度，從「非常贊成」、「贊成」、「無意見」、「反對」、「非常反對」五個項目中，選出一項，以表示其態度。

　　以上所述是關於標準化測驗的運用。這些心理測驗已經標準化了，我們可以向各學術機構或專業出版社洽借或洽購使用，但是各種標準化測驗並不一定都合乎我們成績評量的要求，必須審慎加以選擇。

㈡教師自編適合於各科教學需要的測驗

　　教師必須瞭解測驗的基本原理和技術，然後他可以針對其所進行的教材單元及教學目標，自行設計和編製一套測驗，以評量學生的學習成就。我們發覺論文式的試題有許多缺點：第一評分不客觀，容易摻雜主觀的成見，或受其他因素的影響，使其信度偏低；第二論文式的試題有限，無法包括全部教材，所以論文式考試的結果不能充分反映學生的學習成就，缺乏適當的效度。因此，在心理測驗發展的趨勢上，學校已逐漸採用客觀式測驗的新法考試。不過，論文式試題也有其優點，它適合於測量學生較複雜的高級心理歷程如創造思考、組織綜合和表達的能力。我們並不反對論文式的試題，但是就一般國中學生學習成績評量來說，使用客觀的測驗題，更能夠達到成績評量的目的。

1.論文式考試的改進途徑

　　論文式考試由來已久，其優點和缺點如上所述，若欲發揮論文考試之優點，並減小或避免其缺點，可從命題和評分兩方面改進之。

(1) **命題方面：**

　①明確界定論文題所欲評量的目標和重點，針對教學內容和認知層次撰擬試題，兼顧課程各部分的學習結果。

　②論文題的使用應以測量高級的心理功能爲主，注重學生的組織能力、語文表達能力、比較分析能力、綜合批判能力等之評量。

　③增加題數，以提高論文考試的信度、效度及鑑別力，與其僅出少數籠統概括性的大題目，不如多出一些具有代表性而範圍明確的小題目，有時可在一個試題之下多列題目，指明作答的要點，由受試者一一加以闡述。

　④論文式考試的題目應該全作，不宜有選擇的餘地。「出五題任選三題作答」的方式不符合評量的原理，蓋因學生選答的題目並不相同，無法相互比較，失去公平考查的基礎。

　⑤論文題的難度宜適中，依照由易而難的順序排列，並向學生說明作答方法和注意事項，使其適當支配考試時間，就各個題目充分發揮，以期正確測出學生的眞正能力。

(2) **評分方面：**

　①問卷工作宜由命題者擔任，較能把握評量的重點，就預期的學習結果加以切實的考查。

　②事先決定各題所要測量的因素及其比重，據以訂定各題評閱要點，逐項列出標準答案，作爲給分的參照依據。如果學生的答案與所列論點不同，但尚屬切題，亦宜酌給部分

分數。

③採用密封或其他匿名方式閱卷，以避免月暈效應（halo effect），也就是避免先入為主的印象。

④在正式評閱之前，先隨機抽取部分試卷，概覽一遍，獲得大略印象，了解學生作答的一般情形，然後仔細評閱，較能適應學生程度，使寬嚴尺度適中。

⑤為求評分標準前後一致，每次只就所有學生對某一題的答案加以評閱，俟閱畢全部試卷之某題後，再續閱另一題，直至所有試題評閱完畢為止。在原則上，對於某一班級學生試卷之評閱，宜一氣呵成，不可間斷，若相隔時間太久，由於心態之轉移或遺忘之影響，常不能維持原訂之標準，而有給分偏高或偏低的傾向。

⑥在可能的範圍內，增加評閱者人數，以減少個人主觀成見或偏見所造成之誤差。通常以兩個獨立的評閱者所評分數之平均數為該題的得分；如果兩者相差太大，則再請第三人評分，而以三個分數之中數代表之。

2.新法考試的性能與命題技術

　　新法考試乃相對於傳統的論文式考試而言。西元一九二〇年，美國測驗學者W. A. McCall發表專文，建議教師仿照標準化測驗的試題型式，自行編製可供實際教學使用的客觀測驗，稱之為新法考試（new-type examination）。自此以後，新法考試迅速成長，教育與測驗學者不斷研究發展，目前已為民主國家各級學校所普遍採用。

　　美國測驗統計學者J. C. Stanley和K. D. Hopkins 將客觀測驗的試題分為兩大類：㈠自由反應題（free-response items），如簡答題和填充題屬之；㈡限制反應題（fixed-response items），包括是非題、選擇題、配合題和重組題。如從受試者作答的心理歷程而言，自由反應題是回憶式試題（recall-type items），限制反應題是再認式試題（recognition-type items）。

(1)**新法考試的優點：**

　①試題多、取樣範圍廣、涵蓋全部教材的重要部分，內容效度高，較能測出學生真正的成就水準。

　②由於題數多，且評分有固定的標準，不受個人主觀因素的影響，故信度較高，測量的誤差較小。

　③作答方法簡單，不必長篇大論，可節省學生作答和教師閱卷的時間和精力。

　④測驗題有確定的答案，無模稜兩可之弊，可由記分員或機器計分，迅速方便。有時，教師可以指導學生校閱自己的試卷，可收自我診斷和練習的效果。

　⑤新法考試可視教材內容和教學目標同時採用不同類型的試題，評量學生在各方面的學習成就，以便比較和分析。

(2)**新法考試的缺點：**

　①測驗題要多，命題需時費力，即使是最有經驗的教師，也覺得是一件相當繁重的工作。

　②新法考試通常採限制反應的方式，不給予學生自由發表的機會，易流於機械呆板，使學生趨向零碎知識的記憶，以致無法測出其思考推理的能力。

　③各種測驗題均有猜答的可能性，容易使學生存著投機、僥倖或取巧的心理，而不求甚解，難以培養其確實學習的積

極態度。

(3)新法考試的命題方法與技術

　　新法考試的試題類型繁多，性質各不相同，其編製技術雖有一般原則可循，但各類試題皆有其編製要領及應注意事項。茲就編製試題的一般原則及各類測驗題的撰擬要領分別敍述如下：

①一般命題原則

　　(a)試題之取材宜均勻分布，且應包括教材的重要部分。

　　(b)試題宜注重基本原理之了解與活用，而非零碎知識之記憶。

　　(c)試題文字力求淺顯簡短，題意須明確，但不可遺漏解題所依據的必要條件。

　　(d)各個試題須彼此獨立，不可互相牽涉。

　　(e)試題應有不致引起爭論的確定答案。

　　(f)試題之中不可含有暗示本題或他題正確答案之線索。

　　(g)試題文句須重新組織，避免直抄課文或原來材料。

②撰擬簡答題的原則

　　(a)試題宜採用直接問答式，避免陳述式。

　　(b)作答範圍力求明確，每題只涉及一個主要的因素或觀念，所要求的答案是一個字、詞或短句。

　　(c)規定各題答案書寫的位置，其排列應便於作答和評分。

③撰擬填充題的原則

　　(a)試題中不可留過多的空白，以免支離破碎而致無確定的答案。

　　(b)空白處須填寫者應屬重要的事實或觀念。

　　(c)答案如屬數字性質者，在試題中應標明其單位。

(d)填答案處宜作機械性排列,以便作答和計分。

④撰擬是非題的原則

(a)避免使用具有暗示性的特殊字詞,如「絕不」、「所有
…都…」等字詞通常帶有「錯」的暗示;而「有時」、
「可能」等字詞通常帶有「對」的暗示。

(b)每題應只包含一個觀念,避免兩個以上的不同觀念在同
一題中出現,而造成題目「似是而非」或「半對半錯」。

(c)盡量採用正面肯定的敘述,避免反面或雙重否定的文句。

(d)避免含混不確定的文字敘述,而以具體的數量表示之。

(e)「是」與「非」的題數應大致相等,且隨機排列之。

⑤撰擬選擇題的原則

(a)每題所列答案數目應該一致,以四或五個為宜。

(b)每題配列的答案以簡短為宜,必要的敘述或相同的字詞
宜置於題幹中。

(c)正確答案在形式或內容性質上不可特別突出。

(d)錯誤答案與題幹間應有相當的邏輯性和似真性。

(e)少用「以上皆非」,避免使用「以上皆是」的答案。

(f)選項之間應避免重疊現象,且宜按選項的邏輯順序排列
之。

(g)題幹須求完整,且其敘述應能顯示題意。

(h)正確答案出現的位置應隨機排列,且其次數要大致相等
,以避免猜測因素之影響。

⑥撰擬配合題的原則

(a)問題項目及反應項目在性質上應力求相近,且按邏輯次
序排列之。

(b)問題項目與反應項目的數量不宜相等，後者宜略多於前者。

(c)配對項目不可過多或過少，以十項左右為宜。

(d)作答的方法必須予以明確的規定說明。

(e)同一組項目宜印在同一頁上，以免造成作答時的困擾。

⑦撰擬重組題的原則

(a)重組的項目不宜過多，以五至十項為宜。

(b)在各種排列或組合的方式中，只有一個順序是正確的。

(c)重組的參照依據和方法須有明確的規定，以便遵循作答。

㈢行為觀察法的運用

學生行為的考查，主要靠長期的觀察。除了長期觀察以外，我們還可以利用不同的方式，對學生的行為加以考查和評判。這裏有兩種常用的方法：第一就是軼事記錄法，從學生平時在學校參加各種活動表現的情形，隨時把它記錄下來；記錄應該有重點，把那些與學生品行有關的重要事項逐一記載下來，以便對學生行為表現作比較客觀的評量。第二就是使用一種表格，包括學生在學校各種行為表現的要項，根據觀察的結果，把學生行為表現的情形在適當的項目上註明出來，再從分析的觀點予以研判，進而獲致綜合的評價。我們使用行為觀察法，可以先編製一個適當的評定量表，然後交給導師，或者交給其他的任課老師，就學生平時德性的表現加以評量。總之，行為或德性的觀察和評量，應該是多方面的，不可祇根據學生偶而發生的行為或某一方面偶而突出的表現，就判定他在德育上有很高的分數或很低的分數，而應該參照各方面的資料來評定他。

㈣作業考查法的運用

　　作業考查是成績評量中重要的一部份。成績考查應該注重平時，重點應該放在作業考查上面。作業有廣狹兩義的區別，廣義的作業應包括所有的學習活動，狹義的作業考查則指考查學生做習題和筆記的情形以及實驗報告、讀書心得報告等而言，藉此對於學生平時學習的努力或懶惰的情形，作一個比較客觀的評斷。關於作業的考查，有幾項主要的原則，現在簡單說明於下：

　　第一個原則，要注意平時，要按時實施，不應該有所間斷。第二個原則，應該切實地評量，不是單單在作業上面寫一個「閱」字，或鈎一鈎，打打分數，就算達到作業評量的目的，而是應該針對他的缺點或必須改進的地方，指示改正或努力的途徑。第三個原則，為了達到作業評量公平的要求，評定作業之前，應該擬定一個比較周密的考查標準，然後根據這個考查標準，評鑑作業的成績。第四個原則，就是對於作業不但要指出其缺點，還要加上評語；加評語的時候，應該盡量給予積極的鼓勵，避免用消極的批評。

　　此外，還有很多種成績評量的方法，譬如以口試考評學習的成果，或運用各種問卷方式，由學生本人或學生有關係的人評斷學生學習的成就。

七、學生成績評量問題之商榷

㈠「百分制」與「等第制」之比較

　　百分制是傳統的記分方法，行之已久，目前在我國仍然被廣泛地使用，可是在美國已經被廢棄不用，而以等第制代替之。百分制的優點在於通俗，大家容易了解百分制的分數所代表的意義。不過，學校老師在用百分制給學生分數的時候，他可能根據幾次考試的結果，但由於考試的題目，有時簡單，有時會困難一點，那麼在簡單的試題上

得七十分，與在困難一點的試題上得七十分，兩者所代表的學習成就之意義就不完全一樣。此外，考試可能產生一些誤差，假如某一個學生得七十分，另外一個學生得七十二分，一般總認為得七十二分者必定比七十分的人優越一些，但事實上不見得如此，兩分之差，也許只是測驗的誤差，而不一定代表真正能力上的差別。

現在我們檢討一下等第制的優點與缺點。等第制通常要用統計上的常態分配原理，把學生考試的成績劃分為五個等級，使居中等第所佔的人數較多，兩端所佔的人數較少，這樣可以從學生的等第上看出他在班級中所佔的相對位置。等第制與常態分配法合用，有時會產生兩種不合理的現象：如果某班學生成績普遍低落，因套用常態分配的結果，雖成績並不很好，却得了高等第；另一班學生成績普遍偏高，因受常態分配所限，致有成績相當不錯者，不得不列入低等第。兩班學生相較，顯然有欠公平。因此，百分制與等第制度應參酌情況，視所評量的對象而決定使用何種方法最為適宜。大體言之，一般學科成績之評量可用百分制，操行之考評可採等第制。

(二)成績評量工作應由教師主持或師生共同擔任？

從前一般人認為老師是成績考查的主體，學生是成績考查的對象。現在美國人本心理學派的學者們很注重學生的人格尊嚴，覺得學生在學習活動中應該是最重要的，對學習成就最有認識的也應該是學生本人。因此，他們主張以「自我評鑑」(self evaluation)的方式來評量學生的學習成就。不過，學生是否有自知之明，是否有足夠的能力來評判其學習結果，仍然是一個值得討論的問題。我們似可採用一種折衷的辦法，讓老師與學生共同來評定學習的成就。運用這種方法時，老師應該先告訴學生有關成績評量的原則與重點，然後由學生

對他自己學習的結果作一初步的評定，老師再依據他平日的觀察以及考試的結果等資料，加以綜合的考查。

㈢成績評量結果之解釋以何種方式爲宜？

成績評量的結果所得到的是一項分數，分數本身並沒有意義，我們應該用什麼方法對分數加以解釋與說明，以顯示出它的意義呢？其解釋方法有三：

1. 相對解釋法：以全班學生成績之平均數爲基準點，利用離均差的尺度，對成績在平均數以上的學生評以較高的等級，對成績低於平均數者，予以較低的等級。其優點是可以區別學生學習的成就及努力的程度，避免因試題難易所造成的成績偏高或偏低現象；其缺點在於忽略了學生的個別差異，評量未必公平。每個學生的學習能力並不相等，其學習成就會受到學習能力的影響而有所不同。如果兩個學生的成績不等，便說成績低的學生學習不夠用功，這是不合理的。我們應參照學生的學習能力來判定其學習成就的相對意義，求出每個學生的「成就商數」（ achievement quotient ）。成就商數達一百以上，可說已經充分發揮了他的潛能；成就商數在一百以下，就表示在學習過程中有某種因素阻礙其學習潛能的充分發揮。

2. 絕對解釋法：用既定的標準來判定學生的學習成就。其優點爲⑴有固定的要求標準，此法易於達到品質管制之要求；⑵學生有一努力的目標，如不努力，既有不及格的可能，但因不受名額之限制，只要大家努力，每個人都可能得高分。其缺點則爲⑴標準的訂定不易；⑵忽略了個別差異，以同一固定的標準，要求每一個學生都達到相同的程度，未必合理。

3. 自我比較法：基於自我求進步的原理，將某一學生前後幾次的測驗成績相互比較。其優點為(1)能顧及學生的個別差異，適合個性原理；(2)可作教育診斷的運用，找出學生學習的困難所在；(3)容易看出學生進步的情形。其缺點為(1)無法和某種參照標準比較，不能看出一個人的優劣，且前後兩次測驗的試題之難易度可能不同，若前次難，後次易，學生分數可能增加很多，但學習成就並未提高，易使學生因分數提高而自滿；(2)無法使學生之間互相比較，有失測驗的意義。

綜上所述，各種學科之評量宜以相對解釋法為主，以自我比較法為輔；對學生操行之評量，則可用絕對解釋法。

(四)其 他

1. 國民中學如果採用能力分班制，那麼教學之內容與方法均應有所不同，不宜採用統一命題、統一測驗的方式，否則能力分班就失去意義了。

2. 學生之成績不應公佈，蓋因測驗之主要目的不在於學生之間的互相比較，而是要學生本人知道他自己的學習成就。

3. 各科成績是否可以直接相加而得總分，再除以總時數而得一平均分數？有些心理學者認為以側面圖表示各科成績之高低，較切合評量的旨趣，可顯示較多的意義。

八、結　語

教學是學校教育的重點工作，而評量又是教學歷程中的關鍵部分，教學評量的重要性與功能已為教育界人士和學生家長所認識及肯定。從改進教學評量的方法入手，是革新教學措施以增進教學效率的切

近途徑，容易獲得有關人員的重視和支持，大家積極參與，群策群力，當可順利進行，達成教學目標，提昇教育水準。

　　教學評量的正確觀念之溝通與澄清，實為當務之急。各級學校教學評量研習活動之實施以及有關專題研究工作之推展，均有助於教師對教學評量原理與方法之認識與了解，進而把握德、智、體、群、美五育評量的重點，活用各種評量技術，發揮評量功能，以增進教學效果。

參考文獻

彭駕騂（民五九）：課程的設計與評鑑。臺北市：臺灣書店。

黃光雄（民六九）：教學目標與評鑑。高雄市：復文圖書出版社。

路君約、盧欽銘、簡茂發（民七二）：心理與教育統計及測驗。臺北市：正中書局。

Aiken , L. R. (1982) Psychological testing and assessment. (4th ed.) Boston : Allyn and Bacon.

Anastasi , A. (1982) Psychological testing. (5th ed.) New York : Macmillan.

Bloom , B. S., et al. (1971) Handbook of formative and summative evaluation of student learning. New York : McGraw-Hill.

De Cecco , J. P. (1968) The psychology of learning and instruction : Educational psychology. Englewood Cliffs, N. J. : Prentice-Hall.

Glaser , R. (1963) Instructional technology and the measurements of learning outcomes : Some questions.

American Psychologist , 18 , 519-521.

Glaser , R. and Klaus , D. J. (1962) Proficiency mea-
surements : Assessing human performance. In R. M. Ga-
gne (Ed.) , Psychological principles in systems de-
velopment. New York : Holt , Rinehart & Winston , pp.
419-474.

Gronlund , N. E. (1985) Measurement and evaluation in
teaching. New York : Macmillan.

Hopkins , K. D., & Stanley , J. C. (1981) Educational and
psychological measurement and evaluation. (6 th ed.)
Englewood Cliffs , N. J. : Prentice-Hall.

Kibler , R. J., et al. (1974) Objectives for instruction
and evaluation. Boston : Allyn and Bacon.

Levy , P., & Goldstein , H. (1984) Tests in education : A
book of critical reviews. London : Academic Press.

Mehrens , W. A., & Lehmann , I. J. (1984) Measurement
and evaluation in education and psychology. (3rd ed.)
New York : Holt , Rinehart and Winston.

Popham , W. J. (1978) Criterion-referenced measurement.
Englewood Cliffs , N. J. : Prentice-Hall.

Popham , W. J. (1981) Modern educational measurement.
Englewood Cliffs , N. J. : Prentice-Hall.

Scriven , M. (1967) The methodology of evaluation. AERA
Monograph Series on Curriculum Evaluation , No. 1 ,
pp. 39-83.

Stufflebeam , D. L., et al. (1971) Educational evaluation & decision making. Itasca , Illinois : F. E. Peacock Publishers.

Ten Brink , T. D. (1974) Evaluation : A practical guide for teachers. New York : McGraw-Hill.

Thorndike , R. L. (Ed.) (1971) Educational measurement. (2nd ed.) Washington , D. C. : American Council on Education.

Thorndike , R. L., & Hagen , E. P. (1977) Measurement and evaluation in psychology and education. (4th ed.) New York : Wiley.

Yamamoto , K. (1971) Evaluation in teaching. In R. D. Strom (Ed.) , Teachers and learning process. Englewood Cliffs, N. J. : Prentice-Hall.

多元化評量之理念與方法

　　教學是師生共同參與而產生交互作用的動態過程；而評量則是運用科學方法和技術，蒐集有關學生學習行為及其成就的正確資料，再根據教學目標，就學生學習表現的情形，予以分析、研究和評價的一系列工作。在整個教學歷程中，評量是承接轉合的關鍵部份，而不是教學歷程的終點站，或教學活動的結束。教學評量的主要目的，在於分析教學得失與診斷學習困難，作為實施補救教學及個別輔導的依據。

　　由於簡便易行，各級學校長期使用紙筆式測驗作為學習成就評量的主要工具，此固然發揮了相當的功能，但沿襲已久，殊少變通，流弊所及，也成為當前教育改革中熱烈討論的重要課題之一。教育部在民國八十七年九月三十日公布的「國民教育階段九年一貫課程總綱綱要」中曾提及，評鑑方法應採多元化方式實施，兼重形成性和總結性評鑑（教育部，民 87b）。因此，多元化教學評量理念與方法之評介，在課程及教學的研究發展上，實為當務之急，有其必要。

一、學習評量概念的演進

檢視過去和最近的相關文獻,學習評量的發展演進可由其所用的名詞與涵義,分為三個階段。美國在「八年研究」(The Eight-year Study)時代之前,強調的是「Measurement」,以量化的方法取得正確可靠的數據;到後來則認為應該從教育的目標、人格的發展各方面來進行評量,亦即除了客觀的數字之外,尚需一些價值標準來加以衡鑑,將「Measurement」提昇至「Evaluation」;晚近,學者們又將「Evaluation」提昇至「Assessment」,強調評量時應考量各種相關的整體情境,從各種可行的途徑,蒐集全面性、多元化的資料,再從各個角度和不同觀點加以比較分析與綜合研判,進行整合性的詮釋,以從中獲得充分的了解。

二、教學評量問題的檢討

目前中小學教育由於升學競爭而導致教學未能正常化的結果,尤其是在教學評量方面產生許多的流弊,這些有所偏失的現象,值得大家關心、省思和切實的檢討。舉其要者,包括下列各項:

1. 偏重智育或學科知識的評量:考查記憶性知識,忽略推理思考和過程技能(process skills)。

2. 評量偏重學習結果的考查,而忽略學習過程的了解。

3. 考試次數太多,考試如上戰場。學生雖身經百戰,謀取勝之道,但未必是常勝軍,無信心,沒把握克敵致勝。在個人方面,課業負擔重,心理壓力大,害怕考試,造成考試焦慮症候群;在人際關係方面,因惡性競爭而對立,存有敵意,猜忌懷疑,彼此疏遠,不能相互尊重與合作。

4. 常用紙筆式測驗，以坊間普遍印行的測驗卷為評量工具，千篇一律，習以為常，覺得厭惡，又無法拒絕，真有強其所難之感。

5. 無法充分了解考試分數的意義及其所隱藏的訊息，評量的診斷功能尚未發揮。人人競逐高分，考試淪為競賽的工具，學生成為考試的機器，結果失敗挫折者居多，考試的負面效應層出不窮，如作弊、逃學……。

6. 考試領導教學，教學未能正常化。

7. 不適當的比較，滋生許多流弊。

8. 升學取向，惡性補習，戕害兒童及青少年身心健康。

三、教學評量的內涵與類型

教學評量包括三大部分，即教師的教學效率之評量（evaluation of teacher's teaching effectiveness）、學生的學習成就之評量（evaluation of students' learning achievement）、課程的設計與實施之評量（evaluation of curriculum program）。

就評量的時機和性能而言，教學評量可分為「形成性評量」（formative evaluation）和「總結性評量」（summative evaluation）；從評量資料的解釋方式而言，教學評量又可分為「常模參照評量」（norm-referenced evaluation）和「標準參照評量」（criterion-referenced evaluation）。

美國教育學者 R. K. Watkins 曾將學校中通常所採用的成績評量措施，歸納為下列九種方法：(1)教師的評判（teacher's judgement）；(2)口頭述誦（oral recitation）；(3)論文考試（essay examination）；(4)標準化客觀測驗（standardized objective test）；(5)教師自編客觀測驗（informal teacher-made objective test）；(6)學生作品的評定（the rating of sampling

of products of pupils' work）；(7)操作的評定（performance rating）；(8)
非正式記述的評量（informal descriptive evaluation）；(9)機械記錄
（mechanical recording）。

四、多元化評量的理念

由於教學和輔導的範圍非常廣泛，除知識技能之外，尚包括學生
的品行、人際關係、學習態度、興趣、方法和習慣等方面，所以必須
採用不同的考查方法，以配合學科性質和教材內容，進行多種方式的
評量。

(一)成績評量是多方面的

從前一般人認為學校的成績評量只限於知識技能的考查，其實現
代國民中小學注重德、智、體、群、美五育均衡發展，應該把評量的
範圍擴大至教育的全面。當我們從事某一學科的教學時，雖然以該學
科本身知識為重點，此即「主學習」（primary learning），但也不能忽
略與該學科有關的其他學科知識，亦即「副學習」（associate
learning），而且透過各學科之學習，學生在其態度及情意方面可能有
所改變或進步，則屬「附學習」（concomitant learning）之結果，均應
納入成績評量的範圍中。最近美國教育心理學者認為學校教學包括：
(1)認知方面——以學生心智能力之發展為核心；(2)情感方面——以學
生之態度、興趣、對人對事之方式以及各種鑑賞能力為重點；(3)心理動
作方面——以各種技能為主。凡此無一不屬於成績評量之範圍。

(二)成績評量必須採用多種方式

由於成績評量的範圍非常廣泛，教師應該採取不同的考查方法，

以配合教材之性質與內容,進行多種方式的評量。評量時所採用的方法與途徑愈多,蒐集相關資料愈齊全,則其結果愈客觀正確,也愈能符合成績考查的要求。

五、多元化評量的方法

以往傳統的學習評量,大都採用標準化紙筆式測驗(standardized paper-and-pencil test)或教師自編的課堂測驗(teacher-made classroom test),為時已久,習以為常。由於紙筆式測驗較為通俗,使用普遍,易於被非專業的人所誤用或濫用,而造成許多不良的結果。因此,現今教學評量的研究發展趨勢更注重彈性的、變通的、多元化的評量,並且強調動態的過程,乃出現「另類評量」或「變通性評量」(alternative assessment)、「動態評量」(dynamic assessment)和「實作評量」(performance-based assessment)等新名詞。

教學包含教師的「教」和學生的「學」。過去只要求「教學正常化」,但現在更強調「教學卓越化」。換言之,希望在教師方面,能做到「有效率的教學」(effective teaching);在學生方面,能達到「有意義的學習」(meaningful learning)。所謂「有意義的學習」,係指兒童及青少年所學的內容與方式力求與其日常生活情境切近且密切結合,同時有所謂的「真切性評量」(authentic assessment)。此種評量特別注重在真實的或模擬的情境中進行考查,強調評量的內容與方式應配合兒童當前的生活經驗,使其覺得自然親切,而不致格格不入,且能充分反映其真實的行為改變或成長,獲得全面的深切了解。

此外,尚有「卷例評量」或「檔案評量」(portfolio assessment),係指在學生學習過程中有系統地彙集相關的各項資料,針對評鑑的需要,找出一些切要的項目作成適當的組合,進行成套的評量,而非零

碎個別項目的考核，並具有持續累積的評量效用。由於評量不只限於靜態的作品，還要評量作品產生的過程以及作品的優劣，是一種整體系統性的評量，因而又連帶出現一種「工作取樣系統」（work sampling system），亦即從工作項目中找出重要的樣本，讓學生操作反應，再進行觀察、記錄及研判。

　　上述各種評量方法都是相關的，主要強調的都是要讓學生在切近生活經驗的活動中實際操作學習，再由教師進行有系統的觀察、記錄和評鑑。

　　另外，針對學科的學習，現在有所謂的「課程本位能力測驗」（curriculum-based competency testing）。每一個科目或課程，都有其教材大綱及教學重點，同時也要考慮教學目標，而教學目標又分為認知、情意、技能三方面。因此，在評量時，課程本位能力測驗應顧及該科學習的活動，包括教材內容、行為目標、學習情境、以及學生個人的背景能力等各方面；亦即課程設計、課程實施、學習情境、個人等因素都應納入考慮。

　　最近五年來，國立臺灣師範大學科學教育中心與美國馬里蘭州教育廳合作進行學習評量的改進計畫－MSPAP（Maryland School Performance Assessment Program）。MSPAP就是一種超脫選擇題紙筆式測驗的評量方式，先舉行一個活動，讓學生參與、觀察，然後詢問一些相關的問題，讓學生有所回應，再根據其行為表現來評分。這是上述「實作評量」典型的實例，在心理計量學與教學評量領域的研究發展上，頗受學界的稱許和肯定。

　　教育部於民國八十七年八月二十六日修正公布的「國民中學學生成績考查辦法」規定：學校對國中學生成績之考查，應視學生身心發展與個別差異，以獎勵及輔導為原則，並依各學科及活動性質，得就

下列十五種評量方式選擇辦理。

1. 紙筆測驗：就教師依教學目標、教材內容所編訂之測驗考查之。

2. 口試：就學生之口頭問答結果考查之。

3. 表演：就學生之表演活動考查之。

4. 實作：就學生之實際操作及解決問題等行為表現考查之。

5. 作業：就學生各種習作考查之。

6. 設計製作：就學生之創造過程及實際表現考查之。

7. 報告：就學生閱讀、觀察、實驗、調查等所得結果之書面或口頭報告考查之。

8. 資料蒐集整理：就學生對資料之蒐集、整理、分析及應用等活動考查之。

9. 鑑賞：就學生由資料或活動中之鑑賞領悟情形考查之。

10. 晤談：就學生與教師晤談過程，了解學生反應情形考查之。

11. 自我評量：學生就自己的學習情形、成果及行為表現，做自我評量與比較。

12. 同儕互評：學生之間就行為或作品相互評量之。

13. 校外學習：就學生之校外參觀、訪問等學習活動考查之。

14. 實踐：就學生之日常行為表現考查之。

15. 其他。　　　　　　（教育部，民 87a）

舉例：自然科學課程強調科學概念、科學方法和科學態度之教學，故考查學生的學習結果時，必須兼顧這三方面的評量，不可有所偏廢。科學概念的評量，可採用口頭考問、紙筆測驗或情境測驗等方式進行之；科學方法注重過程技能（process skills）之訓練，此方面的評量宜以實際操作方式實施之；至於科學態度方

面的評量技術，較難達到客觀衡鑑的要求，必須同時並用行為
觀察法、評定量表、自陳量表、項目檢核表及個別晤談等方式，
設法蒐集多方面的資料，以便比較分析與綜合研判。

六、因材評量與自我比較

　　教育最基本的理念與方法，就是「有教無類」和「因材施教」。
學齡兒童及青少年來自不同的家庭社經背景，在身心發展及行為表現
各方面，都有個別差異的現象。在當前以班級教學為主的教育體制下，
應先充分了解學生個別差異，以便普遍實施適性教育，促使學生各有
所長的才華，都能因多樣化的學習情境，而獲得有尊嚴且快樂的成長。
既然配合學生的個別差異，實施適性教育，在教育每個學生時，理應
把握「因材施教」及「因材評量」的原則，進行多元化評量措施，採
自我比較的方式，解釋分析各方面整合評量的結果。

　　學校教師應該提供各種教育活動的機會，採用各種適性評量的方
式，讓每個學生都能充分發揮才華，把努力學習的成果從各方面表現
出來；再就各科成績作適當的比較分析，以顯示出相對的意義。從教
育和評量的觀點來說，最好採用自我比較的方式，也就是以學生本人
的學習潛能及實際的學習表現相互參照作合理的解釋分析。通常有三
種方式：第一，基於學生個人的潛能來解釋他在學科成績上的相對意
義，可以看出他「努力」的程度；第二，把學生個人過去和現在歷次
考試評量所得的成績前後加以比較，可以看出「進步」或「退步」的
情形；第三，把學生個人在許多不同學科所得到的成績畫成「側面剖
析圖」（profile），從中可以清楚地看出各科分數的高低，可以了解他
在各學科領域學習成果的相對優劣，也可以凸顯出整個學習結果在各
方面的「長處」和「短處」，作為進一步學習輔導的依據。總而言之，

我們應該注重因材評量，採用自我比較的方式。

七、結　語

學生學習成就的評量，必須顧及個別差異，符合因材施教、因材評量的原則。成績評量涉及教育各方面，因而必須採用多種方式。多元化評量是教學評鑑與心理計量學研究發展的最新趨勢，有其理論基礎與實務應用的意義。傳統的紙筆式測驗，因評分標準客觀，分數較少誤差，且施測方便，乃廣被採用，但有時過度僵化，並非最佳的評量方式。事實上，教學評量除了一般的紙筆式測驗之外，尚有許多其他變通的方式，可視學科性質、教學情境及評量重點等因素，酌採其中幾種不同的評量方法，作彈性的搭配運用，以發揮最大的評量功能。

參考文獻

王寶墉（民84）：**現代測驗理論**。台北：心理出版社。

余民寧（民86）：**教育測驗與評量：成就測驗與教學評量**。台北：心理出版社。

吳武典、簡茂發等（民83）：**我國心理與教育測驗彙編㈡**。台北市：中國測驗學會。

周文欽、盧欽銘等（民86）：**心理與教育測驗**。台北：心理出版社。

教育部（民87a）：**國民中學學生成績考查辦法**。台北市：教育部。

教育部（民87b）：**國民教育階段九年一貫課程總綱綱要**。台北市：教育部。

路君約（民81）：**心理測驗**。台北:中國行為科學社。

簡茂發（民86）：**心理測驗與統計方法（修訂版）**。台北：心理出版社。

簡茂發（民 82）：測驗的編製。見黃光雄、簡茂發主編：**教育研究法**（再版）。台北：師大書苑。

簡茂發、何榮桂等（民 81）：**我國心理與教育測驗彙編㈠**。台北市：中國測驗學會。

Aiken, L.R. (2000). *Psychological testing and assessment (10th ed .).* Boston : Allyn and Bacon.

American Educational Research Association, American Psychological Association, and National Council on Measurement in Education. (1999). *Standards for educational and psychological testing.* Washington, DC: The Author.

Anastasi, A., & Urbina, S. (1997). *Psychological testing (7th ed.).* Upper Saddle River, NJ : Prentice-Hall.

Aylward, G . P. (1994). *Practitioner's guide to developmental and psychological testing.* New York : Plenum Medical Book Company.

Banta, T.W., Lund, J. P., Black, K. E., & Oblander, F.W. (1996). *Assessment in practice: Putting principles to work on college campuses.* San Francisco, CA: Jossey-Bass Publishers.

Conoley, J.C., & Impara, J.C. (Eds.) (1995). *The twelfth mental measurements yearbook.* Lincoln, NE: The University of Nebraska Press.

Cronbach, L.J. (1990). *Essentials of psychological testing (5th ed).* New York : Harper Collins.

Cunningham, G. K. (1998). *Assessment in the classroom: Constructing and interpreting tests.* Washington, DC: The Falmer Press.

Devellis, R.F. (1991). *Scale development: Theory and applications.* London : Sage.

Friedenberg, L. (1995). *Psychological testing: Design, analysis, and use.* Boston: Allyn and Bacon.

Gallagher, J.D. (1998). *Classroom assessment for teachers.* Upper Saddle River, NJ: Prentice-Hall.

Gregory, R.J. (1996). *Psychological testing: History, principles, and applications (2nd ed.).* Boston: Allyn and Bacon.

Hopkins, K.D. (1998). *Educational and psychological measurement and evaluation (8th ed.).* Boston: Allyn and Bacon.

Kaplan, R M., & Saccuzzo, D.P. (2001). *Psychological testing: Principles, applications, and issues (5th ed.).* Pacific Grove, CA: Brooks/Cole.

Kline, P.L. (1993). *The handbook of psychological testing.* London : Routledge.

Lindquist, E.F. (Ed.) (1951). *Educational measurement.* Washington, DC: American Council on Education.

Linn, R.L.(Ed.) (1989). *Educational measurement (3rd ed.).* New York: American Council on Education / Macmillan.

Linn, R.L., & Gronlund, N.E. (1995). *Measurement and assessment in teaching (7th ed.).* Englewood Cliffs, NJ: Merrill / Prentice-Hall.

Lyman, H.B. (1998). *Test scores and what they mean (6th ed.).* Englewood Cliffs, NJ: Prentice-Hall.

Murphy, K.R., & Davidshofer, C.O. (1998). *Psychological testing: Principles and applications (4th ed .).* Englewood Cliffs, NJ: Prentice-Hall.

Oosterhof , A. (1994). *Classroom applications of educational measurement (2nd ed.).* New York: Maxwell Macmillan International.

Phye, G.D. (Ed.) (1997). *Handbook of classroom assessment: Learning, adjustment, and achievement.* San Diego, CA: Academic Press.

Popham, J. M. (1995). *Classroom assessment: What teachers need to know.* Boston: Allyn and Bacon.

Sax, G. (1996). *Principles of educational and psychological measurement and evaluation (4th ed.).* Belmont, CA: Wadsworth.

Thorndike, R .L. (Ed.) (1971). *Educational measurement (2nd ed.).* Washington, DC: American Council on Education.

Thorndike, R. L. (1982). *Applied psychometrics.* Boston: Houghton Mifflin.

Thorndike, R. M., & Lohman, D. F.(1990). *A century of ability testing.* Chicago: Riverside.

Thorndike, R. M. (1997). *Measurement and evaluation in psychology and education (6th ed.).* Upper Saddle River, NJ: Prentice-Hall.

Walberg, H.J., & Haretel, G.D. (Eds.) (1990). *The international encyclopedia of educational evaluation.* Oxford: Pergamon Press.

Wholey, J.S., Hatry, H. P., & Newcomer, K.E. (Eds.) (1994). *Handbook of practical program evaluation.* San Francisco, CA: Jossey-Bass.

Worthen, B.R., White, K.R., Fan, X., & Sudweeks, R.R. (1999). *Measurement and assessment in schools (2nd ed.).* New York: Longman.

Wragg, T. (1997). *Assessment & learning: Primary and secondary.* New York: Routledge.

學習評量的新趨勢*

一、前言

　　學習評量是當今教育問題中,最熱門的話題之一。大至聯考的計分方式小至教師自編紙筆測驗的信度與效度,都成為社會大眾關心的焦點。尤其在國內目前教育改革之風盛行之際,學習評量亦尋求更新、更準確、更多元化的方式,以期對學生的能力、學習成果和學習困難有更深入和全面的了解。因此,本期特地專訪心理與教育測驗領域的大師——師大教務長簡茂發教授。請其談談當前學習評量的新趨勢,以供關心教育的諸位讀者參考。

---

*此文係登載於教育研究雙月刊(第45期)之專訪,由李毓娟採訪執筆,再經簡茂發修正定稿。

二、學習評量概念的演進

教學是師生共同參與而產生交互影響的動態過程。而評量則是運用科學方法和技術，蒐集有關學生學習行為及其成就的正確資料，再根據教學目標，就學生學習表現的情形，予以分析、研究和評斷的一系列工作。因此，在整個教學歷程中，評量是承接轉合的關鍵部份。

檢視過去和最近的相關文獻，簡教授認為學習評量的發展演進可由其所用的名詞與涵義，分為三個階段。美國在「八年研究」時代之前，強調的是"Measurement"，以量化的方法取得正確可靠的數據；到後來則認為應該從教育的目標、人格的發展各方面來進行評量，亦即除了客觀的數字之外，尚須有一些價值標準來加以衡鑑，而將"Measurement"提昇至"Evaluation"；晚近，學者們又將"Evaluation"提昇至"Assessment"，強調評量時應考量各種相關的整體情境，做整合性的評量。

三、學習評量的新發展

談及學習評量的新趨勢，簡教授提到一本今年出版的新書—Classroom Assessment:What Teachers Need to Know。此書為美國著名的教育學者 W. J. Popham 所著，書中對當前學習評量的發展與趨勢有相當詳細適切的介紹與說明，是一本相當具有參考價值的書。因此，簡教授將以此書作為介紹學習評量新發展的主要架構，並綜合以往教授的論著，提出他對這方面的看法。

㈠實務方面

過去傳統的學習評量，大都採用標準化紙筆式的測驗或教師自編的測驗，且使用情形為時已久。但現在已開始對此種現象加以檢討。

因為紙筆式測驗被許多人濫用或誤用，而造成很多不良的後果。所以，現在教學評量的趨勢強調彈性的、變通的、多元性的評量，並且強調動態的過程。因此，又出現許多的名詞，如 "Alternative Assessment"（變通性評量）；有些則強調動態的過程，而稱為 "Dynamic Assessment"（動態的評量）。

此外，教學包含老師的「教」和學生的「學」。過去只強調「教學正常化」，但目前則強調「教學卓越化」，亦即希望在老師方面，能達到有效率的教學（effective teaching），在學生方面，能達到有意義的學習（meaningful learning）。所謂有意義的學習，意指學生所學的內容能與學生的生活切近、結合，因而有所謂的 "Authentic Assessment"（真實性的評量）。真實性的評量即強調評量的內容與方式，應與學童的經驗相當切近，能反應其真實的行為的改變或成長。

事實上，評量除了一般的紙筆式測驗之外，尚有許多其他變通的方式，不過現在比較強調的是讓學生在生活和學習的情境中，有各種表現的機會，尤其希望能從一些較切近的實作表現中，顯示出學生學習的結果。因此，有所謂的 "Performance Assessment"，一般譯法不一，有稱之為「表現評量」者，亦有稱之為「操作式評量」或「實作式評量」者，多指與紙筆測驗相對的操作性測驗。但簡教授認為其真正的意義可能更廣，甚至可以涵蓋傳統的紙筆式測驗。其主要的宗旨乃是要讓受試者的學習成果，能經由外顯的行為表現出來。目前台灣師大研究中心與美國馬利蘭州合作進行學習評量的改進計畫—MSPAP（Marylard School Performance Assessment Program）。最近剛好有一位馬利蘭州的教授來此演講。MSPAP就是一種超脫選擇題紙筆式測驗的評量方式，採用先舉行一個活動，讓學生參與、觀察，然後詢問他一些相關的問題，讓學生有所表現，再根據其表現來評分。

　　當然紙筆式的測驗，因評分標準客觀，所以分數標準一致而較少誤差，但有時過度僵化，並非最佳的方式。就學生個別的反應和表現，進行觀察、晤談、記錄，再加以計分，更可以達到全面整體的評量。但觀察的記錄結果如何有一套科學的評分指標和作法也相當重要，因此必須訓練一批評分者。如國內的大學聯招，在非選擇題部份，即仰賴閱卷教授的評分標準來評量。雖然閱卷的教授具有相當的專業素養，但若能仿照馬利蘭大學訓練評分者的方法，讓這些教授先參與一些有關問卷的講習或訓練，使在評分標準上求得一致，將可提高評分者信度，達到更客觀精確的地步。

　　另外，針對學科的學習，現在有所謂的"Curriculun-based competency testing"。每一個科目、課程，都有其教材大綱。教學重點，同時也要考慮到教學目標，而教學目標又分為情意，認知、技能三方面。所以在評量時，課程本位的能力測驗應考慮針對該科學習的活動，包括教材的內容、行為目標、學習的情境，以及學生個人的背景能力等各方面；亦即課程設計、課程實施、和學習情境、個人等因素都應納入考慮。而在 Classroom Assessment 這本書中也提到一種"Protfolio Assessment"（作品集項評量）。作品集項評量是指在學所學的各種項目中，找出重要的評量項目，作成適當的組合，進行整套的評量，而非零碎個別項目的評量。此外，評量的不只限於靜態的作品，還要評量作品產生的過程以及作品的好壞，是一種整體、系統性的評量。所以，又連帶出現一種"Work Sampling System"（工作取樣系統）。也就是應該從工作項目中找出重要的樣本，讓學生操作反應，再進行觀察和記錄。基本上，Protfolio Assessment、Work Sampling System、與前述的 Authentic Assessment、Performance Assessment 都是相關的，主要強調的都是要讓學生在切近生活經驗的活動中實際操作學習，再由教師進行

有系統的觀察、記錄和評分。

(二)理論方面

從理論方面來看，現代心理計量學重要的新發展爲「試題反應理論」（Item Response Theory, IRT）或「潛在特質理論」（Latent Trait Theory）。另外，在心理學方面亦有一個顯學的發展趨勢—「認知心理學」，較著重採用實驗的方法來探討人類內在學習認知歷程的改變。簡教授認爲此兩者可結合，爲教學評量提供前瞻性的理論基礎。

傳統的測量觀點認爲要比較學生的成就，必須讓學生在相同的情境中接受相同的測驗，再比較其反應的差異，但這種方式會受到很多時間、空間條件的限制。因此，現在新的心理計量理論，主張只要我們在編製測驗的發展過程中，能充分地累積各方面的資料，就可用測驗統計的方法，根據預試的對象算出題目的難度、鑑別度。但因預試對象也是由抽樣而來，難免會有誤差，所以一份試題的難度和鑑別度可能會因預試對象的不同而產生差異。現代 IRT 理論卻可超脫這種限制，採新的數理模式來計算試題性能的衡量指標：難度、鑑別度、和誤差。因此，只要在試題資料統計分析上下一番功夫，以電腦累積處理資料，即可作等化（equating）的處理，也可以將試題做適當的組合（linking）。因此，IRT理論主張大家不一定要接受相同的測驗，而應該讓受試者接者受最適合他的測驗，再將測驗的結果以計量方法轉換、使之等化，即可作比較。由此觀點出發，所謂的「適性測驗」（tailored testing）或（adaptive testing）也找到了學理的基礎。但一般心理計量學只看到測驗的結果，而認知心理學則從訊息處理的觀點出發，重視解題認知的歷程。所以，如果能夠引用部份認知心理學的發現，那麼我們在評量時，就不應只就測驗的結果作計量的分析，對學生思考的過程也應該有所了解。

傳統的評量往往只重視結果的評量，現在則還要觀察學習過程的表現。除了認知面以外，學習方法、態度、動機、興趣等，也應考慮，尤其學生是如何學習的這個過程，更應該了解。剛才所提的「動態的評量」，即是強調動態的觀察和了解。所以簡教授認為現代心理計量學在研究上的新發展，和認知心理學的突破，可為學習評量的發展提供深厚的理論基礎。

四、學習評量的新趨勢

綜合而言，簡教授認為學習評量的新趨勢有以下數端：

1. 評量應兼顧多種層面：如德智體群美五育的發展都應兼顧；從教育目標的分類來看，則應兼顧認知、情意，技能三方面。

2. 歷程和結果的了解並重：過去太強調定期的總結性評量，現在則也應注重過程的形成性評量。所以，今後應該總結性評量與形成性評量兼顧並重、相互為用。如數學科的評量，不應只看答案，還應該看計算過程是否正確；又如自然科的學習，不僅要重視科學知識的吸收，更要重視過程技能（實驗程序、研究方法）的培養，才能在這知識爆增的時代中培育出真正擁有「學力」的人才，也有助於形成終生學習的社會。

3. 標準參照測驗的重要性：以前常採用相對比較的方法來評斷學生的成就，但若從能力本位的觀點出發，使用常模參照測驗可能不盡恰當，採用標準參照測驗才更為合適。教學評量應發揮教育診斷的作用，若發現學生能力不足，可進行補救教學；能力較佳的則可做充實教學。而這些診斷都必須根據科學化的數據標準來分析，再對學生的學習做進一步的安排和輔導。

4. 量的分析與質的評斷結合：大多數的人都以為教學評量應以量

的分析爲主，但簡教授認爲應以量的分析作爲基礎，然後再將之綜合、整合，做一個質的評斷。所以，量的分析與質的評斷應該要兼顧。

5. 學習評量電腦化：由於資訊科學的發達，電腦設備已相當普遍。所以現在測驗要電腦化，教學評量也應該符合電腦化的趨勢。利用電腦建立題庫，運用IRT的程式選擇最適於受試者的題目，分析測驗資料，都可作爲教學評量的工具，有助於教學評量的改進。

6. 多元化的評量：學習評量不應只限於紙筆式測驗。目前中小學的課程標準的總綱裡，已列出多種不同的評量方式，包括：紙筆測驗、觀察、訪談、行爲檢核表、表演、自我報告、軼事記錄、作品集項評量、系統性的實作評量、眞實情境的問題解決、電腦模擬、實驗方法與步驟、錄影、記錄、同儕互評和自我評量等。此與上述所提的各種新的評量名詞的概念相符，亦可見多元化已成爲學習評量發展的主要趨勢。

簡教授以其專業的知識背景和前瞻性的眼光，爲學習評量革新的趨勢指出數個大方向，實值得教育人士作爲今後進行學習評量的參考和努力的目標。

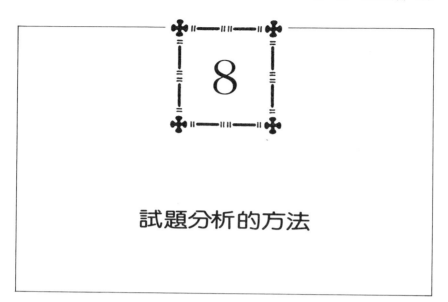

試題分析的方法

　　優良的測驗必須具備相當水準的信度（ reliability ）和效度（ validity ），而測驗的信度和效度又取決於全部試題（ test items ）的性能。試題性能的檢驗，有賴於邏輯的與統計的分析（ logical and statistical analyses ）。因此，在測驗編製過程中，試題分析（ item analysis ）是一件非常重要的工作。試題分析可分爲質的分析（ qualitative analysis ）與量的分析（ quantitative analysis ）兩部分。前者係就試題的內容和形式，從取材的適切性（ relevan-ce ）與編擬試題的技術方面加以評鑑；後者則基於試題經過預試（ try-out ）的結果，逐一分析其難度（ item difficulty ）、鑑別度（ item discrimination ）與受試者對各項配列答案（ options）的反應情形，作爲修改試題或選擇試題之依據。從心理測量的觀點言之，所有試題必須經過質和量兩方面的分析，始能顯示其特性和相對效力的高低，據以決定取捨，然後以適當的試題構成一套可靠而有效

的測驗，進而發揮其測量與評量的功能。

一、試題內容與形式的分析

這是指試題在質的方面所作的邏輯分析而言。每一種測驗皆有其特定的功能與適用的範圍，試題的編製應以測驗的目的爲依歸。茲以學科成就測驗爲例，其主要目的在於測量學生在某一學科教學活動中學習的結果，因而試題必須切合教材的內容，並依據教學目標，就學生行爲變化的不同層面加以評量。一般在編製學科成就測驗的時候，應先分析課程的教材內容及其行爲目標（ behavioral objectives ），進而使兩者適當結合而形成雙向的細目表（ two-way specification table ），作爲編製試題的依據。因此，學科成就測驗的內容效度（ content validity ） 之高低，通常視其試題能否適當反映教材內容的重點和行爲目標的層次而定。良好的試題應具有相當水準的內容效度，確能測出學習成就或訓練效果的各方面。此外，試題本身的結構形式也須符合測驗編製的原理和要求。此種有關試題適切性的分析，通常必須在試題預試以前完成之。

二、試題難度與鑑別度的分析

試題經過質的邏輯分析以後，必須再作量的統計分析。它是試題分析的重點所在，係以經驗的方法（ empirical approach ），從某一測驗所擬施用的對象中抽取樣本，將初編的全部試題交由這一羣受試者作答，然後根據預試的結果，進行統計分析，以確定各試題的難度與鑑別度，並就各項配列答案的反應情形加以比較。

㈠難度分析

　　試題的難度與測驗的效率（ effectiveness ）有關，難度適當的試題是構成優良測驗的必要條件。試題的難易程度通常以全體受試者答對或通過該題的百分比（ percentage passing ） 表示之。其計算公式為：

$$P = \frac{R}{N} \times 100\%$$

　　上式中，P代表試題難度，N為全體受試者人數，R為答對該題的人數。例如：在200名預試學生中，答對某一試題者有52人，則其難度為 $\frac{52}{200} \times 100\% = .26$（或26%）。

　　另一種試題難度的求法，係先將受試者依照測驗總分的高低次序排列，然後把得分最高與得分最低的受試者各取全體人數的27%，定為高分組和低分組，再分別求出此兩組在某一試題上通過人數的百分比，以兩組百分比的平均數作為該試題的難度。其計算公式如下：

$$P = \frac{P_H + P_L}{2}$$

　　上式中，P代表試題難度，P_H 為高分組通過該題人數百分比，P_L 為低分組通過該題人數百分比。例如：在某題作答中，高分組有74%答對，低分組有22%答對，則該題難度為

$$\frac{.74 + .22}{2} = .48（或48\%）$$

　　以P表示試題的難度，P值愈大，難度愈低；P值愈小，難度愈

高。例如：在某一測驗中，第一題、第二題、第三題的通過人數百分比（ P ）依次為20％、30％、40％，則第一題的難度最高，第二題的難度次之，第三題的難度最低。不過，P值是一種順序尺度（ ordinal scale ），差距單位並不相等，因而祇能表示試題難易的相對位置，却無法指出各難度之間差異的大小。上例中的第一題與第二題在難度上的差別量，並不等於第二題與第三題在難度上的差別量。針對此一缺點，美國教育測驗服務社（ Educational Testing Service ）另創一類具有等距尺度（ interval scale ）特性的難度指數，以△（ delta ）表示之。它是一種以13為平均數、４為標準差、下限為1、上限為25的標準分數。△值愈小，難度愈低；△值愈大，難度愈高。它不但可以表示試題難度的相對位置，而且可以指出不同難度之間的差異數值。這種難度指數係基於試題所測量的特質呈常態分配的假設，認為試題的難度可在常態分配曲線的橫軸上某一點以離差分數（ deviation score ）表示之。其求法係根據答對某一試題的人數百分比與答錯該題的人數（包括未作答者）百分比，使前者在右，後者在左，找出兩者在常態分配曲線橫軸上的分界點，此點的相對位置以標準差為單位表示之，即為 x ，再按下列公式求出△值：

$$\triangle = 13 + 4x$$

　　例如：某一試題的通過人數百分比為84％，亦即P = .84 ，則由圖一可知其相當的 x 值為- 1 ，代入上述公式，則其△值等於 13 + 4 ×（ - 1 ）= 9 。

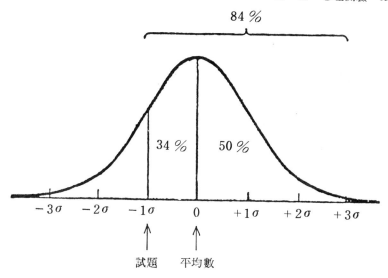

圖一　試題通過人數百分比與常態化等距性難度之關係

若 P ＝ .16 ，　　則 x ＝＋ 1 ，　　△＝ 13 ＋ 4 ×（＋ 1 ）＝ 17

　　P ＝ .50 ，　　則 x ＝　 0 ，　　△＝ 13 ＋ 4 × 0 ＝ 13

　　P ≒ .9987 ，　則 x ＝－ 3 ，　　△＝ 12 ＋ 4 ×（－ 3 ）＝ 1

　　P ＝ .0013 ，　則 x ＝＋ 3 ，　　△＝ 13 ＋ 4 ×（＋ 3 ）＝ 25

　　在實際應用上，試題的△值可由范氏項目分析表（ Fan, 1952 ）查得。當 P ＞ .50 時，△值小於 13 ；當 P ＜ .50 時，△值大於 13 。所有試題的△值都在 1 和25之間。

㈡鑑別度分析

　　構成測驗的試題必須具有鑑別某種心理特質的作用，始能使測驗成為有效可靠的測量工具。試題的鑑別力（ discriminating power ）之大小與測驗的信度和效度皆有密切的關係。欲增進測驗的預測與診斷功能，必須着重試題的鑑別度分析。試題的鑑別度分析可分為內

部一致性（ internal consistency ）與外在效度（ external vali-
dity ） 兩方面，其目的在於分析受試者對試題的作答反應與某些參
照標準之間的相關程度，藉以判定個別試題的性能及其對整個測驗的
貢獻和影響。

1.內部一致性的分析

此即一般所謂「諧度分析」，其目的在於檢查個別試題與
整個測驗的作用之一致性。分析的方法有下列兩種：

⑴探求試題反應（ item response ）與測驗總分之間的關聯性
──受試者對某一個別試題的作答反應可分為答對與答錯兩
種情形，屬於二分的變項（ dichotomous variable ）；每
人各有其測驗總分，屬於連續的變項（ continuous varia-
ble ）。兩者之間的關聯性，可應用雙列相關（ biserial
correlation ）或點值雙列相關（ point-biserial corre-
lation ）的方法，求得相關係數（ r_{bis} 或 r_{pb} ），以表示內
部一致性的高低。

⑵比較高分組和低分組在個別試題上通過人數百分比──先將
測驗總分最高的27%受試者列為高分組，最低的27%受試者
列為低分組，然後分別求出這兩組受試者在個別試題上的通
過人數百分比，再以高分組的百分比減去低分組的百分比所
得的差數，作為鑑別指數（ index of discrimination ）。
其計算公式如下：

$$D = P_H - P_L$$

式中，D代表鑑別指數，P_H 為高分組通過人數百分比，P_L
為低分組通過人數百分比。例如：高分組通過某試題的百分

比爲 .63，低分組通過該試題的百分比爲 .21，則其鑑別指數（D）爲 .63 － .21 ＝ .42。鑑別指數愈大，表示個別試題反應與測驗總分的一致性愈高。

就一般情形而言，D與 r_{bis} 或 r_{pb} 雖單位不等，但有高度的近乎完全的正相關存在於兩者之間（Bridgman, 1964）。

2.外在效度的分析

此即試題的效度分析，其目的在於檢驗每一個試題是否具有預定的某種鑑別作用。它是以外在效標（external valida-tion criterion）爲依據，衡量試題反應與效標分數的相關程度，或分別求出各效標組（criterion groups）在某一試題上通過人數百分比，以其差數作爲效度指數（index of va-lidity）。外在效度分析的方法和步驟，與前述內部一致性的分析相彷彿，所不同者祇是參照標準不同而已。通常首先必須決定一個外在的效標，諸如學業成績、工作表現或評定的分數等，然後依據效標分數，將受試者區分爲高分組和低分組，各佔總人數的27%，再分別求出高分組和低分組在各個試題上通過的百分比，然後以前者減去後者，其差數的大小，即可顯示各個試題在預定功能上的鑑別力。

(三)難度與鑑別度的關係

試題的難度與鑑別度密切相關，前者是後者的必要條件。測驗所包含的試題具有適當的難度，才有發揮鑑別作用的可能性。如果試題的難度太高，竟無一人能通過之，或難度太低，全體皆能通過之，則失去鑑別不同程度的效用。一般而言，試題的難度（P）愈接近 .50，則其所能發揮的區別作用（differentiation）愈大。此種區別作

用，通常以區別數（ number of differentiation ） 表示之。例如
：某一試題的難度（ P ）爲 .10，則 100 人中有 10 人通過此題，90
人不通過，其區別通過者與不通過者的可能組合數爲 10 × 90 ＝ 900
；另一試題的難度（ P ）爲 .20，則 100 人中有 20 人通過，80 人不
通過，則其區別通過者與不通過者的可能組合數爲 20 × 80 ＝ 1600 。
依此類推，可得結果如表一。由表一可知：難度適中時，區別數較大
，亦即中等難度的試題具有較大的鑑別作用。

表一　難度與區別數的關係

難　度　（P）	區　別　數
.00	0
.10	900
.20	1600
.30	2100
.40	2400
.50	2500
.60	2400
.70	2100
.80	1600
.90	900
1.00	0

如從 $P = \dfrac{P_H + P_L}{2}$ 和 $D = P_H - P_L$ 兩計算公式的關係觀之，亦可

得知難度（P）與鑑別指數（D）伴隨變化的情形：當試題的難度等於 .50 時，其鑑別指數的最大值（maximum item discrimination）可達於 1.00；當試題的難度等於 .60 時，其鑑別指數的最大值為 .80。依此類推，可得結果如表二：

表二　難度與最大鑑別值的關係

難　度　（P）	最　大　鑑　別　值
1.00	.00
.90	.20
.80	.40
.70	.60
.60	.80
.50	1.00
.40	.80
.30	.60
.20	.40
.10	.20
.00	.00

　　由表二可知：難度適中時，可能的鑑別值（potential item discrimination）較大，當試題的難度等於 .50 時，其鑑別指數可達到最大的極限。

㈣試題難度、鑑別度與答案分析的實例

　　試題編製完成以後，必須經過初步的預試，再根據預試的結果，就試題的難度、鑑別度和各項配列答案的反應情形，進行統計分析，然後據以選擇適當的試題，組成正式的測驗，使其臻於完善而適於應用。試題分析的程序，通常分為下列幾個步驟：

1. 選取適當的樣本 370 人，按規定程序，進行試題預試工作。

2. 把 370 份試卷依照測驗總分的高低次序排列，然後從最高分者開始向下取足27%（ 100 人 ）為高分組，再從最低分者向上取足27%（ 100 人 ）為低分組。

3. 計算高分組與低分組通過每一試題的人數百分比，分別以 P_H 和 P_L 表示之。

4. 按照 $P = \dfrac{P_H + P_L}{2}$ 與 $D = P_H - P_L$ 兩公式，分別求出每一試題的難度與鑑別指數。或者，根據 P_H 和 P_L ，從范氏項目分析表中查得 P（通過百分比的估計值 ）、△（常態化等距的難度指數 ）、r（試題與效標的雙列相關係數 ）等表示試題難度與鑑別度的數值。

5. 比較高、低分組在試題的不同答案上反應之情形。

6. 根據試題統計分析的結果，修改試題或選擇適當的試題。

　　例如：我們計劃編製一套小學六年級學生適用的數學科成就測驗，可按預定題數加倍編擬試題，再以試題分析的方法，從中選出最適當的試題，組成正式測驗。其程序如下：首先，從小學六年級學生中選取370人作為預試對象，接受初編測驗，然後根據每一個學生所得總分，按高低次序排列，進而抽取總分最高和最低的試卷各27%為高分組和低分組，兩組試卷各恰為 100 份，在統計分析上比較方便。表三所列者，係其中四個試題經過項目分析得到的結果。

表三　試題分析的結果

題號	組　　別	選　答　人　數					難　度		鑑別度	
		甲	乙	丙	丁	空白	P	△	r	D
1	高 分 組（100 人）	0	36*	39	23	2	.34	14.7	.04	.04
	低 分 組（100 人）	0	32*	46	18	4				
2	高 分 組（100 人）	22*	12	10	48	8	.27	15.5	-.12	-.10
	低 分 組（100 人）	32*	25	11	23	9				
3	高 分 組（100 人）	16	15	7	62*	0	.44	13.6	.37	.36
	低 分 組（100 人）	36	28	7	26*	3				
4	高 分 組（100 人）	2	1	95*	2	0	.78	10.0	.55	.41
	低 分 組（100 人）	18	12	54*	16	0				

註：高分組和低分組各佔全體人數的27%；

　　*表示答對正確答案的人數；

　　p，△，r 係從范氏項目分析表查得。

　　從表三觀之，第三、四題的鑑別度符合一般的要求，具備良好試題的首要條件；第一題的鑑別力太小，第二題的鑑別作用是負向的，皆非良好試題。就難度而言，第三題難度適中，第四題較易，第一、

二題較難。再就各題的答案反應加以分析，可知：(1)第一題答案甲，無人選答，可能的原因是答案錯得太明顯，缺乏似真性，應予更換或修改；在答案丁方面，高分組選答者竟多於低分組選答者，產生負向作用，應加修改。(2)第二題未作答案者所佔比率不小，且答案甲和丁均屬負向作用者，必須究其原因，加以適當的調整。(3)第三題除答案丙缺乏鑑別作用須予改訂外，其餘均符合要求。(4)第四題正誤答案之配列，均恰到好處，可選入正式測驗中。

三、結　語

試題是組成測驗的原素，適當的試題是優良測驗的必要條件。任何一種測驗的編製，若欲使其臻於完善而適於應用，則其所包含的試題必須經過質的邏輯分析與量的統計分析，就試題的內容、形式、難度和鑑別度等一一加以檢驗。試題分析有很多種方法，表示難度與鑑別度的指數也各有不同，可斟酌實際情形，加以適當的應用，進而依據試題分析的結果，以修改試題或選擇試題。一般言之，經過預試、項目分析等過程而精選出來的試題，應具有相當的鑑別力和適當的難易水準，當可增進測驗的信度和效度。

參考文獻

Anastasi, A. Psychological testing. (3rd ed.) New York : Macmillan, 1968.

Bridgman, C.S. The relation of the upper-lower item discrimination index, D, to the bivariate normal correlation coefficient. Educational and Psychological Measurement, 1964, 24, 85-90.

Ebel, R. L. Essentials of educational measurement. Engle-
wood Cliffs, N. J.: Prentice-Hall, 1972.

Educational Testing Service. Multiple-choice questions : A
close look. Princeton, N. J.: Education Testing Service,
1963.

Fan, Chung-teh. Item analysis table. Princeton, N. J.: Edu-
cational Testing Service, 1952.

Gronlund, N. E. Constructing achievement tests. Englewood
Cliffs, N. J.: Prentice-Hall, 1968.

Henryson, S. Gathering, analyzing, and using data on test
items. In R. L. Thorndike (Ed.), Educational measure-
ment. (2nd ed.) Washington, D. C. : American Council
on Education, 1971.

Lange A., et al. Using item analysis to improve tests.
Journal of Educational Measurement, 1967, 2(4), 65-68.

Stanley, J. C., and Hopkins, K. D. Educational and psycholo-
gical measurement and evaluation. Englewood Cliffs,
N. J.: Prentice-Hall, 1972.

Techniques of Item Analysis

Maw-fa Chien, Professor

(Abstract)

The reliability and validity of a test depend on the pro-
perties of the individual items which make up the test.
Items can be analyzed qualitatively, in terms of their con-
tent and form, and quantitatively, in terms of their dif-
ficulty and discrimination. Item analysis is a useful tool
for test improvement. A test composed of items revised
and selected on the basis of item analysis data will func-
tion more effectively.

Many different processes of item analysis and many diff-
erent indices of item quality have been developed. Percen-
tage passing an item and delta ($\triangle$) , an interval scale
devised by Educational Testing Service, are used as indi-
ces of item difficulty. The item-test biserial coefficient
of correlation and the D-value, which is the difference
between upper and lower 27 percent groups in the proportion
of correct responses, are used as indices of item discrimi-
nation. In this article, the relationship between item dif-
ficulty and item discrimination is presented and a sim-
plified item-analysis procedure is illustrated.

我國國民中學輔導工作
使用心理測驗的
現況與檢討

一、前　　言

　　從民國五十七年開始實施九年國民義務教育以來,國民中學的輔導工作乃成為學校教育中最重要的一環。學校輔導工作以全體學生為服務的對象,基於「有教無類」的觀點,尊重學生的人格和個性,強調「因材施教」、「因勢利導」的教育原則,一切措施均以瞭解兒童與青年為起點,故心理測驗是輔導工作所必需的科學工具。經由適當有效的使用各種心理測驗,可在較短時間內蒐集一些相當正確可靠的客觀資料,以了解眾多學生的能力、性向和興趣等方面的個別差異現象,進而給予最合適的教育和輔導,使每個人天賦的潛能獲致充分的發展,成為國家建設的人才,而能為社會大眾服務。

　　我國國民中學輔導工作使用心理測驗已有多年,目前應用情形如何?有那些實際的問題?應該怎樣謀求解決?這都是大家所關心的。

本文先分析心理測驗在國中輔導工作上廣泛使用的現況，再就其所涉及的一些實際問題加以探討，最後提出改進意見，說明將來發展的可行途徑。

二、在輔導中使用測驗的現況

根據教育部於民國六十一年頒佈的「國民中學課程標準」有關指導活動之規定，國民中學對於學生資料的建立及各項測驗的舉行，必須切實辦理，務求正確分析，且應有效運用。為了解學生各種能力、性向、興趣與性格等情況，並發現學生的個別問題，作為因材施教的依據，國民中學必須定期舉行各種心理與教育測驗，包括智力測驗、性向測驗、成就測驗、人格測驗及職業興趣測驗等，以鑑別學習能力與特殊才能，診斷學習的困擾所在及原因，進行個別差異的分析、個案問題的探討、人格發展的研究以及職業試探的輔導。大多數國民中學均能遵照規定，擬訂學校測驗與輔導計劃，辦理各項指導活動的工作。茲就心理測驗在國民中學輔導工作中的應用情形，分為學校測驗計劃、常用的測驗工具、測驗之實施、測驗結果的解釋分析與應用等方面說明之。

㈠學校測驗計畫

依照「國民中學指導活動課程標準」的規定，國中一年級應舉行智力測驗和學業成就測驗；二年級應舉行人格測驗、學習態度與習慣測驗、學業成就測驗、性向測驗等；三年級應舉行興趣測驗、學業成就測驗、升學或就業意願調查等。一般言之，大多數國民中學對測驗之實施均有所規劃，通常都在輔導工作行事曆中訂定各年級學生接受不同性質的測驗之先後次序及時間。一年級以智力測驗為主，以學業

成就測驗為輔，作為分班編組的參考；二年級以人格適應與學習輔導方面的測驗居多；三年級則偏重綜合性向和職業興趣測驗，作為升學與就業輔導之依據；其中有若干學校另外舉行社交關係的測量與父母管教態度的調查與分析。

㈡常用的測驗工具

目前國民中學推行輔導工作常用的心理測驗包括智力測驗、性向測驗、成就測驗、人格測驗、興趣測驗、其他等六大類。各類測驗名稱、編訂者、適用範圍和出版機構如下：

1.智力測驗：

測　驗　名　稱	編製或修訂者	適　用　範　圍	出　版　機　構
國民中學智力測驗(第一、二種)	程法泌、路君約盧欽銘	國中學生	中國行為科學社
普通分類測驗	路君約、黃堅厚	國中一年級以上	師大教育心理學系
普通能力測驗（甲）	賈馥茗、郭為藩	國中學生	師大教育研究所
國民智慧測驗（甲類）	程法泌、顧吉衛	國小五年級至國中一年級	復興書局
修訂歐迪思智力測驗（乙種）	邱維城、黃由義	國中學生	師大教育心理學系
瑞文氏非文字推理測驗	黃堅厚	國小一年級至國中一年級	師大教育心理學系

羅桑二氏非語文智力測驗	黃國彥、鍾思嘉傅粹馨	國小三年級以上	正昇教育科學社
非文字普通能力測驗	路君約、陳榮華	國中一年級以上	中國行爲科學社
修訂魏氏兒童智力量表	師大特殊教育中心	六歲至十五歲	中國行爲科學社
第四次修訂比西智力量表	教育部國民教育司	三歲至十八歲	中國行爲科學社

2.性向測驗

測　驗　名　稱	編製或修訂者	適　用　範　圍	出版機構
中學綜合性向測驗	宗亮東、徐正穩	國中二年級至高中三年級	師大教育心理學系
區分性向測驗	程法泌、路君約盧欽銘	國中二年級至高中三年級	中國行爲科學社
多元性向測驗	胡秉正	國中一年級以上	中國行爲科學社
羅氏職業性向測驗	胡秉正	國中三年級以上	中國行爲科學社
佛氏性向分類測驗	孫敬婉	國中三年級至高中二年級	經濟部公營事業企業化委員會
普通性向測驗	台灣省北區國民就業輔導中心	國中三年級以上	台灣省北區國民就業輔導中心
科學能力測驗	賈馥茗、簡茂發洪志生	國中學生	師大教育研究所

3.成就測驗

測　驗　名　稱	編製或修訂者	適　用　範　圍	出版機構
國中新生適用學科成就測驗	簡茂發	國中新生	師大教育心理學系
學業成就測驗（國文、英文、數學、社會、自然五科）	賈馥茗、郭爲藩	國中一至三年級	師大教育研究所
國中作文量表	水心	國中學生	中國行爲科學社

4.人格測驗

測　驗　名　稱	編製或修訂者	適　用　範　圍	出版機構
少年人格測驗	路君約	國中學生	中國行爲科學社
基氏人格測驗	賴保禎	國中、高中學生	中國行爲科學社
青年諮商量表	吳錦松、路君約	國中三年級至高中三年級	中國行爲科學社
修訂孟氏行爲困擾調查表(國中)	胡秉正、何福田	國中學生	中國行爲科學社
修訂石爾斯頓性格量表	高蓮雲、程法泌	國中三年級至高中三年級	中國行爲科學社
洛氏語句完成測驗	黃堅厚	國中學生	師大教育心理學系

| 社會焦慮量表 | 楊國樞、廖克玲 | 國中一年級以上 | 台大心理學系 |

5. 興趣測驗

測 驗 名 稱	編製或修訂者	適 用 範 圍	出 版 機 構
修訂白氏職業興趣測驗	程法泌	國中、高中、大專學生	中國行為科學社
修訂庫德職業興趣量表	路君約、黃堅厚	國中、高中學生	師大教育心理學系
東海大學職業興趣測驗	唐守謙	國中、高中、大專學生	中國行為科學社

6. 其他

測 驗 名 稱	編製或修訂者	適 用 範 圍	出 版 機 構
學習習慣測驗	賈馥茗、郭為藩	國中學生	師大教育研究所
學習態度測驗	賴保禎	國中學生	中國行為科學社
父母管教態度測驗	賴保禎	國小、國中學生	中國行為科學社
巴克雷班級氣氛測驗	吳武典	國小三年級至國中三年級	師大教育心理學系
父母親教養方式問卷	簡茂發、吳金香	國小、國中學生	師大教育研究所

(三)測驗之實施

　　國民中學實施測驗的主試人員之選擇，各校情形不盡相同，大多由各班導師擔任，有的由指導活動教師負責其事，也有委託校外人士代爲施測。如由導師擔任主試，通常在施測之前，舉行實施測驗的講習會，由指導活動執行秘書向主試人員統一說明實施測驗的步驟、要領及注意事項，並作必要的示範，然後溝通觀念，以求施測手續的一致而符合標準化的規定。至於測驗日期的決定以及場地的安排，大多數的學校均由指導活動室事先與教務處、訓導處等單位協商，通常遷就現實條件，利用學校活動較少的時候，全年級學生在各班教室同時接受測驗，往往因所選的時間和場地不甚合適，受試學生的動機不強，且易受外擾因素的影響，以致減低測驗結果的正確性和可靠性。

(四)測驗結果的解釋分析與應用

　　各種測驗實施完畢以後，接着便是閱卷計分的工作，大多數學校把打孔的標準答案卡交給各班導師，按規定的記分方法，求得全班每個學生的原始分數，然後送交指導活動室進行統計分析，而以圖表的方式呈現全體學生測驗分數的分佈情形，有時也作各班級間的差異之比較。至於個別學生的測驗結果是否讓本人及有關人員知悉，各校的做法不盡一致。有的學校僅供導師參考，不主動把測驗結果告訴學生，但當學生要求知道自己測驗結果時，由於校內能夠解釋測驗結果之意義的人太少，祇能告訴他所得到的分數而已；有的學校則由受過專業訓練的指導教師利用班會、指導活動課或自修時間赴各班講解測驗分數所具有的相對意義，如尚有不清楚之處，則學生可個別到指導活動室請求進一步的說明。在一般的情形下，教師和家長可從學生的測驗結果，增進對其智力、性向、學業成就、興趣和人格特質等方面的

了解，也應該協助學生了解自己，進而給予適當的輔導，使其身心獲致健全而均衡的發展。不過，迄今尚有不少學校未能在日常教學和行為輔導上充分運用測驗所得的結果，乃使測驗流於形式，無法發揮其功能，徒然浪費許多時間、經費和人力。

三、實際問題的檢討及改進途徑

自從國民中學推行輔導工作以來，各校都非常熱中於測驗之實施，每年所付出的人力、經費及時間相當可觀，但在輔導上却未發揮宏大的功效。其中主要的原因有三：(1)學校未曾配合輔導的需要建立完整妥善的測驗計劃；(2)校內受過輔導專業訓練而具有豐富施測經驗的指導活動教師畢竟有限，由於人手不足，以致測驗未能積極推廣應用；(3)一般教師、學生及家長對測驗缺乏正確的認識，極易造成誤用和濫用的結果。茲針對上述實際問題的癥結所在，提出下列五項改進途徑：

㈠建立完整的測驗計畫

學校為了解學生，以便因材施教，必須使用心理測驗。由於心理測驗的種類繁多，其性質和功能各有不同，在實施和應用方面宜作適當的安排，始能前後連貫，相輔相成。因此，建立學校測驗計畫是首要工作。一項完整的測驗計畫應包括八個步驟：確定測驗計畫的目的、選擇適當的測驗、實施測驗、計分、分析並解釋測驗分數、運用測驗結果、評鑑測驗計畫的成果、登錄資料和提出報告。其中測驗之選擇與實施尤須顧及輔導的需要，確定測驗的重點，並把握適當的時機循序施行之。

㈡增進學校教師的測驗知能

國民中學各種測驗之實施、記分與結果之解釋及運用，絕非指導活動執行秘書及指導教師所能獨力承擔，必須借重於全體教師，大家同心協力，以合作的方式完成之。為了增進學校教師的測驗知能，平時可邀請輔導專家與測驗編製者來校主持心理測驗方面的專題研討會，溝通正確的測驗觀念，加深對測驗原理和方法的認識和了解；在某種測驗實施之前，應由指導活動教師詳細講解該測驗的性質、內容及功能，並提示施測的要點，使擔任主試的教師把握標準化的條件，照規定的程序進行之；在測驗實施完畢以後，也須在一起檢討施測過程中所發生的問題，並就記分與測驗結果之統計分析、解釋與運用等方面加以研討，從實做中體驗要訣，如此可使學校教師在進修中逐漸成為有效率的主試人員，並能適當地解釋與運用測驗的結果。

㈢兼顧團體性和個案資料的分析

學校對學生測驗結果的分析，可從廣面的和深入的兩個角度同時進行，一方面從大量的數據中尋求一般的法則，以認識學生團體普遍的心理現象，另一方面就個別事例加以精深的探究，而對某一特定學生各種心理特性之間的交互關係獲取透徹的了解。兩者在方法上相互補充，在結果上互相印證，使心理測驗的應用更能切實有效。

㈣綜合各項資料解釋測驗結果

各種測驗結果之解釋，必須與其他有關資料相互配合，對照比較，始能充分顯示其意義，而有助於真正了解受試者的能力組型和人格適應的狀態。單一分數祇能表示籠統的結果，而多項測驗分數所組成的測面剖析圖，可顯示個人在各種心理特質上優劣參差的情形，無論

是臨床上的診斷或實際上的應用，都更具有價值。對測驗結果的解釋，依其方向和着眼點之不同，可分為四個層面：(1)描述身心屬性的現狀；(2)追溯其現狀的形成原因及其演變之過程；(3)以過去和現有資料為基礎，預測其未來可能的發展；(4)根據既定的標準，對行為表現作價值判斷，並就其出路的抉擇，提供評鑑性的建議。

㈤注重測驗結果之適當運用

一般人由於對測驗的基本理論與技術未能深切認識，而容易產生誤解、錯用和濫用。其實，心理測驗並非萬能的科學工具，各種測驗均有其特殊的用途和限制，唯有在它的限制範圍內，由適當的人員，依照它的特性，作合理的運用，始能發揮其最大的功能。除了測驗本身有其功能上的限制外，測驗的結果因受外在許多因素之影響，必然造成誤差，故我們在分析測驗結果時，必須利用各種有關資料加以研判，尤其應考慮測驗的信度和效度，據以估計測量誤差的大小，推斷其可信的程度，進而能適當的運用測驗結果，以解決學校輔導工作中一些實際的問題。

四、結　　語

我國國民中學實施指導活動已屆十年，學術研究機構為配合國中輔導工作的需要而編製或修訂的心理測驗有數十種之多，已普遍在各校學生中實施並加以應用，但由於許多外在人為因素的影響，產生一些實際問題，有待研究改進。誠然，測驗是輔導的重要工具，如能靈活運用這種科學工具，則輔導工作上的許多問題便可迎刃而解。不過，測驗並非萬能，每種測驗皆有其特定的功用和限制，必須配合輔導的目的與需要，由適當的人員，在適當的條件下，加以適當的運用，

始能產生最大的功效。總之，在國民中學輔導工作中，如能善用心理測驗，則可促進教育的科學化，提高教育的效率，並促使教育不斷地革新和進步。

參考文獻

教育部：國民中學課程標準。台北：正中書局，民國六十一年。

王美玉：北市成淵國中實施測驗工作報告。測驗與輔導雙月刊，民國六十六年，第六卷第二期，第三四五頁。

何金針：台南市立後甲國中指導工作的實施。測驗輔導雙月刊，民國六十三年，第二卷第三期，第一○三～一○四頁。

姜勝泰：測驗在台北市立北安女子國中的應用。測驗與輔導雙月刊，民國六十五年，第五卷第二期，第二八一頁。

夏金波：實施測驗與輔導一得。測驗與輔導雙月刊，民國六十三年，第一卷第二期，第二一～二二頁。

高德鳳：北市國中測驗與輔導工作的檢討。測驗與輔導雙月刊，民國六十五年，第四卷第二期，第二一五～二一七頁。

路君約：國民中學應在甚麼情形下舉行測驗？測驗與輔導雙月刊，民國六十四年，第三卷第三期，第一七七～一七八頁。

蔡秋河：台北縣立永和國民中學實施測驗的情形。測驗與輔導雙月刊，民國六十五年，第四卷第二期，第二一五～二一七頁。

簡茂發：心理測驗的發展趨勢。登載於「昨日今日與明日的教育」一書中。台北：台灣開明書局，民國六十六年，第七五二～七六六頁。

顧吉衛：心理測驗在國中輔導工作中的應用情形。測驗與輔導雙月刊，民國六十四年，第二卷第四期，第一一三～一一四頁。

Aiken, L.R. Psychological testing and assessment (4th ed.). Boston : Allyn and Bacon, 1982.

Anastasi, A. Psychological testing (5th ed.).New York : Macmillan, 1982.

Hieronymus, A.N. Today's testing : What do we know how to do ? In L.R. Aiken, Jr. (Ed.), Readings in psychological and educational testing. Boston : Allyn and Bacon, 1973.

Lyman, H.B. Test scores and what they mean (3rd ed.). Englewood Cliffs, N.J.: Prentice-Hall, 1978.

Stanley, J.C., & Hopkins, K.D. Educational and psychological measurement and evaluation (6th ed.). Englewood Cliffs, N.J.: Prentice-Hall, 1982.

Thorndike, R.L., & Hagen, E.P. Measurement and evaluation in psychology and education (4th ed.). New York : Wiley, 1977.

新法考試猜測因素之校正問題

　　新法考試的試題係由客觀式的測驗題所組成。每一試題均有幾個可能的答案，由受試者從中選擇其一。這種作答方式易受猜測因素之影響，因而猜測之校正問題一直為各界人士所關心。由於猜測之校正問題所牽涉的因素甚多，專家學者的見解迄未一致（Diamond & Evans, 1973 ）。筆者擬從正反兩面陳述猜測之校正的利弊得失，然後根據事實的需要，討論猜測之校正的可行途徑。

一、猜測之校正方式

　　猜測之校正，旨在控制猜測因素，使它不致在實質上影響考試分數的意義。為了達到此一目的，心理測驗與統計學者已經設計幾種不同的校正方式，其中最常用的公式如下：

$$S = R - \frac{W}{n-1}$$ 　　　　　（公式一）

上式中，S 代表某一受試者的校正後分數；R 為其答對的總題數；W 為其答錯的題數；n 為每一試題的可選答案數。如係是非題，則 S ＝ R － W；如係五選一的選擇題，則 $S = R - \frac{W}{4}$。此一校正公式根據一項基本假設：受試者如非確知某一試題的答案，即全然不知其答案；他之所以答錯試題，完全是瞎猜所致。在答對的總題數中，包括兩部分，即確知答案而答對者與全然不知答案而猜對者，後者應從答對的總題數中扣除之。假定試題中有 k 題為受試者所全然不知其答案，則他瞎猜而答對的題數，按機率計算，應為 $\frac{k}{n}$，而猜錯的題數為 $k - \frac{k}{n}$，亦即（n － 1）$\frac{k}{n}$，為猜對題數的（n － 1）倍；換言之，猜對題數為猜錯題數的 $\frac{1}{n-1}$。因猜對的題數無法直接獲知，祇能從答錯的題數推測得之（Thorndike, 1971）。例如：某一受試者在五選一的一百題試卷中，答對 74 題，答錯 16 題，10 題未作答，則 S ＝ $74 - \frac{16}{4} = 70$ ，亦即他的校正後分數為 70。在此一校正公式中，未考慮未作答的題數。

另一常用的公式如下：

$$S' = R + \frac{O}{n} \qquad （公式二）$$

上式中，S′ 代表某一受試者的校正後分數；R 為其答對的總題數；O 為其未作答的題數；n 為每一試題的可選答案數。如仍以上述受試者為例，則 S′ ＝ $74 + \frac{10}{5} = 76$ ，亦即他的校正後分數為 76 。

公式二不受公式一的基本假設之限制，且校正後分數必為正值，可免負的分數在解釋上之困難，但受試者全未作答，亦可得分，似非所宜。固然 S′ 恒大於 S，但在一群受試者中，S 與 S′ 之間有完全的正相關。

除以上兩個常用的校正公式之外，尚有「自信加權法」（ confi-

dence weighting ）（ Ebel, 1965； Michael, 1968； Rippey,
1970； Wang & Stanley, 1970 ）、「機率計分法」（ probabili-
ty scoring ）（ De Finetti, 1965； Shuford, Massengill &
Albert, 1966 ）以及其他變通計分校正方法（ Aiken, 1965； Cher-
noff, 1962； Coombs, et al, 1955； Davis, 1959 ）。這些方
法的計分過程比較繁複，大多仍在試驗階段中，將來可能推廣應用於
考試實務上，以彌補一般校正公式的缺點。

二、猜測之校正及其利弊得失

　　新法考試之計分，是否應該採用校正公式，仍然是一個爭論的問
題。爭論之關鍵在於如何控制猜測因素，以減少或消除它對不同受試
者所造成的偏差影響，而維護考試的公平與增進考試的鑑別效能。關
於猜測因素之控制方法，有兩派不同的主張。一派主張必須使用校正
公式計分，因而在試卷作答說明中強調「答錯倒扣」以勸阻受試者任
意猜測作答，以免損失分數；另一派主張不必使用校正公式計分，因
而在作答說明中指示全體受試者嘗試回答所有試題，並鼓勵他們在必
要時猜測作答，以爭取高分。

　　前者所持的主要理由如下：

㈠考試分數應代表受試者真正的學習成就，所以必須採用校正公
　式，把猜測因素所造成的誤差除去，以增進新法考試的信度和
　效度。

㈡從教育的立場觀之，不但不應該鼓勵學生猜測作答，以免養成
　僥倖或投機的心理與讀書不求甚解的態度和習慣，而且為了建
　立學生及其家長對新法考試的信心，更必須以校正公式制止受
　試者瞎猜的行為。

㈢新法考試的試題通常具有相當的難度，且考試有一定的時間限制，受試者作答的速度不等，猜測因素之影響因人而異，如不使用校正公式計分，則有失公平合理的原則。

主張不必使用校正公式者所持的主要理由如下：

㈠校正公式的基本假設未必符合事實，因未把部分知識（partial knowledge）、錯誤知識（misinformation）等因素考慮在內，往往導致校正過度或不足。

㈡校正公式雖具勸阻猜答的作用，但其效應則因人而異，受試者不同的人格傾向和作答態度對考試分數造成不均衡的影響。

㈢從心理和統計的觀點言之，積極的鼓勵猜答比消極的勸阻猜答更能使受試者的作答行為趨於一致，而減少猜測因素在考試分數上所造成的差異。

關於新法考試猜測因素之校正問題，外國學者已有不少的研究，可分兩方面加以說明：

㈠猜測之校正對新法考試信度和效度之影響——猜測作答是導致測量誤差的一種因素，如能將猜測因素予以適當的控制與校正，當可增加新法考試的信度和效度。不過，大多數的研究結果指出：校正計分法並無助於信度之提高（Sabers & Feldt, 1968; Traub, Hambleton & Singh, 1969），甚或使信度稍微降低（Glass & Wiley, 1964; Lord, 1962），但它可增加少量的效度（Lord, 1963; Sax & Collet, 1968）。

㈡猜測之校正對受試者作答態度之影響——校正公式之使用，旨在勸阻受試者任意猜測作答，以減少測量誤差的影響。不過，受試者的作答態度因其人格特質的個別差異以及對校正公式的主觀認識而有所不同。最近一些研究報告指出：校正計分法不能有效阻止冒險性較

大的受試者猜測作答的傾向（ Sabers & Feldt, 1968; Waters , 1967 ），反而使遵守規定而謹慎作答的受試者得分偏低（ Slakter , 1968, 1969 ）。

三、猜測之校正的商榷

猜測之校正，牽涉因素甚多，有其利弊得失，已如上述。校正公式之採用與否，應根據測驗或考試之性質，配合實際的情況，從多方面加以考慮，而後決定取捨。茲以我國大專聯招採用新法考試為例，討論猜測之校正的可行途徑。

一年一度的大專聯合招生考試，與數萬考生的前途有密切的關係。在激烈競爭的情況下，考試分數高低，命運攸關，往往分厘之差，可以決定錄取與否。因此，為了確保新法考試的合理與公平，適當的計分方式實屬非常重要。由於大專聯招首次普遍採用新法考試方式，一般大眾多抱存疑態度，為了建立公眾對新法考試的信心，並培養學生良好的求學態度，應該避免鼓勵考生猜測作答，因而校正公式之使用，確有其必要。雖然一般校正公式不能改進新法考試的信度與效度，但足以防止因准許猜答而在公眾和考生心理上所造成的不良影響。

校正公式 $S = R - \dfrac{W}{n-1}$ ，在基本假設上雖未必符合事實，但若適當運用，仍有其實用的價值。一般言之，計分方法與作答說明應求一致。當新法考試決定採用校正公式計分時，應該在試卷作答說明中，明確陳述此項計分方法，並舉實例加以解說，務使所有考生都能充分瞭解它的真正涵義，在消極方面，避免盲目猜答，在積極方面，則活用已有的知識和學習心得，在幾個較有把握的答案中，作一明智的抉擇。如此，當可減少考生作答反應的個別差異，而使他們作答的態度或傾向漸趨於一致。美國大學入學考試委員會（ College Entrance

Examination Board)所舉辦的各項考試，均採用上述校正公式計分，而且在作答說明中皆有如下一段指示：「你的分數係從答對題數中扣除一部分答錯題數而得。因此，盲目猜答不能改變你的分數。不過，如果你對某一試題有所瞭解，也許知道其中一個或更多的答案是錯誤的，而予以剔除，那麼你可從剩餘的答案中，猜測其一，這通常對你是有利的。」（ CEEB , 1972 , P . 3 ）我國大專聯考作答說明中也應該有這樣的一段指示，使考試情境儘量標準化，齊一考生的作答行為，減少誤差的影響，以符合公平競爭的原則。

據悉，今年大專聯合招生考試各科命題將採用多重選擇的方式，如按傳統方法計分，則 $S = R - \dfrac{W}{2^n - 1}$ ，瞎猜答對的可能性祇有 $\dfrac{1}{2^n}$ （ 如每題可選答案數 $n = 5$ ，則 $\dfrac{1}{2^n} = \dfrac{1}{32}$ ） ，故猜測因素之校正並非必要。不過，多重選擇題的傳統計分方法，規定各題正確答案完全符合者才給分數，部分答對者不予計分。如此，未把考生的部分知識加以考慮，故考試分數不足以代表學習的眞正成就，影響考試的信度和效度，因此，多重選擇題之計分，應考慮其他的加權或校正方式。

參考文獻

黃國彥：談猜題與校正機誤公式。中央日報，民國六十二年四月三十日。
劉安彥：猜測之校正及其影響。教育與文化，民國六十二年，第四一
　　　○期，第 9 — 12 頁 。
Aiken, L.R. Jr., The probability of chance success on objec-
　　　tive test items . Educational and Psychological Measure-
　　　ment, 1965, 25, 127 — 134.
Chernoff, H . The scoring of multiple choice questionnaires.
　　　Annals of Mathematical Statistics, 1962, 33, 375 — 393.

College Entrance Examination Board. Achievement Tests 1972-73. Princeton, N.J.: CEEB, 1972.

Coombs, C.H., et al. The assessment of partial knowledge. Educational and Psychological Measurement. 1955, 16, 13-37.

Davis, F.B. Estimation and use of scoring weights for each choice in multiple-choice test items. Educational and Psychological Measurement, 1959, 19, 291-298.

De Finetti, B. Methods for discriminating levels of partial knowledge concerning a test item. British Journal of Mathematical and Statistical Psychology, 1965, 18, 87-123.

Diamond, J., & Evans, W. The correction for guessing. Review of Educational Research, 1973, 43, 181-191.

Ebel, R.L. Confidence weighting and test reliability. Journal of Educational Measurement, 1965, 2, 49-57.

Ebel, R.L. Essentials of educational measurement. Englewood Cliffs, N.J.: Prentice-Hall, 1972, pp. 248-258.

Glass, G.V., & Wiley, D.E. Formula scoring and test reliability. Journal of Educational Measurement, 1964, 1, 43-47.

Lord, F.M. Test reliability : A correction. Educational and Psychological Measurement. 1962, 22, 511-512.

Lord, F.M. Formula scoring and validity. Educational and Psychological Measurement. 1963, 23, 663-672.

Lord, F.M., & Novick, M.R. Statistical theories of mental test scores. Reading, Mass : Addison-wesley, 1968, pp. 302-326.

Michael, J.J. The reliability of a multiple-choice examination under various test taking instructions. Journal of Educational Measurement. 1968, 5, 307-314.

Nunnally, J.C. Psychometric theory. New York : McGraw-Hill, 1967, PP. 575-593.

Rippey, R.M. A Comparison of five different scoring functions for confidence tests. Journal of Educational Measurement, 1970, 7, 165-170.

Sabers, D.L., & Feldt, L.S. An empirical study of the effect of the correction for chance success on the reliability and validity of an aptitude test. Journal of Educational Measurement, 1968, 5, 251-258.

Sax, G., & Collet, L.S. The effects of differing instructions and guessing formulas on reliability and validity. Educational and Psychological Measurement, 1968, 28, 1127-1136.

Shuford, E.H, Jr., Massengill, H.E., & Albert, A. Admissible probability measurement procedures. Psychometrika, 1966, 31, 125-145.

Slakter, M.J. The effect of guessing strategy on objective test scores. Journal of Educational Measurement. 1968, 5, 217-221.

Slakter, M.J. Generality of risk taking on objective examina-

tions. Educational and Psychological Measurement ,
1969, 29, 115-128.

Stanley, J.C. , & Hopkins, K.D. Educational and psycho-
logical measurement and evaluation. Englewood Cliffs,
N. J. : Prentice-Hall, 1972, pp. 141-148.

Thorndike, R.L. (Ed.) Educational measurement. (2nd ed.)
Washington, D.C. : American Council on Education ,
1971, pp. 59-61.

Traub, R.E. , Hambleton, R.K., & Singh, B. Effects of
promised reward and threatened penalty on performance
of a multiple-choice vocabulary test. Educational and
Psychological Measurement, 1969, 29, 847-861.

Wang. M.D. , & Stanley, J.C. Differential weighting : A
review of methods and empirical studies. Review of
Educational Research, 1970, 40, 663-705.

Waters, L.K. Effect of perceived scoring formula on some
aspects of test performance. Educational and Psycholo-
gical Measurement, 1967, 27, 1005-1010.

學生資料之解釋的模式

　　在學校輔導工作中，必須先搜集有關學生各方面的資料，然後加以解釋和運用，以求了解學生，進而給予適切的輔導。關於學生資料之搜集、處理與解釋等一連貫的過程，測驗與輔導方面的專書論述甚多，其在教育或輔導上之重要性已不必在此贅言。為了使一般學校教師和輔導人員認識與瞭解學生資料的價值及其解釋分析的途徑，筆者乃不揣謭陋，以高德門（ L . Goldman ）氏在其一九七一年再版的名著Using Tests in Counseling 一書中所提出的學生資料之解釋模式為依據，略述其要義如下：

　　高氏以三度空間的立體圖形闡述學生資料的來源、處理方法與解釋類型三者之間的交互關係，如下列附圖所示：此一立方體包括三個向度（ dimensions ）——右側向度為「資料來源」（ sources of data ），分為「測驗資料」（ test data ）與「非測驗資料」(non-test data ）兩種；居中向度為「資料處理方法」（ methods of treatment of data ），分爲「機械的」（ mechanical ）與「非機械的」（ non-mechanical ）兩種；左側向度爲「資料解釋之類型」（ types of interpretation of data ）分爲「敍述的」（ descriptive ）、「溯因的」（ genetic ）、「預測的」（ predictive ）與「評鑑的」（ evaluative ）四種。學生資料依上述三個向度予以分析，可得 2×2×4＝16 項類別，圖中每一方格代表一種類別，各指運用不同的方法處理不同性質的資料而具有不同層次的解釋功能之結果。

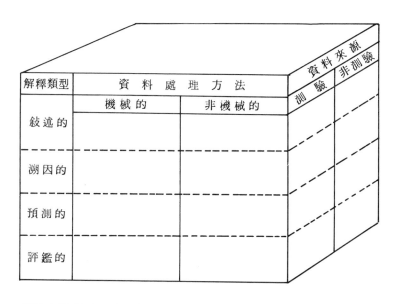

從學生資料來源加以分析，除了運用各種測驗工具獲得一些比較客觀、可靠、正確的量化資料之外，學校教師和輔導人員仍可運用其他非測驗的方法，諸如平時的觀察、面談、訪問等技術，從各方面來瞭解學生。因此，經由測驗與非測驗的方法所搜集的學生資料，應該兼顧並重，配合運用，以收相輔相成之效。就學生資料的處理方式而

言，其主旨在於將原始的學生資料配合解釋和運用上之需要，分別以
統計的（ statistical ）或臨床診斷的（ clinical ）方法，把兩者銜
接貫串起來。其中統計方法係指客觀的、經驗的、機械的處理方式，
包括側面圖（ profile ）、預期表（ expectancy table ）、廻歸方程
式（ regression equation ）等之運用；臨床診斷方法係指主觀的、
判斷的、非機械的處理方式，需由受過相當專業訓練的人員參酌各方
面的資料，予以綜合研判，並無固定的公式可以普遍套用。至於學生
資料的解釋類型，則以所欲解答的問題爲依歸，依其方向和着重點之
不同，分爲四個層面：㈠描述某學生身心屬性的現狀；㈡追溯其現狀
的形成原因及其演變之過程；㈢以過去和現有資料爲基礎，預測或推
估其未來可能的發展；㈣根據既定的標準，對學生的表現作價值判斷
，並就其出路的抉擇，提供評鑑性的建議。

　　總之，學生資料的解釋與運用，應基於解析與統合的原理，兼顧
資料的來源、處理方法和解釋類型三方面，靈活而充分地配合教育與
輔導的目的和需要，使教師和輔導人員據以瞭解學生，並使學生瞭解
自己。

態度量表信度之求法
——以變異數分析求信度的實例

　　測量工具的信度可從個人本身多次測驗分數的變異性（intrain-dividual　variability）或若干個人兩次測驗分數之間的變異性（interindividual variability ）考驗之。前者係基於實得分數與眞正分數的誤差大小，以測量標準誤說明測驗分數的可靠性；後者係根據一羣受試者在兩項同性質測驗分數上所站相對位置的一致性，以相關係數表示信度的高低。一般常用的信度求法有重測法、複本法、折半法和古雷法（ Kuder-Richardson method ）四種。郝亦特（ C　Hoyt ）氏在西元一九四一年提出另一種考驗信度的方法，其基本原理爲「信度乃眞正分數變異數在實得分數總變異數中所佔之比率」，以變異數分析求得所需的統計量數，代入下列公式即可求得信度係數：

$$r_H = 1 - \frac{MS\ errors}{MS\ individuals} = \frac{MS\ individuals - MS\ errors}{MS\ individuals}$$

（公式一）

r_H 在性質上類似於 r_{KR20}　和柯朗巴克（ L . J . Cronbach ） 氏的 α 係數，皆用以表示測驗或量表的內部一致性。

　　茲以李克特式態度量表（ Likert-type attitude scale ） 為例，說明郝氏以變異數分析法求信度的步驟如下：

　　假若有五個受試者在一套由八題所構成用以測量對學校態度的五點量表上的反應情形，分別以 1 、 2 、 3 、 4 、 5 表示「非常反對」、「反對」、「無意見」、「贊成」、「非常贊成」，其得分詳列如表一：

表一　受試者在學校態度量表上的反應結果

受試者 ＼ 題次	一	二	三	四	五	六	七	八	分　數
A	4	3	3	4	5	5	4	4	32
B	3	4	4	2	3	2	3	4	25
C	3	4	3	4	3	5	3	4	29
D	2	3	3	3	2	2	3	3	21
E	3	2	3	2	3	3	1	2	19
合　計	15	16	16	15	16	17	14	17	$\Sigma X_{ij}=126$ $\Sigma X^2_{ij}=430$

$$C = \frac{(\Sigma X)^2}{N} = \frac{(126)^2}{40} = 396.90$$

$$SS_t = \Sigma X^2 - C = 430 - 396.90 = 33.10$$

$$SS \text{ items} = \frac{(15)^2+(16)^2+(16)^2+(15)^2+(16)^2+(17)^2+(14)^2+(17)^2}{5}$$

$$-396.90 = 1.50$$

$$SS \text{ individuals} = \frac{(32)^2+(25)^2+(29)^2+(21)^2+(19)^2}{8} - 396.90 = 14.60$$

$$SS \text{ residual} = 33.10 - 1.50 - 14.60 = 17.00$$

上列計算的結果可整理如表二：

表二　變異數分析摘要表

變異來源	離均差平方和 （SS）	自由度	均　方 （MS）	F　值	P
試　題　間	1.50	7	.21	.34	n.s.
受試者間	14.60	4	3.65	5.98	$<.01$
誤　　差	17.00	28	.61		
總　　和	33.10	39			

表二中受試者間的均方（MS individuals）即實得分數的變異數；
誤差的均方（MS errors ）即測量誤差的變異數；兩者之差（MS
individuals—MS errors ）即真正分數的變異數。將變異數分析所
得的有關數值代入公式一，即得：

$$r_H = 1 - \frac{.61}{3.65} = \frac{3.65 - .61}{3.65} = .83$$

由於試題間的變異不顯著，而受試者間的變異已達 .01 的顯著水準，
故 $r_H = .83$ 是有意義的，亦即態度量表具有相當的可靠性。

性向與興趣之測量及配合

　　「性向」（aptitude）係指個人天賦的潛在能力（potential ability or capacity），亦即個人接受充分的教育或訓練而可獲益的學習能量，其所着重者在於個人將來能力發展的最大可能性。性向包括「普通性向」（general aptitude）與「特殊性向」（specific aptitude）。前者係指個人在各種心智活動中所共同具有的潛能，亦即一般所謂的「智力」（intelligence），從教育的觀點言之，則為「學習能力」或「學業性向」（scholastic aptitude）；後者則指個人表現於各種不同領域的特殊才能（specialized talent）。為了補充一般智力測驗或學業性向測驗的不足，乃發展多因素性向測驗（multi-factor aptitude test），可用性向組型表示受試者在若干方面的潛在能力，在教育與職業輔導上對個人潛能的瞭解是相當重要的。目前國內已修訂完成的多因素性向測驗有「區分性向測驗」、「青年性向測驗」、「輔導性向測驗」、「多元性向測驗」、「通用性向

測驗」、「理工性向測驗」、「羅氏職業性向測驗」等。

　　「興趣」（ interest）是個人對某些事物或活動有所喜好而主動接觸、參與的積極心理傾向。興趣是學習的動力，也是學習的結果。興趣可以激發努力，努力也可以培養興趣。D. E. Super 從測量的觀點指出有下列四種興趣：㈠表述的興趣（ expressed interest ）——詢問受試者喜不喜歡某些活動或事物；㈡表現的興趣（ manifested interest）——觀察受試者在不同情境下的行為反應；㈢測驗的興趣（ tested interest ）——客觀測量特殊領域的知識或能力，可以看出受試者對其感興趣的程度；㈣量表的興趣（ inventoried interest ）——直接對個人實施自陳式的興趣量表。個人對日常生活中許多活動有不同的興趣，其範圍和程度皆有差異。興趣無好壞之分，祇表示個人興趣的偏向而已。興趣受內在和外在因素的影響而產生改變，是可以在後天環境中培養的。目前國內已修訂完成的興趣測驗有「青年職業興趣測驗」、「庫德職業興趣量表」、「輔導興趣測驗」、「白氏職業興趣量表」、「史氏職業興趣調查表」、「大學科系興趣量表」等。

　　就「性向」和「興趣」的關係來說，興趣是性向的象徵，個人有某方面的性向，通常就有某方面的興趣。我們可以說性向是一種能力，而興趣是一種動機。有能力而無動機，或有動機而無能力，均無法成大功、立大業；如有深厚的潛能，又有強烈的動機，祇要持之以恒，必能充分發展而達到相當高的成就水準。性向和興趣雖為不同的心理特質，但兩者之間有密切的關聯性，都是學業和職業成功所必需的要素。性向有如能自燃的氫，興趣如同可助燃的氧，兩者互相配合，有了足量的氫，加上充分的氧，始能完全燃燒而產生熊熊的火焰，發出成功的光芒。從教育與職業輔導的立場言之，宜以性向為主，以興

趣為輔。我們可以運用教育或環境的影響來培養與性向相符的興趣，但是無法配合興趣而添加性向，蓋因性向是先天的。個人也許由於所接觸的環境有限，雖然具有某方面的性向，但是尚未產生足夠的興趣，在這種情形下，我們可以設法培養其興趣。如果個人的興趣與性向不相符合，就要發掘其真正的性向所在，而不宜朝着沒有性向的方面發展，否則成功的可能性是相當有限的。如果個人接受性向測驗和興趣測驗的結果，發現並無明顯的性向和興趣組型，則必須借助於其他資料予以研判，把個人與環境的各種因素加以充分的考慮，俾作明智的抉擇，以便踏上成功之路。

　　最近兩年來，中國行為科學社因應我國中等學校推動教育與職業輔導工作之需要，根據美國EDITS出版的California Occupational Preference System系列測驗，加以修訂而成「輔導系列測驗」，包含「輔導性向測驗」、「輔導興趣測驗」與「輔導價值取向量表」三種標準化的測量工具。這三種測驗係建立在「加州職業偏愛體系生計畫」（COP System Career Clusters）理論基礎上，可進行「羣合式職業探查」（Clustered Occupational Exploration），在生計輔導歷程中，協助受試者界定適於其個人性向、興趣及價值取向的職業探查範圍，增進自我覺知（self-awareness），獲致適性的生計發展（career development）。

九年一貫課程與
基本學力測驗

一、前 言

行政院教育改革審議委員會於民國八十五年十二月二日提出「教育改革總諮議報告書」，建議政府應速建立基本學力指標，協助每位學生具有基本學力，且必須積極進行學生基本學力之研究。為使基本學力的要求能具體落實，可研究修改成績考查辦法，規定畢業成績的最低要求，或建立分級授證之學習評量制度。亦可考慮於義務教育階段，選擇適當時機辦理全國基本學力鑑定。（行政院教育改革審議委員會，民 85，p.41）

教育部公布「二〇〇一年高級中學多元入學方案」，以「國民中學學生基本學力測驗」分數為分發依據，不採計在校成績，各高中亦不得再加考學科測驗（教育部，民 89）。教育部於民國八十九年十月成立「九年一貫課程推動工作小組」，全力推動課程改革，以創造更

優質的學校文化與教育成果，激發個人潛能，促進社會進步，提高國家競爭力，開拓國家發展的前景。

二、九年一貫課程的基本理念

在邁進二十一世紀的今天，教育工作應該有前瞻性，因而必須為將來刻畫出一個遠大的願景。在教育部擬定的「十二項教育改革行動方案」中，九年一貫課程即為其中之一。九年一貫課程是研發出來的宏圖，而不是制定出來的產物。在教育改革中，課程與教學是重要的一環，所以課程改革成為全民關注的社會議題。

㈠十項基本能力與七大學習領域

教育部於民國八十七年九月公佈「國民教育階段九年一貫課程總綱綱要」，並預定於九十學年度起實施。從前是中小學自成體系，現在則強調中小學課程的銜接，以現代國民必須具備的十項「基本能力」：1.了解自我與發展潛能；2.欣賞、表現與創新；3.生涯規劃與終身學習；4.表達、溝通與分享；5.尊重、關懷與團隊合作；6.文化學習與國際瞭解；7.規劃、組織與實踐；8.應用科技與資訊；9.主動探索與研究；10.獨立思考與解決問題。作為課程設計的核心架構，打破傳統學科建制及分科教學方式。

在國民教育階段課程學習領域中，是從「個體發展」、「社會文化」、「自然環境」三個面向並重發展，將課程歸類為七大「學習領域」：語文、健康與體育、社會、藝術與人文、數學、自然與科技、綜合活動等七項。學習領域為學生學習之主要內容，而非學科名稱。在往昔，課程可能國小學過的，國中又學一遍；學生到了國中後，學習的科目過多，造成沉重的功課壓力。我們必須知道，學習不是學得

越多越好，而是要把握重點。且學習領域之實施，又應以統整、合科教學為原則。

㈡掌握教學原則、活用教材內容

以七大學習領域與十大核心能力的理念為基礎而建構的國民教育九年一貫新課程，必須把握整合性、精簡化兩項基本原則。課程與教學應以基本學力的培養為主，內容須顧及各類不同層次的學力指標細目，慎選教材，活用教法，輔導學生正常學習，不必強求一致，殊途而同歸。在基本學力之上，再配合個別差異，以求潛能的適性發展。

注重課程統整和協同教學，預留「彈性教學時間」。每個學習領域的授課時數並沒有定數，只是範圍的限制，十分具有彈性。另外還有一些空白課程，使教師不至於因為放假而必須趕課。同時，因應各校情況，由各校課程委員會，集合一些專家或有經驗的人士，自行選擇合宜的教材，自主設計內容與方式，實現「學校本位課程」的理念，達到「量身訂做」、「因地制宜」的目標。

㈢教師的任務與教學策略

教育即專業，教師是專業工作者，任重而道遠，必須有「學」又有「術」。學係指學識而言，術是指教學的技巧；一位有專業知識和懂得如何教學的老師，方能勝任愉快。教師為教育改革的主角，而改革是進步的動力，唯有改革，方能不斷地進步；長期持續性的研究發展，才可確保專業的成長。教師必須不斷地進修，才不致落伍。

倘若師範院校學生畢業後不再進修，他將會把幾年前或幾十年前所學得的舊知識，授予現時正在成長發展中的孩子，卻要孩子迎向新社會，邁向更卓越的未來。因此，唯有教師不斷地進修，才可以突破

時間落後（time lag）的現象。

　　此外，教改必須打破過去僵化的組織，強調「教育要鬆綁」，袪除不必要的管制和束縛，尊重教師的專業自主權，由教師當家作主，做經師和人師，發揮言教與身教的功能，並經由「潛在課程」（如校風、校園環境）的設計與實施，來展現境教的效果。在現代課程改革中，傳統教師的角色任務必須有所調整，應從過去「亦師亦父」的身分，轉變成「亦師亦友」的角色；從「知識的傳授者」轉換成「能力的引發者」；從「既定課程的執行者」轉換成「課程的設計與實施者」。（饒貝維，民 88）

　　教學是師生共同參與而產生交互作用的動態過程。古書上說：「學不厭，教不倦。」教學相長，必能相得而益彰。唯有多采多姿的教學情境，才可造就多才多藝的學生，因而教師的教學要多元化、多樣化，提供充分的機會，讓學生各取所需，在學習中成長，一一展現其才華，並獲得身心需求的滿足與喜悅。

　　教師在教學策略上，宜酌採協同教學、合作學習的方式，進行思考啟發的對話教學。學生若只是訊息的接收站而不去思考，就會變成垃圾的收集者，腦中雖有許多材料，卻無法變成真知和實力。因此，教師在傳授教材時，應該多讓學生想一想，把短期記憶變成長期記憶，進入自己認知的體系裡面，才能成為他的真知，並養成實力。此外，情意陶冶的經驗教學，師生合作的反省教學（reflective teaching），探究訓練（inquiry training）的創意教學等，皆可培養學生多方面的學習興趣，讓學生的學習猶如「讀萬卷書，行萬里路」，在快樂中追求自我生涯的發展。

㈣多元智能與多元化評量

美國哈佛大學心理學者 H. Gardner（1983，1999）提出人類多元智慧（multiple intelligences）理論，包括八種基本的智能，即語言智能（linguistic intelligence）、邏輯—數學智能（logical-mathematical intelligence）、空間智能（spatial intelligence）、音樂智能（musical intelligence）、身體—運動智能（bodily-kinesthetic intelligence）、知己智能（intrapersonal intelligence）、知人智能（interpersonal intelligence）、知天智能（naturalistic intelligence）（Sternberg，2000，P.284）。其理念與我國流傳已久的「天生我材必有用，行行出狀元」的觀點不謀而合。在學校及各種教育環境中，吾人應提供兒童及青少年多樣化的學習機會與情境，使其快樂學習、健康成長，進而充分發展自我的潛能，達到人盡其才的境界。

成績評量涉及教育各方面，因而必須採用多種方式。多元化評量是教學評量與心理計量學研究發展的最新趨勢，有其理論基礎與實務應用的意義。傳統的紙筆式測驗，因評分標準客觀，分數誤差較少，且施測方便，乃廣被採用，但有時過度僵化，並非最佳評量方式。事實上，教學評量除了一般的筆試之外，尚有許多其他變通的方式，諸如：口試、實作評量、同儕互評、晤談、實踐等，應視學科性質、教學情境及評量重點等因素，酌採其中幾種不同的評量方法，作彈性的搭配運用，以發揮最大的評量功能。（簡茂發，民 88）

㈤因材評量與自我比較

教育最基本的理念與方法，就是「有教無類」與「因材施教」。學齡兒童及青少年來自不同社經背景的家庭，其身心發展及行為表現

都有個別差異的現象。在當前以班級教學為主的教育體制下，教師應先充分了解學生個別差異，以便實施適性教育，促使學生各有所長的才華，都能因多樣化的學習情境，而獲得充分的發展。既然配合學生的個別差異而實施適性教育，理應把每個學生都帶上來，把握「因材施教」及「因材評量」的原則，進行多元化評量措施，採自我比較的方式，解釋分析各方面評量的結果。

　　學校教師必須提供各種教育活動的機會，採用各種適性評量的方式，讓每個學生都能充分發揮才華，把努力學習的成果從各方面表現出來；再就各學習領域的成績加以適當的比較分析，顯示出其相對的意義。從教育和評量的觀點來說，最好採用自我比較的方式，也就是以學生本人的學習潛能及實際的學習表現相互參照作合理的解釋分析。通常有三種方式：㈠基於學生個人的潛能來解釋他在學科成績上的相對意義，由此可以看出「努力」的程度；㈡把學生個人過去到現在歷次考試評量所得的成績前後加以比較，可以看出「進步」或「退步」的情形；㈢把學生個人在各種不同學科所得到的成績畫成側面剖析圖，從中可以清楚地看出各科分數的高低，可以了解他在各學科領域學習成果的相對優劣，也可以凸顯出整個學習結果在各方面的「長處」和「短處」，作為進一步學習輔導或生涯規劃的依據。總而言之，我們應該強調因材評量的理念，採用自我比較的方式。（簡茂發，民 88）

三、國民中學學生基本學力測驗

　　「國民中學學生基本學力測驗」係由教育部委託台灣師大心理與教育測驗研究發展中心設計編製的標準化測驗，旨在評量國中畢業生在校三年累積的學習成就，是屬於總結性評量的測驗工具。

(一)「基本學力」的界定

「學力」即 scholastic aptitude，也就是學生基本學習能力及其發展潛能。如以國中學生基本學力而言，即指一位正常的國中學生經由一段時間的系統化教育之後所獲得的知識和技能，足以顯示其學習成就，並可預測其進一步學習的可能性。學力注重學生個人帶得走的真知實力，亦即融會貫通，可以活用解決問題的人生知能。至於「基本」一詞的涵義，就層次而言，係指基本、核心、重要的，而非高深、外圍或細微末節的；就範圍而言，係指完整、周延的，而非偏狹或殘缺的。所謂「基本學力」就是某教育階段學習完成時應該具備的基本知識和基本能力，亦即在為學、待人處事、立身處世各方面具備了相當程度的學力。

(二)「國中基本學力測驗」的性質與功能

這是由測驗研究的專業機構，約請課程、教育心理、測驗統計學者、學科專家、中學資深優秀教師共同參與研究發展工作，按照測驗編製的標準化程序，分析各科教學目標和教材內容，建構基本學力指標，訂定命題藍圖，依據命題原則和要點，審慎撰擬試題，再經試題審查評鑑，進行預試、試題分析等實徵性研究過程，檢驗試題的難度和鑑別力，擇優汰劣，依試題性能存入題庫中。正式編成試卷時，採入闈選題方式，必要時會有所修訂，務求保密，避免與外界模擬試題雷同，以確保其信度和效度。

「國中基本學力測驗」旨在評量國中學生基本學習知能表現及其發展潛能，亦即學生個人帶得走的真知實力，不是對教材的嫻熟度，更不是應試的技巧。基於人本教育、正常教學，以學習主體為思考的

起點，參證生活經驗，力求融會貫通，自然涵養基本學力與發展潛能即可。只要正常學習，稍作溫習和複習，不必補習，無須耗費時間和心力於試題的模擬反覆演練中。

(三)「國中基本學力測驗」的內容與用途

本測驗命題方向偏重於對學生未來學習與生活有所幫助之基礎的、核心的、重要的知識與能力，強調其完整性和周延性，避免偏狹零碎、鑽牛角尖的缺點，有助於學生快樂學習和健康成長。高中多元入學方案注重學校多元特色，採取多元選擇方式，以促進國中教學正常化，發展學生多元智慧。原來六項升學管道已簡化為三項，即甄選入學、申請入學、基本學力測驗登記分發入學，如需採計在校成績，則由「國中基本學力測驗」分數取代。「國中基本學力測驗」包含國文、英語、數學、社會、自然五個測驗學科，每科量尺分數為一至六十分，五科相加之總和滿分為三百分。本測驗一年舉辦兩次，測驗分數限當年有效。參加兩次測驗者，必須選擇其中一次分數「完整使用」，不得挑選不同次別測驗中之單一學科測驗分數搭配使用。「國中基本學力測驗」之研發，由數十位學科專家、測驗學者與中學資深教師組成的專業團隊，分工合作，持續進行至今已逾兩年，建立題庫，可用試題將近五千題。編成正式測驗之時，採入闈選題組合方式，如有必要，再行修訂試題，以確保機密，做到零缺點。試務已作充分配合，宣導工作仍在持續進行中。（教育部，民90）

(四)評述與建議

此套標準化的心理測驗是由公正的、專業的、可信賴的學術團隊長期研究發展出來的評量工具，有學理和實務的深厚基礎。測驗題目

包括多樣化的各種題型，其難度和鑑別力是經由預試和試題分析的科學程序加以驗證的。所有儲存在電腦題庫中的題目，都具有衡鑑的性能，可以區辨學生基本學力個別差異的程度。基本學力測驗所要評量的是生活的、基本的、核心的知識和能力，最重要的是解決問題、應付未來生活的方法和技巧，包括基本知識、理解、應用以及分析、綜合、評鑑等不同認知層次的真知和實力。只要平時上課用心聽講，下課後多觀察、多接觸、多思考，養成分析與判斷事情的習慣，增進其知識，強化解決問題的能力即可。保持平常心，穩紮穩打，使學習自然成為快樂的活動，可以從中獲得成長的喜悅。

四、結　語

　　教育乃積德之業，亦即成人之美的工作。「人」為教育的核心概念和關鍵因素，教育在本質上就是教人成人的過程。從教育心理學與社會學觀點而言，每個兒童及青少年都是可造就的人才，不可放棄任何一個孩子。教育應配合個人的稟賦、才華與需求，給予不同的教導，使其身心充分發展。因此，學生的人格應受尊重與肯定，各種教育設施均須以學生身心的成長及人格的健全發展為主要著眼點。學校教育與輔導工作應在「有教無類」和「因材施教」的基本原則下，以全體青少年為對象，營造無障礙的校園環境，充實教學與輔導的基本設施，提供多樣化學習情境。

　　綜上所述，九年一貫課程就是基於愛與關懷，及對學生個別差異的深切了解，所研發出來的適性教育。希望藉由此一新課程，透過師生互動的歷程，激發學生的潛能，獲致個性與群性的調和發展，以達到人盡其才、自我實現的境界。

　　國中基本學力測驗乃配合九年一貫課程之實施，衡鑑個別學生在

國中階段所累積的學習成就，反映於各學習領域的真知實力。這是不可或缺的學習評量工具。

參考文獻

行政院教育改革審議委員會（民 85）：**教育改革總諮議報告書**。台北市：作者。

教育部（民 87）：**國民教育階段九年一貫課程總綱綱要**。台北市：教育部。

教育部（民 89）：**二○○一年高級中學多元入學方案**。台北市：教育部。

教育部（民 90）：**高級中學多元入學方案暨國民中學學生基本學力測驗宣導手冊**。台北市：教育部。

簡茂發（民 88）：多元化評量之理念與方法。**教師天地，第 99 期**，第 11—17 頁。

饒見維（民 88）：九年一貫課程與教師專業發展之配套實施策略。見中華民國教材研究發展學會（主編）：**九年一貫課程研討會論文集－邁向課程新紀元**，第 305—323 頁。

Gardner, H. (1983). *Frames of mind: The theory of multiple intelligences.* New York ：Basic Books.

Gardner, H. (1999). Are there additional intelligences ? The case for naturalist, spiritual, and existential intelligences. In J. Kane（Ed.）, *Education,information,and transformation.* Englewood Cliffs, NJ: Prentice-Hall.

Sternberg, R. J. (2000). *Pathways to psychology（2nd ed.）.* Fort Worth, TX: Harcourt College Publishers.

「區分性向測驗」評介

　　區分性向測驗（ Differential Aptitude Tests ）是一種多因素性向測驗，由美國心理學者 G.K. Bennet, H.G. Seashore 和 A.G. Wesman 三人共同編製，於西元 1947 年由 Psychological Corporation 發行，復經 1962 年和 1972 年兩次修訂，三十餘年來在學校輔導工作上廣泛應用，被學術界人士認為是此類測驗中之最佳者（ Quereshi, 1972 ; Brouchard, Jr., 1978 ）。根據 O.K. Buros 所主編的「心理測量年鑑」（ Mental Measurements Yearbook ）之統計，有關此一測驗的學術性研究文獻，至 1977 年止，已有 388 篇之多。

　　民國四十九年，我國心理學者宗亮東與徐正穩兩位教授曾就 DAT 第一版本加以修訂，首度引進國內使用，稱為「中學綜合性向測驗」，由教育部中等教育司印行。民國五十九年，測驗學者程法泌與路君約兩位教授又將 DAT 第二版本加以修訂，其中半數以上的分測驗，已依我國文化背景予以全部重編或部分增編，定名為「區分性向測驗

」，由中國行為科學社發行；其後測驗統計學者盧欽銘教授亦參與此一測驗的發展工作。復於民國六十六年增訂之，重新並擴大建立台灣地區國中、高中及大專學生常模，也進行信度和效度的研究。

本測驗主要目的在於提供一套統整的、科學的、標準化的程序，測量國中二年級以上學生的特殊潛能（ potential capacity ），以便從事教育及職業的輔導。其內容包括語文推理、數的能力、抽象推理、文書速度及確定、機械推理、空間關係、語文運用Ⅰ：錯字、語文運用Ⅱ：文法等八個分測驗，可得九個分數，除八個分測驗的分數外，語文推理與數的能力之組合分數可作為學業性向（ scholastic aptitude ）或智力的量數。舉凡國中學生升學或就業，高二學生文理分組、高三學生選擇大學科系、以及高一或高二學生應否轉入職業學校等有關個人決定（ individual decisions ）的問題，本測驗經由實徵性研究（路君約，民64，民65），已證明有助於達成上述學校輔導工作的多項任務。

茲從測驗材料、信度與效度、常模與測驗結果之解釋與運用等三方面加以評述如下：

一、測驗材料方面

本測驗的材料包括指導手冊一本，試題冊二本，答案紙三張、標準答案五張。

指導手冊增訂本共55頁，正文部分佔三分之二，附表佔三分之一。對測驗內容、實施與記分方法、信度和效度研究、常模的建立、常模和側面圖的解釋、測驗結果的運用等項目，均有明確而詳盡的說明。學校輔導人員和教師若能熟讀指導手冊，當可深入瞭解本測驗的性能，把握實施和記分的要領，並能對學生的測驗結果加以適當的解釋

與運用。

　　八個分測驗的試題裝訂在兩册中。第一册含語文推理、數的能力、抽象推理、文書速度及確度四個分測驗，使用兩張答案紙，第一張正面是側面圖，背面是前兩個分測驗的作答處，第二張正背兩面係供後兩個分測驗作答之用。第二册含機械推理、空間關係、語文運用Ⅰ、語文運用Ⅱ四個分測驗，祇使用一張答案紙，在正面和背面作答。主試者在實施測驗時，必須適應學校實際情況而將測驗時間作不同的安排，尤須熟諳試題册和答案紙配合使用的情形，不得稍有疏忽，否則易致差錯。收發答案紙和試題册更須注意及此。中文試題册尚無複本，爲應教育研究之需，宜於再修訂之時，發展另一複本，以便對照比較之用。

　　記分時，採用打洞的標準答案卡，尚屬簡易方便，但須先檢查答案紙有無違反規定而選答兩個或兩個以上答案者，如有此種情形，即用紅筆註明，該題不予計分。文書速度及確度測驗第一部分作答結果不記分，在指導手册上並未說明原因，易啓疑問，宜有所交代。將來本測驗在教育與職業輔導工作上大量推廣應用之時，可考慮酌採機器記分的方式，並配合機器記分的需要，設計新的答案紙備用。

二、信度與效度方面

　　原測驗編製者對DAT的信度和效度之研究所累積的資料相當豐富，已足以證明本測驗是一套具有相當可靠性和正確性的測量工具。各年級男女學生在文書速度及確度測驗的複本信度介於 .79 至 .93 之間，其餘分測驗的折半信度介於 .78 至 .97 之間，大多在 .90 以上，均達顯著水準。各分測驗的內部相關係數介於 .12 至 .80 之間，顯示彼此具有相當的獨立性，分別測量不同的能力。根據一系列效度研究

的結果，可知本測驗對語文、數學、自然科學、社會科學及將來在職業和教育上的成功程度大多具有預測作用，其預測效度除文書速度及確度、機械推理兩分測驗較低外，其餘均在 .30 以上，達顯著水準。

中文修訂本係以我國國中二、三年級學生和高中一、二年級學生為對象，就其測驗結果進行信度和效度之研究，發現相距半年的穩定係數介於 .39 至 .92 之間，其中以空間關係，抽象推理、機械推理、語文推理＋數的能力等較高，均達顯著水準；至於各分測驗分數與學業成績或成就測驗分數的相關，以語文推理、數的能力以及兩者的組合分數與國文、英文、數學等學科的關係比較密切，機械推理、空間關係與數學成績的相關係數亦高，介於 .27 至 .68 之間，均達顯著水準。

本測驗之編製與修訂頗能適應現代心理測量理論與技術的發展趨勢，隨時講求改進。雖然在測驗編製和研究發展的過程，未曾使用因素分析的方法，以驗證其功能上的效度，但就其整個測驗的組成而言，係基於多元性向的原理，並配合學校實施教育與職業輔導的需要，將彼此具有相當獨立性的八個分測驗結合成一套測驗組合（ test battery ）。其中除文書速度及確度測驗外，都屬於難度測驗（ power tests ），旨在測量個人基本的潛在能量。因此，各年級、各組別及各系科學生的測驗分數之比較，進而就其性向組型加以分析，均可提供支持其效度的資料。如能有計畫地進行長期的追蹤研究，同時搜集各分測驗分數與各項行業能力之間的相關分析資料，則可據以探討本測驗的合成效度（ synthetic validity ）與區分效度（ differential validity ），並進一步驗證其預測效度。

三、常模與測驗結果之解釋與運用方面

　　本測驗現已建立台灣地區國民中學二年級至大學男生、女生常模十二個，並有大學科系常模十一種與專科及高職科別常模二十餘種。國中部分的標準化樣本取自台北市、台中市和高雄市十一所國民中學二、三年級學生，計二年級男生 475 人和女生 358 人、三年級男生 375 人和女生 436 人。高中部分的標準化樣本取自台北市公私立高中六所和台灣省公立高中四所，計高一男生 222 人和女生 161 人，高二男生 403 人和女生 314 人、高三男生 560 人和女生 293 人。大學部分的樣本取自台大、師大和政大十一個學系三年級學生，計男生 207 人和女生 183 人。國中和高中各年級常模樣本均取年齡與年級相符者，故均為眾數年齡常模（ modal age norm ）。本測驗採用百分位數常模，各分測驗均以原始分數與百分等級對照表方式呈現，蓋因百分等級意義明確而易於解釋，將原始分數換算成百分等級後，可繪製側面圖，從中很容易鑑識受試者的長處和短處，再根據其性向組型，配合其他有關資料，便能在教育與職業輔導上加以積極的運用。

　　除上述常模外，本測驗指導手冊另附有台北市及各學校的常模表，可適應多方面的需要。再者，各類樣本在各分測驗上的測驗結果皆分別加以統計處理，求出其平均數與標準差，可供研究比較分析之用。至於測驗結果的運用途徑，本測驗指導手冊曾分別就國中和高中兩階段在教育與職業輔導的重點和要領，加以扼要的說明，尤其是針對高二文理分組和高三升學選系的問題，根據實徵性研究所累積的資料，指出作決定時應行考慮的關鍵因素，頗具實用價值。為求更臻完善，本測驗宜擴大標準化樣本的地區分佈範圍，包括鄉鎮國中和中南部及偏遠地區的高中學生，以提高其代表性。在百分位數常模之外，宜立祺標準分數常模，以便對測驗結果進行更深一層的統計分析，並與興趣測驗及成就測驗分數配合，從廻歸預測方面研究發展，以增進其

應用的功能。

綜上所述，區分性向測驗的發展有其理論的根據，係專爲學校輔導工作而設計的多因素性向測驗。

從許多研究文獻資料顯示，它是一套具有相當高信度和效度的測量工具，在學術研究和教育工作上廣泛應用，其功能與價值已被肯定。如能精益求精，其內容將更爲充實，成爲此類測驗中典型的代表，並樹立測驗之編製，修訂及發展的楷模。

參考文獻

程法泌、路君約、盧欽銘：區分性向測驗指導手册增訂本。台北市，中國行爲科學社，民國66年。

路君約：區分性向測驗在高中階段運用的研究。測驗年刊，民國64年，第22輯，第30-41頁。

路君約：區分性向測驗在國民中學的運用研究。測驗年刊，民國65年，第23輯，第20-27頁。

Bennett, G.K., Seashore, H.G., & Wesman, A.G. The fifth manual for the Differential Aptitude Tests. New York: The Psychological Corporation, 1974.

Brouchard, T.J. Review of the Differential Aptitude Tests. In O.K. Buros (Ed.), The eighth mental measurements yearbook. Highland Park, N.J.: Gryphon Press, 1978, 656-660.

Quereshi, M.Y. Review of the Differential Aptitude Tests. In O.K. Buros (Ed.), The seventh mental measurements yearbook. Highland Park, N.J.: Gryphon Press, 1972, 1049-1052.

「系列學業性向測驗」評介

　　本系列學業性向測驗係行政院國家科學委員會補助國立台灣師範大學教育心理學系進行的專題研究之成果。該項專題研究工作由路君約教授主持，參與者有黃堅厚、簡茂發、盧欽銘、吳鐵雄、邱維城、蘇建文、陳淑美、何榮桂等教授。從民國七十二年四月開始，至民國七十三年五月完成。民國七十五年二月由中國行為科學社出版發行。

　　本測驗包含四個階段的學業性向測驗，分別適用於國民小學高年級、國民中學、高級中學、大學的學生，形成一完整的系列。本測驗之編製完成，可提供一套基於同一理論架構而適用於各級學校學生的智力評量工具，經由質與量的分析，以瞭解兒童及青年的學習潛能，以便各級學校與機關團體對其成員從事甄選、分類、安置、輔導及研究之用。

　　本測驗之編製係以美國的 Cooperative School and College Ability Tests（簡稱 SCAT）與 College Board Scholastic

Aptitude Test（簡稱SAT）為藍本，為求整套測驗具有系列的聯貫性，乃共同決定編擬試題的原則如下：㈠測驗內容包含「語文推理」與「數量比較」兩部分；㈡測驗題均採單一選擇式，每題含四個選項；㈢試題以符合我國社會文化背景及受試學生的心理特質為準；㈣試題須顧及國小、國中、高中、大學四個教育階段互相銜接之關係。因此，本系列學業性向測驗的體例一致，功能相同，在兒童及青年全程的教育計畫與學業輔導上，可以適時配合運用，相得益彰。

在測驗材料方面，四個教育水準的學業性向測驗均含「語文推理」與「數量比較」兩個分測驗，測量智能中兩類最主要的因素──語文和數量，這是在學校情境中兩種最普通、最重要的能力。兩個分測驗都各有六十題，均經命題、預試、項目分析與選題的過程而得，題材及文字皆顧及兒童與青年的生活經驗和認知程度，其難度有適當的分配，各題均具有相當的鑑別力，可從測驗編製報告或指導手冊中見之。

在信度與效度方面，四個教育階段的學業性向測驗均有令人滿意的可靠性和正確性。就穩定係數而言，國小部分介於 .77 至 .92 之間，國中部分介於 .67 至 .94 之間，高中部分介於 .48 至 .84 之間，大學部分介於 .68 至 .93 之間。就折半信度而言，國小部分為 .82～.87，國中部分為 .71～ .84，高中部分為 .70～ .81，大學部分為.77～ .91。至於效度係數，國民小學系列學業性向測驗與國民智慧測驗之相關介於 .42 至 .82 之間，國民中學系列學業性向測驗與國民中學智力測驗之相關介於 .47 至 .85 之間，高中系列學業性向測驗與普通分類測驗之相關介於 .34 至 .64 之間，大學系列學業性向測驗與普通分類測驗之相關介於 .47 至 .80 之間。

在實施程序與記分方面，本系列學業性向測驗均相當簡便，皆可

在一小時內以團體方式實施完畢，採手工及機器兩種方式記分，答錯不倒扣。在常模與測驗結果之解釋及應用方面，已建立台灣地區國小四年級至大學四年級男女學生的常模，以「語文推理」、「數量比較」、「總分」的原始分數與百分等級、T分數、標準九分對照表的方式呈現之，測驗分數易於轉換，便於相互比較。本測驗結果可增進受試者的自我了解，幫助各級學校教師及輔導人員評估學生的學習潛能，建立教師和父母對兒童及青年的適當期望水準，提供學校實施教育診斷、補救教學與學業輔導之參考，並作為編班、分組及評量之依據。

　　綜上所述，本系列學業性向測驗確是一套適用於各級學校學生以評量其學習潛能之科學工具，信度與效度已有多方面研究資料加以驗證，其標準化樣本遍及台灣各地區，人數達一萬八千名之多，具有相當的代表性。今後繼續研究發展，累積更多實徵資料，將可確認這是一套簡便、適切，有效的智力測驗，宜在各級學校中推廣應用。

「輔導性向測驗」評介

　　「輔導性向測驗」是一種多因素性向測驗，係根據美國心理學者L. Knapp 和R.R. Knapp 所編的 The Career Ability Placement Survey（簡稱CAPS）修訂而成。原測驗於西元一九八一年由Educational and Industrial Testing Service（簡稱EDITS）發行，屬於「加州職業偏愛體系」（California Occupational Preference System）系列測驗之一，與「輔導興趣測驗」（The COPS Interest Inventory）、「輔導價值取向量表」（The Career Orientation Placement and Evaluation Survey）組合運用，極為簡便。此一系列三種測驗由中國行為科學社出版，以供中等學校從事教育與職業輔導之用。

　　本測驗旨在提供一套易於實施的標準化程序，測量國中二年級以上學生的各種潛能，顯示個人潛能的優勢和弱點，以預測其未來生計發展的方向。本測驗的內容包括機械推理、空間關係、語文推理、數

字能力、語文習慣、字義、知覺速度與確度、手部速度和靈巧度等八個分測驗，測驗結果可得到八種獨立的能力量數。由各分測驗的原始分數，參照常模轉換成百分等級、Ｔ分數及標準九，再根據標準九分數繪成能力側面圖，即可顯示受試者的性向組型，進而依據「加州職業偏愛體系」發展出來的十四種職業門類群，從生計側面圖來解釋和運用輔導性向測驗結果，協助受試者獲致正確的自我覺知和適性的生計發展。茲從測驗材料、信度與效度、常模與測驗結果之解釋及運用等三方面加以評述如下：

一、測驗材料方面

本測驗的材料包括指導手冊一本、試題冊一本、答案紙一張、標準答案二張。指導手冊共有三十一頁，正文部分約佔三分之二，附表約佔三分之一。除闡述輔導性向測驗與生計發展的理念外，對測驗內容、實施與記分、信度和效度研究、常模的建立、結果解釋等項目，均有明確而詳盡的說明。學校輔導教師若能熟讀指導手冊，當可瞭解本測驗的性質及其在生計發展計畫中的功能，把握實施和記分的要領，並能對國中和高中學生的測驗結果加以適當的解釋與運用。八個分測驗的試題裝訂在一冊中，每一分測驗的「指導和例題」印在每頁的正面，測驗題則印在反面，題數因性質和難易而有所不同，但正式施測時限一律定為五分鐘，實施簡易且不致失誤。八個分測驗均在同一張答案紙上作答，便於記分，且已發展電腦計分程式，更可達到快速與正確之目標。

二、信度與效度方面

原測驗編製者以美國十一年級二百個學生樣本的測驗結果進行折半信度研究，求得各分測驗的一致性係數介於 .76 和 .95 之間；又以十年級一百六十個學生樣本相隔兩週時間測驗結果進行重測信度研究

，求得各分測驗的穩定性係數介於 .70 和 .95 之間。國內修訂者選取
國中二年級、三年級學生各五十四人，相隔三個月施測，求得重測信
度係數介於 .52 和 .86 之間；又從高一、高二、高三學生中分別抽取
五十一、五十三、四十人，相隔三個月施測，求得重測信度係數介於
.50 和 .86 之間。由此可見，本測驗的信度尚佳。至於效度方面的研
究，原測驗編製者和國內修訂者都以區分性向測驗相對應的分測驗分
數爲效標，其同時效度分別介於 .47 和 .77 之間與介於 .33 和 .61 之
間，大多達到顯著水準。

三、常模與測驗結果之解釋及運用方面

本測驗現已建立台灣地區國民中學二年級至高級中學三年級男生
、女生常模，標準化樣本合計二千九百八十六人。國中二、三年級男
生和女生樣本都在三百人以上；高二、高三合併建立常模，男生、女
生人數各約五百人；高一男生約三百人，高一女生人數較少，爲二百
三十七人；取樣雖以北部學校爲主，但同時亦顧及中南地區的學校，
因而具有相當的代表性。常模類型有百分等級、T分數及標準九三種
，可因應不同情況與需要加以解釋和應用。本測驗實施結果可得八項
基本性向分數，據以繪製能力側面圖，顯示受試者潛能的長處和短處
，宜再配合其他有關資料如知識、技能、志願、興趣、人格特質、環
境因素等，俾能在教育與職業輔導上加以積極的運用，當可相輔相成
，相得而益彰。

綜上所述，「輔導性向測驗」的發展有其生計教育與輔導的理論
根據，八個分測驗涵蓋基本的性向層面，試題精簡，施測時間短，連
同說明在內亦不超過一小時，很適合中學輔導建立學生基本資料而普
遍實施多因素性向測驗之需要。本測驗除時間經濟外，實施既簡易，
記分又方便，且其信度和效度亦由國內外研究加以肯定，如能與「輔

導興趣測驗」及「輔導價值取向量表」配合使用，則更可發揮其積極的功能，使接受教育與職業輔導的學生增進自我覺知，獲致適性的生計發展。

第二篇

統計方法

教育研究的統計方法㈠

　　現代教育科學化運動，強調「實徵性研究」（ empirical appro-ach ）的重要性，主張教育的研究應以科學方法搜集實際的資料，進行客觀的統計分析，作為立論的依據。吾人欲瞭解教育現況，解決各種教育問題，或進行教育實驗工作以改進教材教法並增進教學效率，必須運用統計方法，處理大量的數據資料，把複雜的教育現象化成有系統、有意義的研究結果，以統計表、統計圖和統計量數明確地表示出來，藉供分析、解釋和推廣應用。因此，統計方法已成為現代教育研究的主要工具之一，從事教育研究工作者必須充分了解統計方法的性質、原理與技術，始能設計與進行教育研究工作，閱讀有關文獻並評鑑其要義和價值，進而適當分析和解釋自己研究所得的資料，據以撰寫研究報告，提出研究成果。

一、統計資料的性質與統計方法的步驟

統計學係以數學為基礎，闡明統計原理和方法，藉以搜集、整理和分析各種數據資料，探究其因果關係，進而解釋各種現象的科學。現代統計學可分為敍述統計（ descriptive statistics ）和推論統計（ inferential statistics ）兩大部份。前者係就搜集所得的統計資料，以統計圖表或統計量數記述之方法；後者係以部分的樣本資料推測全體的母羣性質之方法。茲先就統計資料的性質與統計方法的步驟分別說明之。

㈠統計資料的性質

統計資料為研究分析之素材，是由測量或調查得來的數量資料。它必須具備時間、空間及特性三項要素，而且符合數字性、羣體性、客觀性和變異性四項特質的條件。因此，統計資料係在特定的時間和空間內，按照預定目的，以系統方法，就羣體中各個體的某特性加以數計或度量而得，乃多數事實的集合，受多種因素影響而有變異，且以數量表示其變異的程度。

㈡統計方法的步驟

統計方法之目的，乃在經由統計資料之分析以探求自然與社會現象所蘊含的特質及通則，其步驟如下：

1.搜集統計資料——配合研究的目的，視研究對象之性質以及客觀環境等因素，運用測量、調查、實驗等方法，搜集各種必要的數量資料，務求其正確可靠。

2.整理統計資料——初步搜集得來的原始資料通常雜亂無章，必

須加以分類整理，使其成爲簡單而有系統易於明瞭且便於分析之統計數列。整理統計資料之步驟包括分類、列表及繪圖，力求符合簡單化與系統化的原則。

3.分析統計資料——統計資料經上述步驟之整理後，成爲簡括之形式，已能約略顯現羣體所蘊含的特質，但爲求更精確之結果，必須進一步應用數學方法計算各種能代表統計資料之特徵的統計量數，如平均數、標準差、相關係數等，使羣體所蘊含的特質及通則充分顯現出來。

4.推論統計分析結果——上述統計分析所得的結果，必須加以解釋與推論，蓋因統計分析所根據之資料大多爲羣體之一部分樣本，故其所得結果與整個羣體實況之間容有誤差存在，必須進一步確定樣本統計結果的可靠程度。統計推論以機率理論爲基礎，包括統計推定與統計假設之檢定兩部份。

二、基本統計方法

統計資料的整理與分析，有統計表（ statistical tables ）、統計圖（ statistical graphs ）及量數表示法（ quantitative methods ）三種方式。統計表是分類整理、統計分析的初步，把原始資料化繁爲簡，化凌亂爲系統，以顯示其蘊含之特性和意義，而便於比較和分析。最通俗而重要的統計表就是「次數分配表」（ frequency distribution tables ）。統計圖是以具體的圖形表示統計資料經整理後的結果，淺顯而明確，易於獲得綜合而深刻的印象，常用者有直方圖（ histogram ）、次數多邊圖（ frequency polygon ）與累積次數多邊圖（ cumulative frequency polygon ）三種。量數表示法是以各種統計量數表示統計分析的結果，如以平均數（ mean ）、中數

（ median ）或眾數（ mode ） 表示集中趨勢，以標準差（ standard
deviation ）、四分位差（ quartile deviation ） 或全距（ range
）表示離散趨勢，以相關係數（ correlation coefficient ）表示兩
個或兩個以上變數之間的關聯程度。

㈠統計資料的初步整理
　　假定某國民中學有六十二名一年級學生參加普通分類測驗，每人
所得的原始分數（ raw scores ）如表一：

表一　六十二名學生的普通分類測驗分數（按學號次序排列）

62	50	90	87	93	90	86	92	95	105	108	89	137
68	73	78	80	75	104	102	93	114	103	88	122	127
44	58	64	78	78	95	94	106	96	117	112	125	113
72	80	77	112	86	98	89	107	114	123	116	132	120
56	60	66	90	82	84	93	109	76	106			

若將上列資料按分數的高低次序排列，可整理如表二：

表二　六十二名學生的普通分類測驗分數（按分數高低排列）

137	132	127	125	123	122	120	117	116	114	114	113	112
112	109	108	107	106	106	105	104	103	102	98	96	95
95	94	93	93	93	92	90	90	90	89	89	88	87
86	86	84	82	80	80	78	78	78	77	76	75	73
72	68	66	64	62	60	58	56	50	44			

從表二可看出這些資料中最大的分數為 137，最小的分數為 44。六十二名學生分數分配的全距為 137 − 44 + 1 = 94。如把全部分數分為十組，則每一組距（class interval）為 94 ÷ 10 = 9.4 ≒ 10。為便於分組，每一組的下限（low limit）最好為組距的倍數。本資料經分類整理後，可化成次數分配表如表三：

表三　六十二名學生的普通分類測驗分數之次數分配表

組距 = 10	劃　　記	次　數	累積次數
130 — 139	//	2	62
120 — 129	////	5	60
110 — 119	///// //	7	55
100 — 109	///// ////	9	48
90 — 99	///// ///// //	12	39
80 — 89	///// /////	10	27
70 — 79	///// ///	8	17
60 — 69	/////	5	9
50 — 59	///	3	4
40 — 49	/	1	1

表三所列各組的眞正上下限，應就表中數值各延伸 0.5，例如：最小一組（40 — 49）的眞正下限為 39.5，而其眞正上限（upper limit）為 49.5；最大一組（130 — 139）的眞正下限為 129.5，而其眞正上限為 139.5；其餘類推。

若將表三的歸類資料進一步繪成統計圖，則更易於顯示學生分數

分配的形態。圖一係直方圖，以各組的眞正組限上之矩形面積表示之。

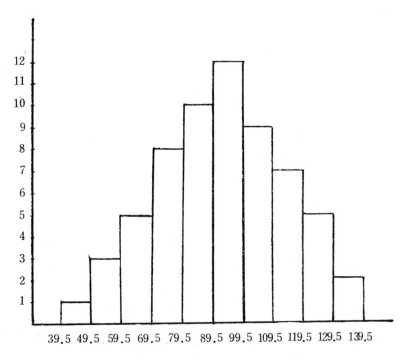

圖一　六十二名學生的普通分類測驗分數之直方圖

　　圖二係次數多邊圖，以各組的組中點爲橫座標，以各該組之次數爲縱座標，在圖上標出各點的位置，再以直線連接相鄰兩點而成；圖三係累積次數多邊圖，以各組之眞正上限爲橫座標，以各該組之累積次數爲縱座標，在圖上標出各點之位置，然後在相鄰兩點間以直線連接之。

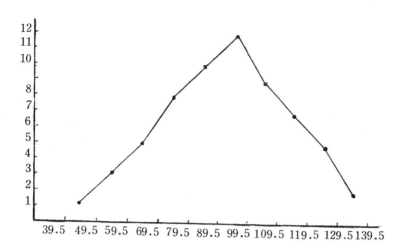

圖二 六十二名學生的普通分類測驗分數之次數多邊圖

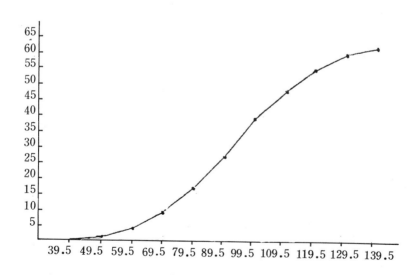

圖三 六十二名學生的普通分類測驗分數之累積次數多邊圖

㈡平均數與標準差的求法

算術平均術（ arithmetic mean ）通常簡稱爲平均數（ mean ）
，是用以表示一羣受試者測驗分數集中趨勢的統計量數。標準差（
standard deviation ） 通常與平均數並用，以表示一羣受試者測驗
分數離散的趨勢。一般以 μ 表示母羣體（ population ） 的平均數，
X 表示樣本（ sample ）的平均數；以 σ 表示母羣體的標準差，s 表
示樣本的標準差。一種標準化測驗在建立常模時，通常以具有代表性
的樣本接受測驗所得的分數爲依據，求其平均數與標準差，再據以轉
化成「原始分數與標準分數（ standard scores ）的對照表」。以下
所述，皆以樣本資料的統計處理方法爲準，用以估計或推測母羣體的
母數（ parameters ）。

1.從未歸類資料求其平均數與標準差：

以表一所列六十二名學生的普通分類測驗分數爲例，先求出這些
分數的總和，以 Σx 表示之；再求這些分數的平方和，以 Σx^2 表示之
；其人數以 N 表示之。

$$\Sigma x = 62+50+90+\cdots\cdots\cdots\cdots\cdots+106 = 5739$$

$$\Sigma x^2 = 62^2 + 50^2 + 90^2 + \cdots\cdots\cdots\cdots+106^2 = 558169$$

$$N = 62$$

$$平均數\overline{X} = \frac{\Sigma x}{N} = \frac{5739}{62} = 92.56$$

$$標準差\,s = \sqrt{\frac{\Sigma\,(\,x-\overline{x}\,)^2}{N-1}} = \sqrt{\frac{N\Sigma x^2 - (\Sigma x)^2}{N\,(\,N-1\,)}}$$

$$= \sqrt{\frac{62\times558169-(5739)^2}{62\times(\,62-1\,)}} = 21.02$$

2.從已歸類資料求其平均數與標準差：

六十二名學生的普通分類測驗分數已歸類如表三，茲以這些歸類的資料爲例，說明計算平均數與標準差的簡捷法如下：

表四 求平均數與標準差的簡捷法

i = 10	f	d	fd	fd²	計　算　過　程
130 — 139	2	4	8	32	
120 — 129	5	3	15	45	$\overline{X} = \overline{X}' + \dfrac{\Sigma fd}{N} i$
110 — 119	7	2	14	28	
100 — 109	9	1	9	9	$= (89.5 + \dfrac{10}{2}) + \dfrac{-12}{62}$
90 — 99	12	0	0	0	$\times 10 = 92.56$
80 — 89	10	−1	−10	10	$s = \sqrt{\dfrac{N\Sigma fd^2 - (\Sigma fd)^2}{N(N-1)}} i$
70 — 79	8	−2	−16	32	
60 — 69	5	−3	−15	45	$= \sqrt{\dfrac{62 \times 274 - (-12)^2}{62 \times (62-1)}}$
50 — 59	3	−4	−12	48	$\times 10$
40 — 49	1	−5	− 5	25	$= 21.10$

$$N = 62 \quad \Sigma fd = -12$$
$$\Sigma fd^2 = 274$$

㈢相關係數的求法

相關（ correlation ）是兩變量資料（ bivariate data ）的分析方法，亦即就一羣人在兩變項（ two variables ）上個別變量相

對位置的一般傾向之度量分析技術。皮爾遜（K.Pearson）氏在西元一八九六年創用「積差相關」（product-moment correlation）的求法，其係數爲兩變量成對的標準分數乘積之算術平均值，亦即：$r_{xy} = \dfrac{\Sigma Z_x Z_y}{N}$。此種觀念和方法是各種相關係數（correlation coefficients）的基本原理。相關係數的求法有許多種方式，隨兩變量資料之性質而各有其適用的場合，可從表五見之。

表五　兩變項之性質與適用之相關係數

Y ＼ X	二分類別變 項	基於常態分配的二分變項	次序變項	等距或比率變 項
二 分 類 別 變 項	ϕ			
基於常態分配的二分變項	ϕ	r_{tet}		
次 序 變 項	r_{rb}	r_{rb}	r_s , τ , w	
等 距 或 比 率 變 項	r_{pb}	r_{bis}	r_s , τ , w	r_{xy}

〔註〕 ϕ　：ϕ係數（phi coefficient）

　　r_{tet}：四分相關係數（tetrachoric correlation coefficient）

　　r_{rb} ：等級雙列相關係數（rank-biserial correlation coefficient）

r_{pb} ：點值雙列相關係數（ point-biserial correlation coe-
fficient ）

r_{bis} ：雙列相關係數（ biserial correlation coefficient ）

r_s ：斯氏等級相關係數（ Spearman rank-correlation coe-
fficient ）

τ ：肯氏 τ 係數（ Kendall's Tau ）

w ：肯氏和諧度係數（ Kendall's coefficient of concor-
dance ）

r_{xy} ：皮氏積差相關係數（ Pearson product-moment corre-
lation coefficient ）

1.積差相關係數的計算實例：

假定某國民中學六十二名學生在一年級時接受普通分類測驗的分
數與其一年級的體育成績如表六。茲以此為例，說明積差相關係數的
計算方法如下：

表六 普通分類測驗分數（X）與體育成績（Y）

X	Y	X	Y	X	Y	X	Y	X	Y	X	Y
62	42	89	79	103	72	94	64	112	58	56	48
50	49	137	86	88	76	106	66	86	61	60	52
90	52	68	43	122	80	96	69	98	63	66	56
87	57	73	49	127	88	117	72	89	65	90	59
93	59	78	53	44	45	112	77	107	66	82	62
90	62	80	57	58	50	125	82	114	70	84	64
86	64	75	60	64	54	113	78	123	74	93	67
92	65	104	63	78	58	72	46	116	77	109	67
95	68	102	64	78	60	80	51	132	83	76	71
105	71	93	65	95	63	77	56	120	84	106	74
108	75	114	68								

$$N \quad = 62 \qquad\qquad \Sigma XY = 380522$$

$$\Sigma X = 5739 \qquad\qquad \Sigma Y = 3979$$

$$\Sigma X^2 = 558169 \qquad\qquad \Sigma Y^2 = 262923$$

將上列數值代入下式,即可求得普通分類測驗分數與體育成績的積差相關係數。

$$r_{xy} = \frac{N\Sigma XY - \Sigma X\Sigma Y}{\sqrt{[N\Sigma X^2 - (\Sigma X)^2][N\Sigma Y^2 - (\Sigma Y)^2]}}$$

$$= \frac{62 \times 380522 - 5739 \times 3979}{\sqrt{[62 \times 558169 - (5739)^2][62 \times 262923 - (3979)^2]}}$$

$$= .86$$

2.等級相關係數的計算實例:

倘若有十二名學生代表參加演講與歌唱比賽,其名次如表七。因兩項比賽的結果均屬次序變量資料,故可用等級相關係數表示兩者之間的關聯性,其計算過程如下:

表七 十二名學生參加演講與歌唱比賽的名次

學　　生	演講名次	歌唱名次	D	D²
A	6	6	0	0
B	4	5	−1	1
C	1	3	−2	4
D	9	9	0	0
E	2	1	1	1
F	8	7	1	1
G	3	4	−1	1
H	11	10	1	1
I	5	2	3	9
J	12	11	1	1
K	7	8	−1	1
L	10	12	−2	4

N＝12　　　　　　　　　　　　　　　　$\Sigma D^2 = 24$

　　表中的 D 爲兩項名次之差，D^2 爲名次之差的平方，ΣD^2 爲名次之差的平方和，N 爲人數。將上列數值代入下式，即可求得演講比賽與歌唱比賽的名次之間的相關係數。

$$r_s = 1 - \frac{6\Sigma D^2}{N(N^2-1)}$$

$$= 1 - \frac{6 \times 24}{12(12^2-1)}$$

$$= .92$$

三、統計推論的基本概念

　　統計推論（statistical inference）係從母羣體抽出樣本之資料以推論母羣體之特性的統計分析方法。研究者雖以樣本資料爲分析的對象，但其所欲探究而求了解者爲樣本所代表的母羣體，亦即由部份推論全體，由已知推論未知。

㈠母群體與樣本

　　母羣體（population）是吾人所欲探究之某種事物的全部範圍或全部個體的集合。由於母羣體所包括的範圍甚廣，其個體數量甚多，在研究上爲節省人力、財力和時間，乃以抽樣（sampling）的方式，從母羣體中選出一部份個體加以觀察、測量或試驗，作爲分析研究的資料，此一部份資料即稱爲樣本（sample）。

㈡母數與統計量

　　母數（parameter）是說明母羣體之特性的量數；統計量（statistic ）是描述樣本之性質的量數。前者通常以希臘字母表示，而後者以英文字母表示之。母數通常爲未知，而以統計量推估之，稱爲估計數（ estimator ），其數值稱爲估計值（ estimate ）。

㈢統計推定（ statistical estimation ）

(1)點推定（ point estimation ）——依據機率原理，以樣本統計量推定未知母數的最佳單一估計值，例如以樣本平均數推定母羣體平均數最爲適當。點推定的衡量標準有四：不偏性（ unbiasedness ）、一致性（ consistency ）、有效性（ efficiency ）和充分性（ sufficiency ）。

(2)區間推定（ interval estimation ）——依據機率原理，由樣本統計量及其抽樣分配（ sampling distribution ）而決定母數所在之範圍。此範圍稱爲信賴區間（ confidence interval ）。區間推定的進行步驟如下：

A．選用適當的統計量，求得點估計值。

B．探求統計量的抽樣分配。

C．決定信賴係數（ confidence coefficient ）。

D．根據估計值、抽樣分配及信賴係數，求信賴區間。

㈣統計假設之檢定（ testing hypothesis ）

統計假設（ statistical hypothesis ）之檢定，係基於抽樣分配與機率原理，根據樣本資料分析所得的結果，以考驗對母羣體母數所下假設是否成立的方法。

(1)虛無假設（ null hypothesis ）——對母羣體的某一母數給予一個假定的數值，形成假設，作爲檢定的對象，因其有被推翻或棄却

之可能，故英國統計學家費雪（R.A. Fisher）氏稱之為「虛無假設」，以 H_0 表示之。為便於對檢定結果作一結論，另提出與此相對立的假設（給予母數以其他可能的數值），稱為「對立假設」（alternative hypothesis），以 H_1 表示之。兩者互為對立，肯定虛無假設，即否定對立假設；反之，否定虛無假設，即肯定對立假設。

(2)顯著水準（level of significance）——統計假設之檢定又稱顯著性之考驗（test of significance），即樣本統計量與所假設的母羣體母數間之差異是否顯著的一種考驗。在一般教育研究的文獻中，通常採用 .05 顯著水準或 .01 顯著水準。就前者而言，若實得的樣本從假設的母羣體中隨機抽出的可能性大於或等於 5％，則其可能性夠大，應接受或保留假設，則樣本統計量與所假設的母羣體母數間之差異可視為由隨機抽樣而生之誤差，此一差異是不顯著的；如其可能性小於 5％，則其可能性夠小，應推翻或摒棄假設，其差異不能解釋為由隨機抽樣而生之誤差，此一差異是顯著的。

(3)第一類型錯誤（type Ⅰ error）和第二類型錯誤（type Ⅱ error）——在檢定任何統計假設時，研究者對假設之正誤所作的決定，無法完全確認，總是冒着作不正確決定的危險性。統計假設之檢定實即一種控制和估定犯錯危險性大小的手段之運用。在檢定過程中，可能發生兩種錯誤：摒棄真實的虛無假設，稱為第一類型錯誤，其機率以 α 表示之；接受不真實的虛無假設，稱為第二類型錯誤，其機率以 β 表示之。其情形可表列如下：

實際情況 檢定結果	H₀ 為 眞	H₀ 為 假
推翻或摒棄 H₀	第 一 類 型 錯 誤 α	正 確 決 定 $1-\beta$
接受或保留 H₀	正 確 決 定 $1-\alpha$	第 二 類 型 錯 誤 β

(4)單側檢定（ one-tailed test ）與雙側檢定（ two-tailed test)——對立假設有單邊性及雙邊性兩種。單邊性對立假設係指某母羣體母數大於或小於一常數，或某一母羣體母數大於或小於另一母羣體母數的假設，須用單側檢定；雙邊性對立假設則係指某母羣體母數不等於一常數，或兩母羣體母數不相等之假設，須用雙側檢定。

(5)假設檢定的一般步驟——

　A．敍明虛無假設和對立假設，以數學式表示之。

　B．指出假定要項（ assumptions ），選用適當的統計量。

　C．定明顯著水準，劃出摒棄區域（ region of rejection ）或定出臨界值（ critical value ）。

　D．抽取樣本，並求統計量的數值。

　E．判斷假設是否成立，作成結論。

四、兩個平均數的差異顯著性之檢定

在教育研究方面，吾人常涉及兩組平均數之差異的問題。欲根據兩樣本平均數之差，以推斷兩母羣體的平均數是否亦有差異，必須明瞭統計資料的性質及其抽樣分配的型態，據以選用適當的統計方法，檢定兩母羣體平均數的差異之假設。

㈠獨立樣本 (independent samples)

兩組研究對象均係隨機抽樣而來，不是同樣的人，彼此獨立，不相牽涉。

1.當 σ_1 和 σ_2 均已知時：

$$z = \frac{(\overline{x}_1 - \overline{x}_2) - (\mu_1 - \mu_2)}{\sqrt{\dfrac{\sigma_1^{\,2}}{n_1} + \dfrac{\sigma_2^{\,2}}{n_2}}}$$

(1)當 H_0 ：$\mu_1 = \mu_2$ 時，上式可化簡爲：

$$z = \frac{\overline{x}_1 - \overline{x}_2}{\sqrt{\dfrac{\sigma_1^{\,2}}{n_1} + \dfrac{\sigma_2^{\,2}}{n_2}}}$$

(2)當 $\sigma_1 = \sigma_2 = \sigma$ 時，上式可改爲：

$$z = \frac{\overline{x}_1 - \overline{x}_2}{\sigma} \sqrt{\frac{n_1 n_2}{n_1 + n_2}}$$

（例題）國中三年級 40 名男生的平均體重爲 46.50 公斤， 42 名女生的平均體重爲 44.85 公斤。又查知國中三年級男生體重的標準差爲 4 公斤，女生體重的標準差爲 3 公斤。那麼，國中三年級男生與女生的平均體重之間的差異是否達到 .05 的顯著水準？

$$z = \frac{46.50 - 44.85}{\sqrt{\dfrac{4^2}{40} + \dfrac{3^2}{42}}} = 2.10 > {}_{.975}z = 1.96$$

因此，推翻：H_0：$\mu_1 = \mu_2$ ，而接受 H_1：$\mu_1 \neq \mu_2$ ，亦即國中三年級男生和女生的平均體重之間有顯著的差異。

2.當 σ_1 和 σ_2 未知時:

(1)假定 $\sigma_1 = \sigma_2 = \sigma$ 時:

$$t = \frac{\overline{x}_1 - \overline{x}_2}{\sqrt{\frac{(n_1 - 1) s_1^2 + (n_2 - 1) s_2^2}{n_1 + n_2 - 2} (\frac{1}{n_1} + \frac{1}{n_2})}}$$

(例題)甲校學生六十二名與乙校學生六十名同時參加普通分類測驗,其結果如下:

	甲 校 學 生	乙 校 學 生
人　數	$n_1 = 62$	$n_2 = 60$
平 均 數	$\overline{x}_1 = 92.57$	$\overline{x}_2 = 84.26$
標 準 差	$s_1 = 21.01$	$s_2 = 23.12$

將有關資料代入上述公式計算,可得:

$$t = \frac{92.57 - 84.26}{\sqrt{\frac{(62-1)(21.01)^2 + (60-1)(23.12)^2}{62 + 60 - 2}(\frac{1}{62} + \frac{1}{60})}}$$

$$= 2.08$$

自由度(degrees of freedom)$= n_1 + n_2 - 2 = 62 + 60 - 2 =$ 120 ,查一般統計書後所附 t 值表,可得 $_{.975}t_{120} = 1.98$,因 $t = 2.08 > 1.98$,故應推翻 $H_0 : \mu_1 = \mu_2$,而接受 $H_1 : \mu_1 \neq \mu_2$,亦即甲乙兩校學生在普通分類測驗的分數上有差異存在,已達 .05 的顯著水準。

(2)假定 $\sigma_1 \not= \sigma_2$ 時：

(A) 大樣本的情況

$$t = \frac{\bar{x}_1 - \bar{x}_2}{\sqrt{\dfrac{s_1^2}{n_1} + \dfrac{s_2^2}{n_2}}}$$

（例題）男、女生的握力經測定的結果如下：

	男　　生	女　　生
抽 測 人 數	$n_1 = 95$	$n_2 = 87$
平　均　數	$\bar{x}_1 = 32.96$	$\bar{x}_2 = 30.12$
標　準　差	$s_1 = 11.24$	$s_2 = 7.15$

將有關資料代入上述公式，可得：

$$t = \frac{32.96 - 30.12}{\sqrt{\dfrac{(11.24)^2}{95} + \dfrac{(7.15)^2}{87}}} = 2.05$$

df $= 95 + 87 - 2 = 180$，查 t 值表可得 $._{95}t_\infty = 1.645$ ，因 t $= 2.05 > 1.645$，故應推翻 $H_0 : \mu_1 = \mu_2$，而接受 $H_1 : \mu_1 > \mu_2$，亦即男生的握力確大於女生。

(B) 小樣本的情況

$$t = \frac{\bar{x}_1 - \bar{x}_2}{\sqrt{\dfrac{s_1^2}{n_1} + \dfrac{s_2^2}{n_2}}}$$

其自由度須依下列公式求得之：

$$df = \frac{(\frac{s_1^2}{n_1} + \frac{s_2^2}{n_2})^2}{(\frac{s_1^2}{n_1})^2(\frac{1}{n_1+1}) + (\frac{s_2^2}{n_2})^2(\frac{1}{n_2+1})} - 2$$

（例題）城市與鄉村小學六年級學生的體重資料如下：

	城 市 學 生	鄉 村 學 生
樣 本 人 數	$n_1 = 10$	$n_2 = 12$
平 均 數	$\overline{x}_1 = 34.10$	$\overline{x}_2 = 30.58$
標 準 差	$s_1 = 2.42$	$s_2 = 5.20$

將有關資料代入上述兩個公式，可得：

$$t = \frac{34.10 - 30.58}{\sqrt{\frac{(2.42)^2}{10} + \frac{(5.20)^2}{12}}} = 2.09$$

$$df = \frac{[\frac{(2.42)^2}{10} + \frac{(5.20)^2}{12}]^2}{[\frac{(2.42)^2}{10}]^2[\frac{1}{10+1}] + [\frac{(5.20)^2}{12}]^2[\frac{1}{12+1}]} - 2$$

$$= 17.10 \fallingdotseq 17$$

　　查 t 值表可得 $_{.975}t_{17} = 2.110$，因 t = 2.09 ＜ 2.110，故應保留 $H_0 : \mu_1 = \mu_2$，亦即城市與鄉村小學六年級學生的平均體重並無顯著的差異。

㈡關聯樣本 (correlated samples)

　　兩組研究對象之間有某種關係存在，如以配對法構成兩組樣本，或同一組受試者有前後兩次的重複量數均屬之。

　　1.利用原始資料加以分析：

　　（例題）有五名選手接受集訓，其集訓前和集訓後的成績如下：

	甲	乙	丙	丁	戊
集 訓 前	50	30	40	35	45
集 訓 後	55	32	39	38	45

根據上述資料，可求得集訓前後的差數 d 及其平方 d^2 如次：

	甲	乙	丙	丁	戊	總　　和
d	5	2	-1	3	0	$\Sigma d = 9$
d^2	25	4	1	9	0	$\Sigma d^2 = 39$

$$\bar{d} = \frac{\Sigma d}{N} = \frac{9}{5} = 1.8 = \bar{x}_2 - \bar{x}_1$$

$$S_d = \sqrt{\frac{N\Sigma d^2 - (\Sigma d)^2}{N(N-1)}} = \sqrt{\frac{5 \times 39 - (9)^2}{5 \times 4}} = 2.39$$

$$t = \frac{d}{S_d / \sqrt{N}} = \frac{1.8}{2.39 / \sqrt{5}} = 1.70$$

　　$df = N-1 = 5-1 = 4$，查 t 值表可得 $_{.95}t_4 = 2.132$，因 $t = 1.70 < 2.132$，故應保留 $H_0 : \mu_1 = \mu_2$，而拒斥 $H_1 : \mu_1 < \mu_2$，亦即集訓後和集訓前的成績相較，並無顯著的進步。

2.利用已有的統計量數加以分析：

（例題）有 64 名學生接受體能訓練，其訓練前和訓練後所測定的體力分數如下：

	訓 練 前	訓 練 後	
平　　均　　數	$\overline{x}_1 = 45$	$\overline{x}_2 = 50$	
標　　準　　差	$s_1 = 6$	$s_2 = 5$	$r = .60$
平均數的標準誤	$S\overline{x}_1 = .75$	$S\overline{x}_2 = .63$	

那麼，體能訓練有助於體力的增進嗎？

上述資料可代入下列公式計算之：

$$t = \frac{\overline{x}_2 - \overline{x}_1}{\sqrt{S^2\overline{x}_1 + S^2\overline{x}_2 - 2rS\overline{x}_1 S\overline{x}_2}}$$

$$= \frac{50 - 45}{\sqrt{(.75)^2 + (.63)^2 - 2(.60)(.75)(.63)}} = 7.90$$

df $= N - 1 = 64 - 1 = 63$ ，查 t 值表可得 $._{99}t_{60} = 2.390$ ，因 t $= 7.90 > 2.390$ ，故應推翻 $H_0 : \mu_1 = \mu_2$ ，而接受 $H_1 : \mu_2 > \mu_1$ ，亦即體能訓練後的體力較訓練前已有顯著的增進。

五、兩個百分比的差異顯著性之檢定

㈠獨立樣本（ independent samples ）

（例題）經調查城市與鄉村國民中學學生曾參加棒球比賽之人數，抽樣結果如下：城市國中學生 150 人中，有 55 人；鄉村國中學生

250 人中，有 65 人。那麼，城市與鄉村國中學生曾參加棒球比賽者所佔百分比是否有顯著的差異？

$$z = \frac{P_1 - P_2}{\sqrt{(\frac{f_1 + f_2}{n_1 + n_2})(1 - \frac{f_1 + f_2}{n_1 + n_2})(\frac{n_1 + n_2}{n_1 n_2})}}$$

將上題中有關資料代入上列公式計算，其結果如下：

$$P_1 = \frac{55}{150} = .37 \qquad ; \qquad P_2 = \frac{65}{250} = .26$$

$$z = \frac{.37 - .26}{\sqrt{(\frac{55 + 65}{150 + 250})(1 - \frac{55 + 65}{150 + 250})(\frac{150 + 250}{150 \times 250})}}$$

$$= 2.32$$

查 z 值表可得 $_{.975}z = 1.96$，因 $z = 2.32 > 1.96$，故應推翻H_0 ： $P_1 = P_2$，而接受 $H_1：P_1 \neq P_2$，亦即城市國中學生和鄉村國中學生曾參加棒球比賽者所佔百分比有顯著的差異。

□關聯樣本（ correlated samples ）

（例題）有 250 名社會青年在參加體育座談會前後，接受兩次同樣的有關全民體育活動之調查，其意見反應情形如下：

（座談前）

		反　對	贊　成	
（座談後）	贊　成	50	100	150
	反　對	75	25	100
		125	125	250

上題資料可先轉化成下列百分比的形式：

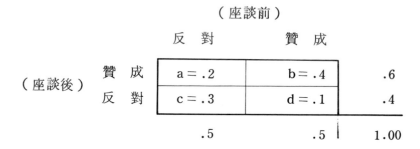

（座談前）

		反　對	贊　成	
（座談後）	贊　成	a = .2	b = .4	.6
	反　對	c = .3	d = .1	.4
		.5	.5	1.00

再代入下列公式計算，其結果如下：

$$z = \frac{P_1 - P_2}{\sqrt{\dfrac{a+d}{N}}} = \frac{.5 - .6}{\sqrt{\dfrac{.2 + .1}{250}}} = -2.89$$

查 z 值表可得 $_{.025}z = -1.96$ ，因 $z = -2.89 < -1.96$ ，故應推翻 $H_0 : P_1 = P_2$ ，而接受 $H_1 : P_1 \neq P_2$ ，亦即：體育座談會前後，社會青年對全民體育活動的態度不同，因其贊成的百分比已有顯著的改變。

六、相關係數顯著性之檢定

相關係數求得後，可根據 N 之大小，查「相關係數顯著性臨界值」（ critical values of the correlation coefficient ）表，以決定該 r 值是否由機遇所造成，不能僅憑其數值的大小而斷言其相關的高低。表六的 N 為 62 ，自由度為 N－2 = 62－2 = 60 ， 查表得知 .01 顯著水準的臨界值為 .325 ，r = .86 > .325 ，其相關是有意義的。在檢定「母羣體相關係數為 0 」的虛無假設（ $H_0 : \rho = 0$ ）時，

t 分配是一種適當的模式，其統計量可由下列公式計算而得：

$$t = \frac{r}{\sqrt{(1-r^2)/(N-2)}}$$

　　如將表六所列有關普通分類測驗分數與體育成績的資料求得的相關係數 r = .86 和 N = 62 代入上式，可得 t = 13.13 > .995t60 = 2.66，故必須拒斥虛無假設，而認定國民中學一年級學生的普通分類測驗分數與體育成績之間有極顯著的相關存在。

七、卡方檢定之應用

　　卡方檢定（ chi-square test ）是適於處理計數資料（ enumeration data ）或間斷變數（ discrete variable ）的統計分析方法，在調查研究方面常使用之。

㈠適合度（ Goodness of fit ）之檢定：

　　此種卡方檢定法的功能，在於比較分析實得次數分配與理論次數分配是否相符而無顯著的差異。

　　（例題）調查 120 名中學生對球類活動的興趣，其結果如下：籃球 16 名、排球 23 名、足球 17 名、棒球 28 名、羽毛球 27 名、乒乓球 9 名。那麼，能否據以推斷一般中學生在球類活動興趣上的分佈情形是不均勻的？

	fo	fe	fo—fe	(fo—fe)^2	$\dfrac{(fo-fe)^2}{fe}$
籃　球	16	20	—4	16	0.8
排　球	23	20	3	9	0.45
足　球	17	20	—3	9	0.45
棒　球	28	20	8	64	3.2
羽毛球	27	20	7	49	2.45
乒乓球	9	20	—11	121	6.05
合　計	120	120			$x^2=13.40$

　　df $=6-1=5$ ，查 x^2 值表可得 $._{95}x_5^2=11.07$ ，因 $x^2=13.40$ >11.07 ，故知學生對球類活動興趣之分配並不均勻，亦即各種球類活動喜好者人數有偏多或偏少的不同傾向。

㈡獨立性（independence）之檢定：

　　此種卡方檢定法的功能，在於決定兩種變項的分類之間是否彼此獨立或相互關聯，必須先將資料化成列聯表（contingency table）的形式，由實得次數（fo）推求期望次數（fe），再據以計算卡方統計量。

　　（例題）調查不同社經背景的中學生 100 名之每日休閒活動時數，所得資料經分類整理如下：

社經水準 \ 休閒活動時數	一小時以下	一至二小時	二至三小時	三小時以上	合　計
上	3 (7.0)	5 (7.3)	9 (6.8)	8(4.0)	25
中	12(12.6)	16(13.1)	12(12.2)	5(7.2)	45
下	13 (8.4)	8 (8.7)	6 (8.1)	3(4.8)	30
合　計	28	29	27	16	100

上列表中各格內左側的數字爲調查實得次數，而括號中的數字爲期望次數，其求得的過程如下：

$$\frac{28 \times 25}{100} = 7.0 \qquad \frac{29 \times 25}{100} = 7.3 \qquad \frac{27 \times 25}{100} = 6.8 \qquad \frac{16 \times 25}{100} = 4.0$$

$$\frac{28 \times 45}{100} = 12.6 \qquad \frac{29 \times 45}{100} = 13.1 \qquad \frac{27 \times 45}{100} = 12.2 \qquad \frac{16 \times 45}{100} = 7.2$$

$$\frac{28 \times 30}{100} = 8.4 \qquad \frac{29 \times 30}{100} = 8.7 \qquad \frac{27 \times 30}{100} = 8.1 \qquad \frac{16 \times 30}{100} = 4.8$$

$$x^2 = \Sigma \frac{(fo-fe)^2}{fe} = \frac{(3-7.0)^2}{7.0} + \frac{(5-7.3)^2}{7.3} + \cdots\cdots + \frac{(3-4.8)^2}{4.8}$$

$$= 12.66$$

$$或 \ x^2 = \Sigma \frac{fo^2}{fe} - N = (\frac{3^2}{7.0} + \frac{5^2}{7.3} + \cdots\cdots + \frac{3^2}{4.8}) - 100$$

$$= 12.66$$

$df = (c-1)(r-1) = (4-1)(3-1) = 6$，查 x^2 值表可得 $_{.95}x^2_6 = 12.59$，因 $x^2 = 12.66 > 12.59$，故應推翻兩變項之分類彼此獨立的虛無假設，而認定中學生的每日休閒活動時數與其社經

背景之間是有關聯的。

參考文獻

Blalock , H.M. Social statistics . (2nd ed .) New York : McGraw-Hill , 1972 .

Bruning, J., & Kintz, B.L. Computational handbook of statistics. Glenview, III.: Scott, Foresman and Co., 1968.

Ferguson, G.A. Statistical analysis in psychology & education. (4th ed.) New York :McGraw-Hill . 1976 .

Garrett, H.E. Statistics in psychology and education . (6th ed.) New York:David McKay. 1966.

Glass, G.V., & Stanley, J.C. Statistical methods in education and psychology. Englewood Cliffs, N.J. : Prentice-Hall, 1970.

Guilford, J.P., & Fruchter, B. Fundamental statistics in psychology and education. (5th ed.) New York : McGraw-Hill , 1973 .

Roscoe, J. T. Fundamental research statistics for the behavioral sciences. New York :Holt, Rinehart and Winston , 1969.

Runyon, R.P., & Haber, A. Fundamentals of behavioral statistics. (3rd ed.) Reading, Mass. : Addison-Wesley , 1976.

Snedecor, G. W., & Cochran, W. G. Statistical methods.

(6th ed.)　Ames.　Iowa : The Iowa State Uuiversity Press, 1967.

Walker, H. , & Lev, J. Statistical inference. New York : Holt, Rinehart and Winston, 1953.

Winer, B. J. Statistical principles in experimental design . (2nd ed.)　New York : McGraw-Hill , 1971.

Yamane, T. Statistics : An introductory analysis. (3rd ed.) New York : Harper & Row, 1973.

Statistical Methods in Educational Research

Maw-fa Chien, Professor

（ Abstract ）

Statistics is a tool of research. A knowledge of basic statistical concepts and techniques is necessary for effective analyses of quantitative data in empirical research and for a better understanding of current writings in the social sciences.

In this article, those fundamentals of statistical methods most useful for research in education were presented with illustrative solutions to problems encountered in educational settings. To begin with, the nature of statistical data and statistical procedures were described. And then, frequency distributions and their graphic representation, and elementary statistical procedures concerning arithmetic mean, standard deviation and correlation coefficients, were illustrated. Finally, basic concepts and methods of statistical inference were discussed, including null hypothesis, level of significance, type I error, type II error, one-tailed test, two-tailed test, the significance of the difference between percentages, the significance of correlation coefficients and the x^2 tests of " goodness of fit " and " independence " .

TABLE A　PERCENTILE POINTS OF CHI-SQUARE DISTRIBUTIONS

Percentile

df	1	2	5	10	20	30	50	70	80	90	95	98	99	99.9
1	.0002	.0006	.00393	.0158	.0642	.148	.455	1.074	1.642	2.706	3.841	5.412	6.635	10.827
2	.0201	.0404	.103	.211	.446	.713	1.386	2.408	3.219	4.605	5.991	7.824	9.210	13.815
3	.115	.185	.352	.584	1.005	1.424	2.366	3.665	4.642	6.251	7.815	9.837	11.341	16.268
4	.297	.429	.711	1.064	1.649	2.195	3.357	4.878	5.989	7.779	9.488	11.668	13.277	18.465
5	.554	.752	1.145	1.610	2.343	3.000	4.351	6.064	7.289	9.236	11.070	13.388	15.086	20.517
6	.872	1.134	1.635	2.204	3.070	3.828	5.348	7.231	8.558	10.645	12.592	15.033	16.812	22.457
7	1.239	1.564	2.167	2.833	3.822	4.671	6.346	8.383	9.803	12.017	14.067	16.622	18.475	24.322
8	1.646	2.032	2.733	3.490	4.594	5.527	7.344	9.524	11.030	13.362	15.507	18.168	20.090	26.125
9	2.088	2.532	3.325	4.168	5.380	6.393	8.343	10.656	12.242	14.684	16.919	19.679	21.666	27.877
10	2.558	3.059	3.940	4.865	6.179	7.267	9.432	11.781	13.442	15.987	18.307	21.161	23.209	29.588
11	3.053	3.609	4.575	5.578	6.989	8.148	10.341	12.899	14.631	17.275	19.675	22.618	24.725	31.264
12	3.571	4.178	5.226	6.304	7.807	9.034	11.340	14.011	15.812	18.549	21.026	24.054	26.217	32.909
13	4.107	4.765	5.892	7.042	8.634	9.926	12.340	15.119	16.985	19.812	22.362	25.472	27.688	34.528
14	4.660	5.368	6.571	7.790	9.467	10.821	13.339	16.222	18.151	21.064	23.685	26.873	29.141	36.123
15	5.229	5.985	7.261	8.547	10.307	11.721	14.339	17.322	19.311	22.307	24.996	28.259	30.578	37.697
16	5.812	6.614	7.962	9.312	11.152	12.624	15.338	18.418	20.465	23.542	26.296	29.633	32.000	39.252
17	6.408	7.255	8.672	10.085	12.002	13.531	16.338	19.511	21.615	24.769	27.587	30.995	33.409	40.790
18	7.015	7.906	9.390	10.865	12.857	14.440	17.338	20.601	22.760	25.989	28.869	32.346	34.805	42.312
19	7.633	8.567	10.117	11.651	13.716	15.352	18.338	21.689	23.900	27.204	30.144	33.687	36.191	43.820
20	8.260	9.237	10.851	12.443	14.578	16.266	19.337	22.775	25.038	28.412	31.410	35.020	37.566	45.315
21	8.897	9.915	11.591	13.240	15.445	17.182	20.337	23.858	26.171	29.615	32.671	36.343	38.932	46.797
22	9.542	10.600	12.338	14.041	16.314	18.101	21.337	24.939	27.301	30.813	33.924	37.659	40.289	48.268
23	10.196	11.293	13.091	14.848	17.187	19.021	22.337	26.018	28.429	32.007	35.172	38.968	41.638	49.728
24	10.856	11.992	13.848	15.659	18.062	19.943	23.337	27.096	29.553	33.196	36.415	40.270	42.980	51.179
25	11.524	12.697	14.611	16.473	18.940	20.867	24.337	28.172	30.675	34.382	37.652	41.566	44.314	52.620
26	12.198	13.409	15.379	17.292	19.820	21.792	25.336	29.246	31.795	35.563	38.885	42.856	45.642	54.052
27	12.879	14.125	16.151	18.114	20.703	22.719	26.336	30.319	32.912	36.741	40.113	44.140	46.963	55.476
28	13.565	14.847	16.928	18.939	21.588	23.647	27.336	31.391	34.027	37.916	41.337	45.419	48.278	56.893
29	14.256	15.574	17.708	19.768	22.475	24.577	28.336	32.461	35.139	39.087	42.557	46.693	49.588	58.302
30	14.953	16.306	18.493	20.599	23.364	25.508	29.336	33.530	36.250	40.256	43.773	47.962	50.892	59.703

Table A is adapted from Table IV of Fisher & Yates : *Statistical Tables for Biological, Agricultural and Medical Research*, published by Oliver & Boyd Ltd., Edinburgh, and by permission of the authors and publishers.

* If x^2 is a chi-square variable with df greater than 30, then

$$x = \sqrt{2x^2} - \sqrt{2df - 1}$$

is very nearly normally distributed with mean 0 and standard deviation 1.

TABLE B PERCENTILE POINTS OF t-DISTRIBUTIONS

*percentiles**

df	55	60	65	70	75	80	85	90	95	97.5	99	99.5	99.95
1	.158	.325	.510	.727	1.000	1.376	1.963	3.078	6.314	12.706	31.821	63.657	636.619
2	.142	.289	.445	.617	.816	1.061	1.386	1.886	2.920	4.303	6.965	9.925	31.598
3	.137	.277	.424	.584	.765	.978	1.250	1.638	2.353	3.182	4.541	5.841	12.941
4	.134	.271	.414	.569	.741	.941	1.190	1.533	2.132	2.776	3.747	4.604	8.610
5	.132	.267	.408	.559	.727	.920	1.156	1.476	2.015	2.571	3.365	4.032	6.859
6	.131	.265	.404	.553	.718	.906	1.134	1.440	1.943	2.447	3.143	3.707	5.959
7	.130	.263	.402	.549	.711	.896	1.119	1.415	1.895	2.365	2.998	3.499	5.405
8	.130	.262	.399	.546	.706	.889	1..08	1.397	1.860	2.306	2.896	3.355	5.041
9	.129	.261	.398	.543	.703	.883	1.100	1.383	1.833	2.262	2.821	3.250	4.781
10	.129	.260	.397	.542	.700	.879	1.093	1.372	1.812	2.228	2.764	3.169	4.587
11	.129	.260	.396	.540	.697	.876	1.088	1.363	1.796	2.201	2.718	3.106	4.437
12	.128	.259	.395	.539	.695	.873	1.083	1.356	1.782	2.179	2.681	3.055	4.318
13	.128	.259	.394	.538	.694	.870	1.079	1.350	1.771	2.160	2.650	3.012	4.221
14	.128	.258	.393	.537	.692	.868	1.076	1.345	1.761	2.145	2.624	2.977	4.140
15	.128	.258	.393	.536	.691	.866	1.074	1.341	1.753	2.131	2.602	2.947	4.073
16	.128	.258	.392	.535	.690	.865	1.071	1.337	1.746	2.120	2.583	2.921	4.015
17	.128	.257	.292	.534	.689	.863	1.069	1.333	1.740	2.110	2.567	2.898	3.965
18	.127	.257	.392	.534	.688	.862	1.067	1.330	1.734	2.101	2.552	2.878	3.922
19	.127	.257	.391	.533	.688	.861	1.066	1.328	1.729	2.093	2.539	2.861	3.883
20	.127	.257	.391	.533	.687	.860	1.064	1.825	1.725	2.086	2.528	2.845	3.850
21	.127	.257	.391	.532	.686	.859	1.063	1.323	1.721	2.080	2.518	2.831	3.819
22	.127	.256	.390	.532	.686	.858	1.061	1.321	1.717	2.074	2.508	2.819	3.792
23	.127	.256	.390	.532	.685	.858	1.060	1.319	1.714	2.069	2.500	2.807	3.767
24	.127	.256	.390	.531	.685	.857	1.059	1.318	1.711	2.064	2.492	2.797	3.745
25	.127	.256	.390	.531	.684	.856	1.058	1.316	1.708	2.060	2.485	2.787	3.725
26	.127	.256	.390	.531	.684	.856	1.058	1.315	1.706	2.056	2.479	2.779	3.707
27	.127	.256	.389	.531	.684	.855	1.057	1.314	1.703	2.052	2.473	2.771	3.690
28	.127	.256	.389	.530	.683	.855	1.056	1.313	1.701	2.048	2.467	2.763	3.674
29	.127	.256	.389	.530	.683	.854	1.055	1.311	1.699	2.045	2.462	2.756	3.659
30	.127	.256	.389	.530	.683	.854	1.055	1.310	1.697	2.042	2.457	2.750	3.646
40	.126	.255	.388	.529	.681	.851	1.050	1.303	1.684	2.021	2.423	2.704	3.551
60	.126	.254	.387	.527	.679	.848	1.046	1.296	1.671	2.000	2.390	2.660	3.460
120	.126	.254	.386	.526	.677	.845	1.041	1.289	1.658	1.980	2.358	2.617	3.373
∞	.126	.253	.385	.524	.674	.842	1.036	1.282	1.645	1.960	2.326	2.576	3.291

Table B is adapted from Table III of Fisher & Yates : *Statistical Tables for Biological, Agricultural and Medical Research*, published by Oliver & Boyd Ltd., Edinburgh, and by permission of the authors and publishers.

* The lower percentiles are related to the upper percentiles which are tabulated above by the equation $_pt_n=-_{1-p}t_n$. Thus, the 10th percentile in the t-distribution with 15df equals the negative of the 90th percentile in the same distribution, i.e., $_{10}t_{15}=-1.341$.

TABLE C

95th percentiles

n_2 \ n_1	1	2	3	4	5	6	7	8	9	10	12	15	20	24	30	40	60	120	∞
1	161.4	199.5	215.7	224.6	230.2	234.0	236.8	238.9	240.5	241.9	243.9	245.9	248.0	249.1	250.1	251.1	252.2	253.3	254.3
2	18.51	19.00	19.16	19.25	19.30	19.33	19.35	19.37	19.38	19.40	19.41	19.43	19.45	19.45	19.46	19.47	19.48	19.49	19.50
3	10.13	9.55	9.28	9.12	9.01	8.94	8.89	8.85	8.81	8.79	8.74	8.70	8.66	8.64	8.62	8.59	8.57	8.55	8.53
4	7.71	6.94	6.59	6.39	6.26	6.16	6.09	6.04	6.00	5.96	5.91	5.86	5.80	5.77	5.75	5.72	5.69	5.66	5.63
5	6.61	5.79	5.41	5.19	5.05	4.95	4.88	4.82	4.77	4.74	4.68	4.62	4.56	4.53	4.50	4.46	4.43	4.40	4.36
6	5.99	5.14	4.76	4.53	4.39	4.28	4.21	4.15	4.10	4.06	4.00	3.94	3.87	3.84	3.81	3.77	3.74	3.70	3.67
7	5.59	4.74	4.35	4.12	3.97	3.87	3.79	3.73	3.68	3.64	3.57	3.51	3.44	3.41	3.38	3.34	3.30	3.27	3.23
8	5.32	4.46	4.07	3.84	3.69	3.58	3.50	3.44	3.39	3.35	3.28	3.22	3.15	3.12	3.08	3.04	3.01	2.97	2.93
9	5.12	4.26	3.86	3.63	3.48	3.37	3.29	3.23	3.18	3.14	3.07	3.01	2.94	2.90	2.86	2.83	2.79	2.75	2.71
10	4.96	4.10	3.71	3.48	3.33	3.22	3.14	3.07	3.02	2.98	2.91	2.85	2.77	2.74	2.70	2.66	2.62	2.58	2.54
11	4.84	3.98	3.59	3.36	3.20	3.09	3.01	2.95	2.90	2.85	2.79	2.72	2.65	2.61	2.57	2.53	2.49	2.45	2.40
12	4.75	3.89	3.49	3.26	3.11	3.00	2.91	2.85	2.80	2.75	2.69	2.62	2.54	2.51	2.47	2.43	2.38	2.34	2.30
13	4.67	3.81	3.41	3.18	3.03	2.92	2.83	2.77	2.71	2.67	2.60	2.53	2.46	2.42	2.38	2.34	2.30	2.25	2.21
14	4.60	3.74	3.34	3.11	2.96	2.85	2.76	2.70	2.65	2.60	2.53	2.46	2.39	2.35	2.31	2.27	2.22	2.18	2.13
15	4.54	3.68	3.29	3.06	2.90	2.79	2.71	2.64	2.59	2.54	2.48	2.40	2.33	2.29	2.25	2.20	2.16	2.11	2.07
16	4.49	3.63	3.24	3.01	2.85	2.74	2.66	2.59	2.54	2.49	2.42	2.35	2.28	2.24	2.19	2.15	2.11	2.06	2.01
17	4.45	3.59	3.20	2.96	2.81	2.70	2.61	2.55	2.49	2.45	2.38	2.31	2.23	2.19	2.15	2.10	2.06	2.01	1.96
18	4.41	3.55	3.16	2.93	2.77	2.66	2.58	2.51	2.46	2.41	2.34	2.27	2.19	2.15	2.11	2.06	2.02	1.97	1.92
19	4.38	3.52	3.13	2.90	2.74	2.63	2.54	2.48	2.42	2.38	2.31	2.23	2.16	2.11	2.07	2.03	1.98	1.93	1.88
20	4.35	3.49	3.10	2.87	2.71	2.60	2.51	2.45	2.39	2.35	2.28	2.20	2.12	2.08	2.04	1.99	1.95	1.90	1.84
21	4.32	3.47	3.07	2.84	2.68	2.57	2.49	2.42	2.37	2.32	2.25	2.18	2.10	2.05	2.01	1.96	1.92	1.87	1.81
22	4.30	3.44	3.05	2.82	2.66	2.55	2.46	2.40	2.34	2.30	2.23	2.15	2.07	2.03	1.98	1.94	1.89	1.84	1.78
23	4.28	3.42	3.03	2.80	2.64	2.53	2.44	2.37	2.32	2.27	2.20	2.13	2.05	2.01	1.96	1.91	1.86	1.81	1.76
24	4.26	3.40	3.01	2.78	2.62	2.51	2.42	2.36	2.30	2.25	2.18	2.11	2.03	1.98	1.94	1.89	1.84	1.79	1.73
25	4.24	3.39	2.99	2.76	2.60	2.49	2.40	2.34	2.28	2.24	2.16	2.09	2.01	1.96	1.92	1.87	1.82	1.77	1.71
26	4.23	3.37	2.98	2.74	2.59	2.47	2.39	2.32	2.27	2.22	2.15	2.07	1.99	1.95	1.90	1.85	1.80	1.75	1.69
27	4.21	3.35	2.96	2.73	2.57	2.46	2.37	2.31	2.25	2.20	2.13	2.06	1.97	1.93	1.88	1.84	1.79	1.73	1.67
28	4.20	3.34	2.95	2.71	2.56	2.45	2.36	2.29	2.24	2.19	2.12	2.04	1.96	1.91	1.87	1.82	1.77	1.71	1.65
29	4.18	3.33	2.93	2.70	2.55	2.43	2.35	2.28	2.22	2.18	2.10	2.03	1.94	1.90	1.85	1.81	1.75	1.70	1.64
30	4.17	3.32	2.92	2.69	2.53	2.42	2.33	2.27	2.21	2.16	2.09	2.01	1.93	1.89	1.84	1.79	1.74	1.68	1.62
40	4.08	3.23	2.84	2.61	2.45	2.34	2.25	2.18	2.12	2.08	2.00	1.92	1.84	1.79	1.74	1.69	1.64	1.58	1.51
60	4.00	3.15	2.76	2.53	2.37	2.25	2.17	2.10	2.04	1.99	1.92	1.84	1.75	1.70	1.65	1.59	1.53	1.47	1.39
120	3.92	3.07	2.68	2.45	2.29	2.17	2.09	2.02	1.96	1.91	1.83	1.75	1.66	1.61	1.55	1.50	1.43	1.35	1.25
∞	3.84	3.00	2.60	2.37	2.21	2.10	2.01	1.94	1.88	1.83	1.75	1.67	1.57	1.52	1.46	1.39	1.32	1.22	1.00

TABLE C (cont.)

99th percentiles

n_2 \ n_1	1	2	3	4	5	6	7	8	9	10	12	15	20	24	30	40	60	120	∞
1	4052	4999.5	5403	5625	5764	5859	5928	5982	6022	6056	6106	6157	6209	6235	6261	6287	6313	6339	6366
2	98.50	99.00	99.17	99.25	99.30	99.33	99.36	99.37	99.39	99.40	99.42	99.43	99.45	99.46	99.47	99.47	99.48	99.49	99.50
3	34.12	30.82	29.46	28.71	28.24	27.91	27.67	27.49	27.35	27.23	27.05	26.87	26.69	26.60	26.50	26.41	26.32	26.22	26.13
4	21.20	18.00	16.69	15.98	15.52	15.21	14.98	14.80	14.66	14.55	14.37	14.20	14.02	13.93	13.84	13.75	13.65	13.56	13.46
5	16.26	13.27	12.06	11.39	10.97	10.67	10.46	10.29	10.16	10.05	9.89	9.72	9.55	9.47	9.38	9.29	9.20	9.11	9.02
6	13.75	10.92	9.78	9.15	8.75	8.47	8.26	8.10	7.98	7.87	7.72	7.56	7.40	7.31	7.23	7.14	7.06	6.97	6.88
7	12.25	9.55	8.45	7.85	7.46	7.19	6.99	6.84	6.72	6.62	6.47	6.31	6.16	6.07	5.99	5.91	5.82	5.74	5.65
8	11.26	8.65	7.59	7.01	6.63	6.37	6.18	6.03	5.91	5.81	5.67	5.52	5.36	5.28	5.20	5.12	5.03	4.95	4.86
9	10.56	8.02	6.99	6.42	6.06	5.80	5.61	5.47	5.35	5.26	5.11	4.96	4.81	4.73	4.65	4.57	4.48	4.40	4.31
10	10.04	7.56	6.55	5.99	5.64	5.39	5.20	5.06	4.94	4.85	4.71	4.56	4.41	4.33	4.25	4.17	4.08	4.00	3.91
11	9.65	7.21	6.22	5.67	5.32	5.07	4.89	4.74	4.63	4.54	4.40	4.25	4.10	4.02	3.94	3.86	3.78	3.69	3.60
12	9.33	6.93	5.95	5.41	5.06	4.82	4.64	4.50	4.39	4.30	4.16	4.01	3.86	3.78	3.70	3.62	3.54	3.45	3.36
13	9.07	6.70	5.74	5.21	4.86	4.62	4.44	4.30	4.19	4.10	3.96	3.82	3.66	3.59	3.51	3.43	3.34	3.25	3.17
14	8.86	6.51	5.56	5.04	4.69	4.46	4.28	4.14	4.03	3.94	3.80	3.66	3.51	3.43	3.35	3.27	3.18	3.09	3.00
15	8.68	6.36	5.42	4.89	4.56	4.32	4.14	4.00	3.89	3.80	3.67	3.52	3.37	3.29	3.21	3.13	3.05	2.96	2.87
16	8.53	6.23	5.29	4.77	4.44	4.20	4.03	3.89	3.78	3.69	3.55	3.41	3.26	3.18	3.10	3.02	2.93	2.84	2.75
17	8.40	6.11	5.18	4.67	4.34	4.10	3.93	3.79	3.68	3.59	3.46	3.31	3.16	3.08	3.00	2.92	2.83	2.75	2.65
18	8.29	6.01	5.09	4.58	4.25	4.01	3.84	3.71	3.60	3.51	3.37	3.23	3.08	3.00	2.92	2.84	2.75	2.66	2.57
19	8.18	5.93	5.01	4.50	4.17	3.94	3.77	3.63	3.52	3.43	3.30	3.15	3.00	2.92	2.84	2.76	2.67	2.58	2.49
20	8.10	5.85	4.94	4.43	4.10	3.87	3.70	3.56	3.46	3.37	3.23	3.09	2.94	2.86	2.78	2.69	2.61	2.52	2.42
21	8.02	5.78	4.87	4.37	4.04	3.81	3.64	3.51	3.40	3.31	3.17	3.03	2.88	2.80	2.72	2.64	2.55	2.46	2.36
22	7.95	5.72	4.82	4.31	3.99	3.76	3.59	3.45	3.35	3.26	3.12	2.98	2.83	2.75	2.67	2.58	2.50	2.40	2.31
23	7.88	5.66	4.76	4.26	3.94	3.71	3.54	3.41	3.30	3.21	3.07	2.93	2.78	2.70	2.62	2.54	2.45	2.35	2.26
24	7.82	5.61	4.72	4.22	3.90	3.67	3.50	3.36	3.26	3.17	3.03	2.89	2.74	2.66	2.58	2.49	2.40	2.31	2.21
25	7.77	5.57	4.68	4.18	3.85	3.63	3.46	3.32	3.22	3.13	2.99	2.85	2.70	2.62	2.54	2.45	2.36	2.27	2.17
26	7.72	5.53	4.64	4.14	3.82	3.59	3.42	3.29	3.18	3.09	2.96	2.81	2.66	2.58	2.50	2.42	2.33	2.23	2.13
27	7.68	5.49	4.60	4.11	3.78	3.56	3.39	3.26	3.15	3.06	2.93	2.78	2.63	2.55	2.47	2.38	2.29	2.20	2.10
28	7.64	5.45	4.57	4.07	3.75	3.53	3.36	3.23	3.12	3.03	2.90	2.75	2.60	2.52	2.44	2.35	2.26	2.17	2.06
29	7.60	5.42	4.54	4.04	3.73	3.50	3.33	3.20	3.09	3.00	2.87	2.73	2.57	2.49	2.41	2.33	2.23	2.14	2.03
30	7.56	5.39	4.51	4.02	3.70	3.47	3.30	3.17	3.07	2.98	2.84	2.70	2.55	2.47	2.39	2.30	2.21	2.11	2.01
40	7.31	5.18	4.31	3.83	3.51	3.29	3.12	2.99	2.89	2.80	2.66	2.52	2.37	2.29	2.20	2.11	2.02	1.92	1.80
60	7.08	4.98	4.13	3.65	3.34	3.12	2.95	2.82	2.72	2.63	2.50	2.35	2.20	2.12	2.03	1.94	1.84	1.73	1.60
120	6.85	4.79	3.95	3.48	3.17	2.96	2.79	2.66	2.56	2.47	2.34	2.19	2.03	1.95	1.86	1.76	1.66	1.53	1.38
∞	6.63	4.61	3.78	3.32	3.02	2.80	2.64	2.51	2.41	2.32	2.18	2.04	1.88	1.79	1.70	1.59	1.47	1.32	1.00

TABLE D   CRITICAL VALUES OF THE CORRELATION COEFFICIENT*

$df = n-2$	$\alpha = .10$	.05	.02	.01
1	.988	.997	.9995	.9999
2	.900	.950	.980	.990
3	.805	.878	.934	.959
4	.729	.811	.882	.917
5	.669	.754	.833	.874
6	.622	.707	.789	.834
7	.582	.666	.750	.798
8	.549	.632	.716	.765
9	.521	.602	.685	.735
10	.497	.576	.658	.708
11	.476	.553	.634	.684
12	.458	.532	.612	.661
13	.441	.514	.592	.641
14	.426	.497	.574	.623
15	.412	.482	.558	.606
16	.400	.468	.542	.590
17	.389	.456	.528	.575
18	.378	.444	.516	.561
19	.369	.433	.503	.549
20	.360	.423	.492	.537
21	.352	.413	.482	.526
22	.344	.404	.472	.515
23	.337	.396	.462	.505
24	.330	.388	.453	.496
25	.323	.381	.445	.487
26	.317	.374	.437	.479
27	.311	.367	.430	.471
28	.306	.361	.423	.463
29	.301	.355	.416	.456
30	.296	.349	.409	.449
35	.275	.325	.381	.418
40	.257	.304	.358	.393
45	.243	.288	.338	.372
50	.231	.273	.322	.354
60	.211	.250	.295	.325
70	.195	.232	.274	.302
80	.183	.217	.256	.283
90	.173	.205	.242	.267
100	.164	.195	.230	.254

Table D is reprinted from Table V.A. of Fisher & Yates, *Statistical Methods for Research Workers*, published by Oliver and Boyd Ltd., Edinburgh, and by permission of the author and publishers.

* If the *absolute value* of an r from a sample of size n exceeds the tabled value for ∞ and n − 2 , the null hypothesis that $p=0$ may be rejected at the α-level of significance; the alternative hypothesis is that $p \neq 0$. For example, a sample r of .59 with n = 20 leads to rejection of the hypothesis $p=0$ at the .01 level of significance.

TABLE E ABSOLUTE VALUES OF THE CRITICAL VALUES OF SPEARMAN'S RANK CORRELATION COEFFICIENT, r_s, FOR TESTING THE NULL HYPOTHESIS OF NO CORRELATION WITH A TWO-TAILED TEST*

n	$\alpha = .10$	$\alpha = .05$	$\alpha = .02$	$\alpha = .01$
5	0.900	—	—	—
6	0.829	0.886	0.943	—
7	0.714	0.786	0.893	—
8	0.643	0.738	0.833	0.881
9	0.600	0.683	0.783	0.833
10	0.564	0.648	0.745	0.818
11	0.523	0.623	0.736	0.794
12	0.497	0.591	0.703	0.780
13	0.475	0.566	0.673	0.745
14	0.457	0.545	0.646	0.716
15	0.441	0.525	0.623	0.689
16	0.425	0.507	0.601	0.666
17	0.412	0.490	0.582	0.645
18	0.399	0.476	0.564	0.625
19	0.388	0.462	0.549	0.608
20	0.377	0.450	0.534	0.591
21	0.368	0.438	0.521	0.576
22	0.359	0.428	0.508	0.562
23	0.351	0.418	0.496	0.549
24	0.343	0.409	0.485	0.537
25	0.336	0.400	0.475	0.526
26	0.329	0.392	0.465	0.515
27	0.323	0.385	0.456	0.505
28	0.317	0.377	0.448	0.496
29	0.311	0.370	0.440	0.487
30	0.305	0.364	0.432	0.478

Adapted from E.G. Olds, " Distributions of sums of squares of rank differences for small numbers of individuals, " *Annals of Mathematical Statistics*, 9(1938), 133-48, and " The 5% significance levels for sums of squares of rank differences and a correction, " *Annals of Mathematical Statistics*, 20 (1949) , 117-18, by permission of The Institute of Mathematical Statistics.

* The tabled values are *absolute values* of the critical values for *two-tailed tests*. For example, the critical values of r_s for $n = 10$ and $\alpha = .10$ are $+0.564$ and -0.564.

TABLE F FISHER'S Z-TRANSFORMATION OF r_{xy}

r	z_r	r	z_r	r	z_r	r	z_r	r	z_r
.000	.000	.200	.203	.400	.424	.600	.693	.800	1.099
.005	.005	.205	.208	.405	.430	.605	.701	.805	1.113
.010	.010	.210	.213	.410	.436	.610	.709	.810	1.127
.015	.015	.215	.218	.415	.442	.615	.717	.815	1.142
.020	.020	.220	.224	.420	.448	.620	.725	.820	1.157
.025	.025	.225	.229	.425	.454	.625	.733	.825	1.172
.030	.030	.230	.234	.430	.460	.630	.741	.830	1.188
.035	.035	.235	.239	.435	.466	.635	.750	.835	1.204
.040	.040	.240	.245	.440	.472	.640	.758	.840	1.221
.045	.045	.245	.250	.445	.478	.645	.767	.845	1.238
.050	.050	.250	.255	.450	.485	.650	.775	.850	1.256
.055	.055	.255	.261	.455	.491	.655	.784	.855	1.274
.060	.060	.260	.266	.460	.497	.660	.793	.860	1.293
.065	.065	.265	.271	.465	.504	.665	.802	.865	1.313
.070	.070	.270	.277	.470	.510	.670	.811	.870	1.333
.075	.075	.275	.282	.475	.517	.675	.820	.875	1.354
.080	.080	.280	.288	.480	.523	.680	.829	.880	1.376
.085	.085	.285	.293	.485	530	.685	.838	.885	1.398
.090	.090	.290	.299	.490	.536	.690	.848	.890	1.422
.095	.095	.295	.304	.495	.543	.695	.858	.895	1.447
.100	.100	.300	.310	.500	.549	.700	.867	.900	1.472
.105	.105	.305	.315	.505	.556	.705	.877	.905	1.499
.110	.110	.310	.321	.510	.563	.710	.887	.910	1.528
.115	.116	.315	.326	.515	.570	.715	.897	.915	1.557
.120	.121	.320	.332	.520	.576	.720	.908	.920	1.589
.125	.126	.325	.337	.525	.583	.725	.918	.925	1.623
.130	.131	.330	.343	.530	.590	.730	.929	.930	1.658
.135	.136	.335	.348	.535	.597	.735	.940	.935	1.697
.140	.141	.340	.354	.540	.604	.740	.950	.940	1.738
.145	.146	.345	.360	.545	.611	.745	.962	.945	1.783
.150	.151	.350	.365	.550	.618	.750	.973	.950	1.832
.155	.156	.355	.371	.555	.626	.755	.984	.955	1.886
.160	.161	.360	.377	.560	.633	.760	.996	.960	1.946
.165	.167	.365	.383	.565	.640	.765	1.008	.965	2.014
.170	.172	.370	.388	.570	.648	.770	1.020	.970	2.092
.175	.177	.375	.394	.575	.655	.775	1.033	.975	2.185
.180	.182	.380	.400	.580	.662	.780	1.045	.980	2.298
.185	.187	.385	.406	.585	.670	.785	1.058	.985	2.443
.190	.192	.390	.412	.590	.678	.790	1.071	.990	2.647
.195	.198	.395	.418	.595	.685	.795	1.085	.995	2.994

* Values reported in this table were calculated by Thomas O. Maguire and are reproduced with his kind permission.

TABLE G　AREAS AND ORDINATES OF THE UNIT NORMAL DISTRIBUTION

z	Area	u Ordinate	z	Area	u Ordinate
−3.00	.0013	.0044			
−2.99	.0014	.0046	−2.69	.0036	.0107
−2.98	.0014	.0047	−2.68	.0037	.0110
−2.97	.0015	.0048	−2.67	.0038	.0113
−2.96	.0015	.0050	−2.66	.0039	.0116
−2.95	.0016	.0051	−2.65	.0040	.0119
−2.94	.0016	.0053	−2.64	.0041	.0122
−2.93	.0017	.0055	−2.63	.0043	.0126
−2.92	.0018	.0056	−2.62	.0044	.0129
−2.91	.0018	.0058	−2.61	0045	.0132
−2.90	.0019	.0060	−2.60	0047	.0136
−2.89	.0019	.0061	−2.59	.0048	.0139
−2.88	.0020	.0063	−2.58	.0049	.0143
−2.87	.0021	.0065	−2.57	.0051	.0147
−2.86	.0021	.0067	−2.56	.0052	.0151
−2.85	.0022	.0069	−2.55	.0054	.0154
−2.84	.0023	.0071	−2.54	.0055	.0158
−2.83	.0023	.0073	−2.53	.0057	.0163
−2.82	.0024	.0075	−2.52	.0059	.0167
−2.81	.0025	.0077	−2.51	.0060	.0171
−2.80	.0026	.0079	−2.50	.0062	.0175
−2.79	.0026	.0081	−2.49	.0064	.0180
−2.78	.0027	.0084	−2.48	.0066	.0184
−2.77	.0028	.0086	−2.47	.0068	.0189
−2.76	.0029	.0088	−2.46	.0069	.0194
−2.75	.0030	.0091	−2.45	.0071	.0198
−2.74	.0031	.0093	−2.44	.0073	.0203
−2.73	.0032	.0096	−2.43	.0075	.0208
−2.72	.0033	.0099	−2.42	.0078	.0213
−2.71	.0034	.0101	−2.41	.0080	.0219
−2.70	.0035	.0104	−2.40	.0082	.0224

z	Area	u Ordinate	z	Area	u Ordinate
−2.39	.0084	.0229	−1.94	.0262	.0608
−2.38	.0087	.0235	−1.93	.0268	.0620
−2.37	.0089	.0241	−1.92	.0274	.0632
−2.36	.0091	.0246	−1.91	.0281	.0644
−2.35	.0094	.0252	−1.90	.0287	.0656
−2.34	.0096	.0258	−1.89	.0294	.0669
−2.33	.0099	.0264	−1.88	.0301	.0681
−2.32	.0102	.0270	−1.87	.0307	.0694
−2.31	.0104	.0277	−1.86	.0314	.0707
−2.30	.0107	.0283	−1.85	.0322	.0721
−2.29	.0110	.0290	−1.84	.0329	.0734
−2.28	.0113	.0297	−1.83	.0336	.0748
−2.27	.0116	.0303	−1.82	.0344	.0761
−2.26	.0119	.0310	−1.81	.0351	.0775
−2.25	.0122	.0317	−1.80	.0359	.0790
−2.24	.0125	.0325	−1.79	.0367	.0804
−2.23	.0129	.0332	−1.78	.0375	.0818
−2.22	.0132	.0339	−1.77	.0384	.0833
−2.21	.0136	.0347	−1.76	.0392	.0848
−2.20	.0139	.0355	−1.75	.0401	.0863
−2.19	.0143	.0363	−1.74	.0409	.0878
−2.18	.0146	.0371	−1.73	.0418	.0893
−2.17	.0150	.0379	−1.72	.0427	.0909
−2.16	.0154	.3387	−1.71	.0436	.0925
−2.15	.0158	.0396	−1.70	.0446	.0940
−2.14	.0162	.0404	−1.69	.0455	.0957
−2.13	.0166	.0413	−1.68	.0465	.0973
−2.12	.0170	.0422	−1.67	.0475	.0989
−2.11	.0174	.0431	−1.66	.0485	.1006
−2.10	.0179	.0440	−1.65	.0495	.1023
−2.09	.0183	.0449	−1.64	.0505	.1040
−2.08	.0188	.0459	−1.63	.0516	.1057
−2.07	.0192	.0468	−1.62	.0526	.1074
−2.06	.0197	.0478	−1.61	.0537	.1092
−2.05	.0202	.0488	−1.60	.0548	.1109
−2.04	.0207	.0498	−1.59	.0559	.1127
−2.03	.0212	.0508	−1.58	.0571	.1145
−2.02	.0217	.0519	−1.57	.0582	.1163
−2.01	.0222	.0529	−1.56	.0594	.1182
−2.00	.0228	.0540	−1.55	.0606	.1200
−1.99	.0233	.0551	−1.54	.0618	.1219
−1.98	.0239	.0562	−1.53	.0630	.1238
−1.97	.0244	.0573	−1.52	.0643	.1257
−1.96	.0250	.0584	−1.51	.0655	.1276
−1.95	.0256	.0596	−1.50	.0668	.1295

z	Area	u Ordinate	z	Area	u Ordinate
−1.49	.0681	.1315	−1.04	.1492	.2323
−1.48	.0694	.1334	−1.03	.1515	.2347
−1.47	.0708	.1354	−1.02	.1539	.2371
−1.46	.0721	.1374	−1.01	.1562	.2396
−1.45	.0735	.1394	−1.00	.1587	.2420
−1.44	.0749	.1415	−0.99	.1611	.2444
−1.43	.0764	.1435	−0.98	.1635	.2468
−1.42	.0778	.1456	−0.97	.1660	.2492
−1.41	.0793	.1476	−0.96	.1685	.2516
−1.40	.0808	.1497	−0.95	.1711	.2541
−1.39	.0823	.1518	−0.94	.1736	.2565
−1.38	.0838	.1539	−0.93	.1762	.2589
−1.37	.0853	.1561	−0.92	.1788	.2613
−1.36	.0869	.1582	−0.91	.1814	.2637
−1.35	.0885	.1604	−0.90	.1841	.2661
−1.34	.0901	.1626	−0.89	.1867	.2685
−1.33	.0918	.1647	−0.88	.1894	.2709
−1.32	.0934	.1669	−0.87	.1922	.2732
−1.31	.0951	.1691	−0.86	.1949	.2756
−1.30	.0968	.1714	−0.85	.1977	.2780
−1.29	.0985	.1736	−0.84	.2005	.2803
−1.28	.1003	.1758	−0.83	.2033	.2827
−1.27	.1020	.1781	−0.82	.2061	.2850
−1.26	.1038	.1804	−0.81	.2090	.2874
−1.25	.1056	.1826	−0.80	.2119	.2897
−1.24	.1075	.1849	−0.79	.2148	.2920
−1.23	.1093	.1872	−0.78	.2177	.2943
−1.22	.1112	.1895	−0.77	.2206	.2966
−1.21	.1131	.1919	−0.76	.2236	.2989
−1.20	.1151	.1942	−0.75	.2266	.3011
−1.19	.1170	.1965	−0.74	.2296	.3034
−1.18	.1190	.1989	−0.73	.2327	.3056
−1.17	.1210	.2012	−0.72	.2358	.3079
−1.16	.1230	.2036	−0.71	.2389	.3101
−1.15	.1251	.2059	−0.70	.2420	.3123
−1.14	.1271	.2083	−0.69	.2451	.3144
−1.13	.1292	.2107	−0.68	.2483	.3166
−1.12	.1314	.2131	−0.67	.2514	.3187
−1.11	.1335	.2155	−0.66	.2546	.3209
−1.10	.1357	.2179	−0.65	.2578	.3230
−1.09	.1379	.2203	−0.64	.2611	.3251
−1.08	.1401	.2227	−0.63	.2643	.3271
−1.07	.1423	.2251	−0.62	.2676	.3292
−1.06	.1446	.2275	−0.61	.2709	.3312
−1.05	.1469	.2299	−0.60	.2743	.3332

z	Area	u Ordinate	z	Area	u Ordinate
−0.59	.2776	.3352	−0.14	.4443	.3951
−0.58	.2810	.3372	−0.13	.4483	.3956
−0.57	.2843	.3391	−0.12	.4522	.3961
−0.56	.2877	.3410	−0.11	.4562	.3965
−0.55	.2912	.3429	−0.10	.4602	.3970
−0.54	.2946	.3448	−0.09	.4641	.3973
−0.53	.2981	.3467	−0.08	.4681	.3977
−0.52	.3015	.3485	−0.07	.4721	.3980
−0.51	.3050	.3503	−0.06	.4761	.3982
−0.50	.3085	.3521	−0.05	.4801	.3984
−0.49	.3121	.3538	−0.04	.4840	.3986
−0.48	.3156	.3555	−0.03	.4880	.3988
−0.47	.3192	.3572	−0.02	.4920	.3989
−0.46	.3228	.3589	−0.01	.4960	.3989
−0.45	.3264	.3605	0.00	.5000	.3989
−0.44	.3300	.3621	0.01	.5040	.3989
−0.43	.3336	.3637	0.02	.5080	.3989
−0.42	.3372	.3653	0.03	.5120	.3988
−0.41	.3409	.3668	0.04	.5160	.3986
−0.40	.3446	.3683	0.05	.5199	.3984
−0.39	.3483	.3697	0.06	.5239	.3982
−0.38	.3520	.3712	0.07	.5279	.3980
−0.37	.3557	.3725	0.08	.5319	.3977
−0.36	.3594	.3739	0.09	.5359	.3973
−0.35	.3632	.3752	0.10	.5398	.3970
−0.34	.3669	.3765	0.11	.5438	.3965
−0.33	.3707	.3778	0.12	.5478	.3961
−0.32	.3745	.3790	0.13	.5517	.3956
−0.31	.3783	.3802	0.14	.5557	.3951
−0.30	.3821	.3814	0.15	.5596	.3945
−0.29	.3859	.3825	0.16	.5636	.3939
−0.28	.3897	.3836	0.17	.5675	.3932
−0.27	.3936	.3847	0.18	.5714	.3925
−0.26	.3974	.3857	0.19	.5753	.3918
−0.25	.4013	.3867	0.20	.5793	.3910
−0.24	.4052	.3876	0.21	.5832	.3902
−0.23	.4090	.3885	0.22	.5871	.3894
−0.22	.4129	.3894	0.23	.5910	.3885
−0.21	.4168	.3902	0.24	.5948	.3876
−0.20	.4207	.3910	0.25	.5987	.3867
−0.19	.4247	.3918	0.26	.6026	.3857
−0.18	.4286	.3925	0.27	.6064	.3847
−0.17	.4325	.3932	0.28	.6103	.3836
−0.16	.4364	.3939	0.29	.6141	.3825
−0.15	.4404	.3945	0.30	.6179	.3814

z	Area	u Ordinate	z	Area	u Ordinate
0.31	.6217	.3802	0.76	.7764	.2989
0.32	.6255	.3790	0.77	.7794	.2966
0.33	.6293	.3778	0.78	.7823	.2943
0.34	.6331	.3765	0.79	.7852	.2920
0.35	.6368	.3752	0.80	.7881	.2897
0.36	.6406	.3739	0.81	.7910	.2874
0.37	.6443	.3725	0.82	.7939	.2850
0.38	.6480	.3712	0.83	.7967	.2827
0.39	.6517	.3697	0.84	.7995	.2803
0.40	.6554	.3683	0.85	.8023	.2780
0.41	.6591	.3668	0.86	.8051	.2756
0.42	.6628	.3653	0.87	.8078	.2732
0.43	.6664	.3637	0.88	.8106	.2709
0.44	.6700	.3621	0.89	.8133	.2685
0.45	.6736	.3605	0.90	.8159	.2661
0.46	.6772	.3589	0.91	.8186	.2637
0.47	.6808	.3572	0.92	.8212	.2613
0.48	.6844	.3555	0.93	.8238	.2589
0.49	.6879	.3538	0.94	.8264	.2565
0.50	.6915	.3521	0.95	.8289	.2541
0.51	.6950	.3503	0.96	.8315	.2516
0.52	.6985	.3485	0.97	.8340	.2492
0.53	.7019	.3467	0.98	.8365	.2468
0.54	.7054	.3448	0.99	.8389	.2444
0.55	.7088	.3429	1.00	.8413	.2420
0.56	.7123	.3410	1.01	.8438	.2396
0.57	.7157	.3391	1.02	.8461	.2371
0.58	.7190	.3372	1.03	.8485	.2347
0.59	.7224	.3352	1.04	.8508	.2323
0.60	.7257	.3332	1.05	.8531	.2299
0.61	.7291	.3312	1.06	.8554	.2275
0.62	.7324	.3292	1.07	.8577	.2251
0.63	.7357	.3271	1.08	.8599	.2227
0.64	.7389	.3251	1.09	.8621	.2203
0.65	.7422	.3230	1.10	.8643	.2179
0.66	.7454	.3209	1.11	.8665	.2155
0.67	.7486	.3187	1.12	.8686	.2131
0.68	.7517	.3166	1.13	.8708	.2107
0.69	.7549	.3144	1.14	.8729	.2083
0.70	.7580	.3123	1.15	.8749	.2059
0.71	.7611	.3101	1.16	.8770	.2036
0.72	.7642	.3079	1.17	.8790	.2012
0.73	.7673	.3056	1.18	.8810	.1989
0.74	.7704	.3034	1.19	.8830	.1965
0.75	.7734	.3011	1.20	.8849	.1942

z	Area	u Ordinate	z	Area	u Ordinate
1.21	.8869	.1919	1.66	.9515	.1006
1.22	.8888	.1895	1.67	.9525	.0989
1.23	.8907	.1872	1.68	.9535	.0973
1.24	.8925	.1849	1.69	.9545	.0957
1.25	.8944	.1826	1.70	.9554	.0940
1.26	.8962	.1804	1.71	.9564	.0925
1.27	.8980	.1781	1.72	.9573	.0909
1.28	.8997	.1758	1.73	.9582	.0893
1.29	.9015	.1736	1.74	.9591	.0878
1.30	.9032	.1714	1.75	.9599	.0863
1.31	.9049	.1691	1.76	.9608	.0848
1.32	.9066	.1669	1.77	.9616	.0833
1.33	.9082	.1647	1.78	.9625	.0818
1.34	.9099	.1626	1.79	.9633	.0804
1.35	.9115	.1604	1.80	.9641	.0790
1.36	.9131	.1582	1.81	.9649	.0775
1.37	.9147	.1561	1.82	.9656	.0761
1.38	.9162	.1539	1.83	.9664	.0748
1.39	.9177	.1518	1.84	.9671	.0734
1.40	.9192	.1497	1.85	.9678	.0721
1.41	.9207	.1476	1.86	.9686	.0707
1.42	.9222	.1456	1.87	.9693	.0694
1.43	.9236	.1435	1.88	.9699	.0681
1.44	.9251	.1415	1.89	.9706	.0669
1.45	.9265	.1394	1.90	.9713	.0656
1.46	.9279	.1374	1.91	.9719	.0644
1.47	.9292	.1354	1.92	.9726	.0632
1.48	.9306	.1334	1.93	.9732	.0620
1.49	.9319	.1315	1.94	.9738	.0608
1.50	.9332	.1295	1.95	.9744	.0596
1.51	.9345	.1276	1.96	.9750	.0584
1.52	.9357	.1257	1.97	.9756	.0573
1.53	.9370	.1238	1.98	.9761	.0562
1.54	.9382	.1219	1.99	.9767	.0551
1.55	.9394	.1200	2.00	.9772	.0540
1.56	.9406	.1182	2.01	.9778	.0529
1.57	.9418	.1163	2.02	.9783	.0519
1.58	.9429	.1145	2.03	.9788	.0508
1.59	.9441	.1127	2.04	.9793	.0498
1.60	.9452	.1109	2.05	.9798	.0488
1.61	.9463	.1092	2.06	.9803	.0478
1.62	.9474	.1074	2.07	.9808	.0468
1.63	.9484	.1057	2.08	.9812	.0459
1.64	.9495	.1040	2.09	.9817	.0449
1.65	.9505	.1023	2.10	.9821	.0440

z	Area	u Ordinate	z	Area	u Ordinate
2.11	.9826	.0431	2.56	.9948	.0151
2.12	.9830	.0422	2.57	.9949	.0147
2.13	.9834	.0413	2.58	.9951	.0143
2.14	.9838	.0404	2.59	.9952	.0139
2.15	.9842	.0396	2.60	.9953	.0136
2.16	.9846	.0387	2.61	.9955	.0132
2.17	.9850	.0379	2.62	.9956	.0129
2.18	.9854	.0371	2.63	.9957	.0126
2.19	.9857	.0363	2.64	.9959	.0122
2.20	.9861	.0355	2.65	.9960	.0119
2.21	.9864	.0347	2.66	.9961	.0116
2.22	.9868	.0339	2.67	.9962	.0113
2.23	.9871	.0332	2.68	.9963	.0110
2.24	.9875	.0325	2.69	.9964	.0107
2.25	.9878	.0317	2.70	.9965	.0104
2.26	.9881	.0310	2.71	.9966	.0101
2.27	.9884	.0303	2.72	.9967	.0099
2.28	.9887	.0297	2.73	.9968	.0096
2.29	.9890	.0290	2.74	.9969	.0093
2.30	.9893	.0283	2.75	.9970	.0091
2.31	.9896	.0277	2.76	.9971	.0088
2.32	.9898	.0270	2.77	.9972	.0086
2.33	.9901	.0264	2.78	.9973	.0084
2.34	.9904	.0258	2.79	.9974	.0081
2.35	.9906	.0252	2.80	.9974	.0079
2.36	.9909	.0246	2.81	.9975	.0077
2.37	.9911	.0241	2.82	.9976	.0075
2.38	.9913	.0235	2.83	.9977	.0073
2.39	.9916	.0229	2.84	.9977	.0071
2.40	.9918	.0224	2.85	.9978	.0069
2.41	.9920	.0219	2.86	.9979	.0067
2.42	.9922	.0213	2.87	.9979	.0065
2.43	.9925	.0208	2.88	.9980	.0063
2.44	.9927	.0203	2.89	.9981	.0061
2.45	.9929	.0198	2.90	.9981	.0060
2.46	.9931	.0194	2.91	.9982	.0058
2.47	.9932	.0189	2.92	.9982	.0056
2.48	.9934	.0184	2.93	.9983	.0055
2.49	.9936	.0180	2.94	.9984	.0053
2.50	.9938	.0175	2.95	.9984	.0051
2.51	.9940	.0171	2.96	.9985	.0050
2.52	.9941	.0167	2.97	.9985	.0048
2.53	.9943	.0163	2.98	.9986	.0047
2.54	.9945	.0158	2.99	.9986	.0046
2.55	.9946	.0154	3.00	.9987	.0044

教育研究的統計方法㈡──
單因子變異數分析與
多重比較法

一、變異數分析的性質與功能

變異數分析（Analysis of Variance，簡稱ANOVA）爲R.
A. Fisher 於 1923 年所創用，係一種基於 F 分配（F-distribu-
tions）而與實驗設計密切結合的統計方法。該法最初應用於農業
試驗結果之分析，後來逐漸推廣至其他科學的研究領域，目前在心
理學與教育研究方面採用此一方法以處理資料者相當普遍。在行爲
科學研究中最常見的統計假設爲「平均數相等」，t 檢定（t test
）爲考驗兩組平均數差異顯著性的有效方法，但若有兩組以上的平
均數，固然仍可兩兩加以比較，不過所需比較的次數隨組數而遞增
，且眞實的虛無假設被拒斥之機率會大於事先預定的顯著水準（
level of significance），此時如用變異數分析，則所有各組平
均數之間的差異是否顯著，可同時一次加以考驗，更符合經濟實用

的要求。從統計觀點而言，變異數分析之應用的主要長處可歸納如下
：

㈠在 t 檢定中，每次祇比較兩組平均數，亦即祇用兩組樣本的資
料以推估母羣體的母數（ parameters ）；而變異數分析由於
同時把多組平均數加以比較，等於根據多組樣本的資料以推估
母群體的母數，故其數值較爲穩定。

㈡假若有七組平均數，經由 t 檢定的結果，在二十一個（ $_7C_2$ ）
差量中，即使有一個達到顯著水準，但仍無法認定其平均數之
間確有顯著差異，蓋因僅憑機遇已有此可能性；而變異數分析
由於把所有各組平均數同時一次比較，故無此種推論上的困擾。

㈢變異數分析可以分離外擾因素（ extraneous factors ）之變
異，而將其剔出，且經由適當的實驗設計可進而探討兩種以上
自變數（ independent variables ）之間的交互作用（ inter-
action）對依變數（ dependent variable ） 所造成的影響。

二、變異數分析的原理

變異數分析的主旨在於分析一種依變數的變異來源，將總變異分
割成若干部份，以測定不同來源的變異量之大小。變異的來源可分爲
兩方面：其一爲已知原因之變異，亦即可歸之於自變數者；另一爲抽
樣誤差及其他未知原因之影響而產生的變異。在單因子變異數分析中
，前者爲組間變異，以「組間平方和」（ between-group sum of
squares ，簡稱SSb）表示之；後者爲組內變異，以「組內平方和」
（ within-group sum of squares ，簡稱 SSw ）表示之；兩者
相加便是總變異，以「總平方和」（ total sum of squares ，簡稱
SSt ） 表示之。亦即：

總變異＝組間變異＋組內變異

其公式如下：

$$\sum_{J=1}^{k} \sum_{I=1}^{n_J} (\overline{X}_{IJ} - \overline{X}..)^2 = \sum_{J=1}^{k} n_J (\overline{X}._J - \overline{X}..)^2$$

$$+ \sum_{J=1}^{k} \sum_{I=1}^{n_J} (X_{IJ} - \overline{X}._J)^2$$

「組間平方和」與「組內平方和」分別除以其自由度（degrees of freedom），即得「組間均方」（the mean square between，簡稱 MSb）與「組內均方」（the mean square within，簡稱MSw），作為組間變異數（between-group variance）與組內變異數（within-group variance）的不偏估計值（unbiased estimates），進而將「組間均方」除侍「組內均方」，則得一 F 比值（F-ratio），其自由度為 $k-1$，$N-k$。

變異數分析為一種母數統計法（parametric statistical method），有其數理上的基本假定（assumptions）和運用上的限制。一般言之，變異數分析必須滿足下列三項假定，其所求得的 F 比值始可適用 F 分配，基於理論抽樣分配的機率原理，進行統計假設之檢定。

1.所有資料均係由母群體隨機抽樣而得。

2.各組樣本必須取自常態分配且變異數相等的母群體。

3.各組樣本應彼此獨立，不相關聯。

在上述的假定中，隨機抽樣及樣本相互獨立兩項，如能在抽樣時詳加計劃和嚴密控制，大致可以做到；至於母群體常態分配及變異數相等的假定，統計學者研究發現變異數分析對此非常強韌，祇

要不嚴重違反假定，其影響相當輕微。（Ferguson, 1976；Glass & Stanley, 1970；Guilford & Fruchter, 1978；Hays, 1973；Roscoe, 1969）。

三、單因子變異數分析的實例

當我們僅探討一個自變數和一個依變數的關聯之問題時，通常可採用單純隨機實驗設計（simple randomized experimental design），以自變數為分類標準，分為 k 組，予以不同的實驗處理（experimental treatments），然後再就各組隨機樣本在依變數上的表現加以測定，據以進行變異數分析。

表一所列為單因子變異數分析資料的符號。一共有 k 組隨機樣本，其個數分別為 n_1、n_2 …… n_j …… n_k，總數為 N。X_{ij} 表示第 j 組中的第 i 個變量，$\Sigma X._j$ 表示第 j 組樣本變量之總和，$\overline{X}._j$ 表示第 j 組樣本平均數。$\Sigma X..$ 和 $\overline{X}..$ 分別表示全體樣本變量之總和與平均數。

表一　單因子變異數分析資料的符號

組　別	1	2	……	j	……	k	合　計
各 組 變 量	X_{11} X_{21} : X_{i1} : Xn_{11}	X_{12} X_{22} : X_{i2} : Xn_{22}	…… …… …… ……	X_{1j} X_{2j} : X_{ij} : Xn_{ij}		X_{1k} X_{2k} : X_{ik} : Xn_kk	
個　數 和 平均數	n_1 $\Sigma X._1$ $\overline{X}._1$	n_2 $\Sigma X._2$ $\overline{X}._2$	…… …… ……	n_j $\Sigma X._j$ $\overline{X}._j$	…… …… ……	n_k $\Sigma X._k$ $\overline{X}._k$	N $\Sigma X..$ $\overline{X}..$

各組樣本所代表的母群體之平均數為 μ_1、μ_2 ……… μ_j ………
μ_k，全母群體之平均數為 μ，則每一個變量可用下列直線性模式表示之：

$$X_{ij} = \mu + \alpha_j + \varepsilon_{ij}$$

式中 μ 為與組別無關的常數；α_j 為因組別而異之數值，亦即由於不同實驗處理而產生之差異數值；ε_{ij} 為由於抽樣或其他未知因素所產之誤差。

因此，單因子變異數分析的虛無假設（ null hypothesis ）和對立假設（ alternative hypothesis ）可列式陳述如下：

$H_0 : \mu_1 = \mu_2 = \cdots\cdots = \mu_k$ ；　$H_0 : \alpha_1 = \alpha_2 = \cdots\cdots = \alpha_k = 0$ ；
$H_1 :$ 至少有兩平均數不相等。$\quad$ 或 $\quad H_1 :$ 至少有一 α_i 不等於零。

檢定方法以「組間均方」和「組內均方」之 F 比值的大小為斷。

假若某一教育研究者想了解四種不同教學法在國小高年級數學課程的適用性，乃以隨機抽樣的方式選取國小五年級學生 48 名，並隨機分派為四組，每組 12 名學生，分別採用講解法、討論法、編序教學法和發現式教學法施教，經過一年的教學實驗後，以經過標準化的數學科成就測驗考查教學成果，各組學生的測驗分數如表二所示。

表二 四種教學法教學成果之比較

組　別	I 講解法		II 討論法		III 編序教學法		IV 發現式教學法		全　體
測驗分數	10	8	3	12	19	13	23	16	
	7	9	8	4	12	10	14	17	
	9	11	7	7	16	19	16	19	
	8	9	5	6	14	9	18	14	
	15	5	6	5	7	15	12	16	
	3	17	10	15	8	14	13	17	
n_j	12		12		12		12		N＝48
ΣX	111		88		156		195		550
ΣX^2	1189		778		2202		3265		7434

　根據表二的資料，可求得各組的平均數與標準差如表三：

表三 四種教學法教學成果之平均數與標準差

組　別	I 講解法	II 討論法	III 編序教學法	IV 發現式教學法	全　體
$\overline{X}$	9.25	7.33	13.00	16.25	11.46
s	3.84	3.47	3.98	2.96	4.91

為比較四種不同的教學法之教學效果，必須從四組學生的測驗分數之平均數有無顯著的差異加以探討，可提出假設如下：

$$H_0 : \mu_1 = \mu_2 = \mu_3 = \mu_4$$

$$H_1 : 至少有兩組平均數是不相等的。$$

然後根據表二和表三的基本統計資料，進行變異數分析，其程序包括下列七個步驟：

1.求 SSt

SSt 是 48 個分數與總平均數（ grand mean ）4.91 之差的平方和，可從下面兩個公式求得：

$$SS_t = \sum_{j=1}^{k} \sum_{i=1}^{n_j} (X_{ij} - \overline{X}..)^2 = \sum_{j=1}^{k} \sum_{i=1}^{n_j} X_{ij}^2 - \frac{(\sum X..)^2}{N}$$

$$= 7434 - \frac{(550)^2}{48} = 1131.92$$

$$SS_t = (N-1)S^2 = (48-1)(4.91)^2 = 1133.08$$

2.求 SSw

SSw是各組分數與其平均數之差的平方和 累加的總和，可從下面兩個公式求得：

$$SS_w = \sum_{j=1}^{k} \sum_{i=1}^{n_j} (X_{ij} - \overline{X}.j)^2 = \sum_{j=1}^{k} \sum_{i=1}^{n_j} X_{ij}^2 - \sum_{j=1}^{k} \frac{(\sum X.j)^2}{n_j}$$

$$= 7434 - \left[\frac{(111)^2}{12} + \frac{(88)^2}{12} + \frac{(156)^2}{12} + \frac{(195)^2}{12} \right]$$

$$= 565.17$$

$$SS_W = \sum_{J=1}^{k} (n_J - 1) s_J^2$$

$$= (12-1)(3.84)^2 + (12-1)(3.47)^2$$
$$+ (12-1)(3.98)^2 + (12-1)(2.96)^2$$
$$= 565.27$$

3. 求 SS_b

SS_b 是各組平均數與總平均數之差的平方乘以各組人數所得之積的總和，可從下面公式求得：

$$SS_b = \sum_{J=1}^{k} n_J (\overline{X}_{.J} - \overline{X}_{..})^2 = \sum_{J=1}^{k} \frac{(\sum X_{.J})^2}{n_J} - \frac{(\sum X_{..})^2}{N}$$

$$= \left[\frac{(111)^2}{12} + \frac{(88)^2}{12} + \frac{(156)^2}{12} + \frac{(195)^2}{12} \right] - \frac{(550)^2}{48} = 566.75$$

$$SS_b = SS_t - SS_w = 1133.08 - 565.27 = 567.81$$

4. 求自由度

SS_t 由 $N = 48$ 個分數所造成，以總平均數爲基準，失去一個自由度，故 $df_t = N - 1 = 47$；SS_w 由各組 12 個分數所共同造成，各組皆以其平均數爲基準，各失去一個自由度，故 $df_w = k(n_J - 1) = N - k = 44$；$SS_b$ 由 $k = 4$ 個平均數所造成，以總平均數爲基準，失去一個自由度，故 $df_b = k - 1 = 3$。三者之間的關係是：$df_t = df_b + df_w$。

5. 求 MS_b 及 MS_w

$$MS_b = \frac{SS_b}{df_b} = \frac{566.75}{3} = 188.92$$

$$MS_W = \frac{SS_w}{df_w} = \frac{565.17}{44} = 12.84$$

6.求 F 值

F 值是組間變異數與組內變異數之比，亦即：

$$F = \frac{MS_b}{MS_w} = \frac{188.92}{12.84} = 14.71$$

7.判斷假設是否成立，作成結論：

查 F 分配表（見附錄 Table A ），得 $._{95}F_{3,44} = 2.82$，$._{99}F_{3,44} = 4.26$，因 F = 14.71 > 4.26，所以 $H_0: \mu_1 = \mu_2 = \mu_3 = \mu_4$ 應被推翻，由此可知四種教學法的教學效果並非完全相等，亦即四種教學法之間的差異達到 .01 顯著水準。

以上所述爲變異數分析的計算過程，通常在學術研究報告中，須將其要點加以歸納整理，呈現於「變異數分析摘要表」（ summary of analysis of variance ）上，如表四。

表四　四種教學法實驗結果變異數分析摘要表

變異來源 （Source）	離均差平方和 （SS）	自由度 (df)	均　　方 （MS）	F
組　間	566.75	3	188.92	14.71**
組　內	565.17	44	12.84	—
總　和	1131.92	47	—	—

** p < .01

四、多重比較

當變異數分析的結果 F 值達顯著水準時，推翻了平均數相等的虛無假設，亦即表示至少有兩組平均數之間有顯著差異存在。如果各組樣本個數皆相等，則其中最大的平均數必定顯著地有異於最小的平均數；但若各組樣本個數不等，則未必如此，何況研究者仍想知道其他各組平均數相互之間是否也有顯著的差異存在。因此，推翻平均數相等的虛無假設之後，必須進行事後的多重比較（posteriori multiple comparisons），以考驗各組平均數相互之間的差異顯著性。

多重比較的方法和程序仍為統計學者所爭論不已的問題，至今尚未獲致簡易有效的解決途徑。目前已有幾種可供多重比較的方法發展出來，不過仍有其缺點和限制。在變異數分析保留虛無假設的情形下，有些多重比較法却得到顯著差異的結果；在變異數分析拒斥虛無假設的情形下，另有一些多重比較法却可能得到差異不顯著的結果。凡此皆與多重比較法的數理特性及其檢定力（power of test）有關。茲就幾種主要的多重比較法舉例說明於下：

㈠杜納德法（Dunnett Method）

C.W. Dunnett 於 1955 年發展出一種適用於實驗組與單一控制組相比較的方法，基於 t 統計量的抽樣分配（the sampling distribution for a t statistic），以檢定 k - 1 個實驗組的平均數與控制組的平均數之間的差異顯著性，屬於非正交比較（nonorthogonal comparison）。如以前述四種教學法教學效果變異數分析的資料為例，假若將採用傳統講解法者（即第 I 組）視為控制組，而以其他三組為實驗組，則可按下列公式進行多重比較：

$$t_D = \frac{\overline{X_1} - \overline{X_2}}{\sqrt{MS_w \left(\frac{1}{n_1} + \frac{1}{n_2}\right)}} \qquad \text{其 } df = N - k$$

第 II 組與第 I 組比較: $t_D = \dfrac{7.33 - 9.25}{\sqrt{12.84\left(\frac{1}{12} + \frac{1}{12}\right)}} = -1.31$

第 III 組與第 I 組比較: $t_D = \dfrac{13.00 - 9.25}{\sqrt{12.84\left(\frac{1}{12} + \frac{1}{12}\right)}} = 2.56$

第 IV 組與第 I 組比較: $t_D = \dfrac{16.25 - 9.25}{\sqrt{12.84\left(\frac{1}{12} + \frac{1}{12}\right)}} = 4.78$

查附錄 Table B，k＝4，df_w＝40，α＝.05 時，單側檢定的臨界值（critical value）為 2.13，可見第 III 組及第 IV 組與第 I 組相比較之 t_D 值均達到顯著水準，故可推斷「編序教學法及發現式教學法均優於講解法」。

(二)薛費法（Scheff'e Method）

H．Scheff'e 於 1959 年發展出一種適用範圍相當廣泛的多重比較法，無論各組樣本個數相等或不相等，皆可適用。此一方法對分配常態性與變異一致性兩項假定之違反頗不敏感，且所犯第一類型錯誤（type I error）的機率較小。其公式如下：

$$F = \frac{(\mathrm{X_1} - \overline{\mathrm{X}_2})^2}{\mathrm{MS_w}(\frac{1}{n_1} + \frac{1}{n_2})(k-1)} \qquad \text{其 } df = k-1 \text{，} N-k$$

茲以表二、表三和表四變異數分析的資料爲例，比較第Ⅰ組與第Ⅱ組的平均數，將有關數值代入公式，可得：

$$F = \frac{(9.25 - 7.33)^2}{12.84(\frac{1}{12} + \frac{1}{12})(4-1)} = 0.57$$

其次，第Ⅰ組與第Ⅲ組比較：

$$F = \frac{(9.25 - 13.00)^2}{12.84(\frac{1}{12} + \frac{1}{12})(4-1)} = 2.19$$

其餘兩兩比較的結果如下：

第Ⅰ、Ⅳ組比較：$F = 7.63$ ；第Ⅱ、Ⅲ組比較：$F = 5.01$ ；
第Ⅱ、Ⅳ組比較：$F = 12.39$ ；第Ⅲ、Ⅳ組比較：$F = 1.65$ 。

查附錄 Table A，可得 $._{95}F_{3,44} = 2.82$ ， $._{99}F_{3,44} = 4.26$，據以與上列六個 F 值對照比較，其中三個達到 .01 顯著水準，另三個差異不顯著。上述多重比較的結果可呈現如表 5 。

表五　薛費法多重比較結果

組　別	Ⅱ	Ⅲ	Ⅳ
Ⅰ	.57	2.19	7.63 **
Ⅱ		5.01 **	12.39 **
Ⅲ			1.65

** $p < .01$

從表五可知：發現式教學法優於講解法及討論法；編序教學法優於討論法；其餘各組間間，差異均不顯著。

㈢差距檢定（ Studentized Range Test ）

當各組樣本個數相等時，比較 k 組平均數相互之間的差異，可用差距統計量（ the Studentized Range Statistic ）加以檢定，其公式如下：

$$Q = \frac{\overline{X}_{max} - \overline{X}_{min}}{\sqrt{MS_w / n}}$$

進行差距檢定時，必須先按各組平均數的大小由右而左排列，分別與平均數較小者比較，其中最大的平均數與最小的平均數之差距最大，亦即 Q 值最大，如達顯著水準，再就次大者檢定之。由於臨界值之選取方式不同，乃有下列三種方法：

1.涂凱法（ Tukey method ）

此法又稱 honestly significant difference （ hsd ）method，係由 R.A.Fisher 所建議，再由 J.W.Tukey （1949）研究發展而來。在進行各組平均數差距檢定時，不管介乎其間層級的多少，而以最多階次者為準，查表決定其臨界值；由於判斷時所採用的臨界值較大，故使平均數之間的差異不易達到顯著水準。茲以上述變異數分析的結果為例，說明涂凱法多重比較的步驟如下：

將各組平均數按其大小次序排列：$\overline{X}_4 = 16.25$，$\overline{X}_3 = 13.00$，$\overline{X} = 9.25$，$\overline{X}_2 = 7.33$。先就最大者與最小者加以比較，代入

上列公式，即可求得Q值：

$$Q = \frac{16.25 - 7.33}{\sqrt{12.84 / 12}} = 8.62$$

再就次大者與最小者加以比較：

$$Q = \frac{13.00 - 7.33}{\sqrt{12.84 / 12}} = 5.48$$

其餘各組平均數相互之間的Q值可一一代入公式求得，其結果如表六。其顯著性考驗之臨界值可查附錄 Table C 而得：

當 r = 4，df_w = 40 時， $_{.95}Q = 3.79$， $_{.99}Q = 4.70$。

表六　涂凱法多重比較結果

組　別	I	III	IV
II	1.86	5.48 **	8.62 **
I		3.63	6.77 **
III			3.14

** p < .01

從表六可知：發現式教學法的教學效果最大，顯著優於講解法及討論法；討論法的教學效果最差，顯著劣於發現式教學法及編序教學法。其餘各組之間的差異並不顯著。

2.紐曼—庫爾法（Newman-Keuls Method）

D.Newman（1939）和M.Keuls（1952）所發展的差距檢定程序稱為N－K法，其基本原理及計算公式雖與涂凱法相

同，但必須依據相比的兩個平均數在排列次序中相差的層級數
（ the number of steps between ordered mean ）查出不同
的臨界Q值。假若仍以上述變異數分析的結果為例，先按四組
樣本平均數的大小次序排列，第Ⅳ組最大，第Ⅲ組次之，第Ⅰ
組又次之，第Ⅱ組最小，相鄰兩組（如第Ⅰ組與第Ⅱ組）相差
的層級數為 2，其臨界值以 Q_2 表示之；中間相隔 1 組的兩組
（ 如第Ⅲ組與第Ⅱ組 ）間相差的層級數為 3，其臨界值以 Q_3
表示之；中間相隔 2 組的兩組（ 如第Ⅳ組與第Ⅱ組 ）間相差的
層級數為 4，其臨界值以 Q_4 表示之。查附錄Table C，當
$df_w = 40$ 時，$._{95}Q_2 = 2.86$，$._{95}Q_3 = 3.44$，$._{95}Q_4 = 3.79$；
$._{99}Q_2 = 3.82$，$._{99}Q_3 = 4.37$，$._{99}Q_4 = 4.70$。表7所列者為
各組平均數相互比較時代入差距檢定公式而求得的Q值，分別
依據平均數大小次序相差的層級數，與上列臨界值比較，以考
驗其差異的顯著性。

表七　紐曼—庫爾法多重比較結果

組　　別	Ⅰ	Ⅲ	Ⅳ
Ⅱ	1.86	5.48 **	8.62 **
Ⅰ		3.63 *	6.77 **
Ⅲ			3.14 *

* $p < .05$;　　** $p < .01$

從表七可知：除第Ⅰ組與第Ⅱ組之間的差異不顯著外，其餘各

組相互間均有顯著的差異，亦即發現式教學法的教學效果最好，編序教學法次之，講解法和討論法較差。

3.鄧肯法（Duncan Method）

D.B.Duncan（1955，1957）發展出一種新的差距檢定法，稱爲Duncan new multiple-range test，雖類似於紐曼—庫爾法的序列檢定程序，但必須使用特別的臨界值表（見附錄 Table D），且其顯著水準與其他方法有所不同，可用 $1-(1-\alpha)^{k-1}$ 加以推算。當各組平均數按大小次序排列後，k 代表兩個平均數在排列次序中相差的層級數。若 $\alpha = .01$ ，當 k = 2 時，其顯著水準爲 $1-(1-.01)^{2-1} = .01$ ；當 k = 3 時，其顯著水準爲 $1-(1-.01)^{3-1} = .02$ ；當 k = 4 時，其顯著水準爲 $1-(1-.01)^{4-1} = .03$ 。

茲根據上述變異數分析的結果，將有關的數值代入差距檢定公式，求得各組平均數相互之間的 Q 值，再查附錄 Table D，df = 40 時，其臨界值如下：

若 $\alpha = .05$ ，$Q_2 = 2.858$ ，$Q_3 = 3.006$ ，$Q_4 = 3.102$ ；

若 $\alpha = .01$ ，$Q_2 = 3.825$ ，$Q_3 = 3.988$ ，$Q_4 = 4.098$ 。

表八爲各組平均數相互間差異顯著性檢定的結果。

表八　鄧肯法多重比較結果

組　　別	I	III	IV
II	1.86	5.48 **	8.62 **
I		3.63 *	6.77 **
III			3.14 *

* $p < .05$ ；　** $p < .01$

從表八可知：講解法與討論法的教學效果較差，兩組之間並無
顯著差異；發現式教學法最優，編序教學法次之，其與他組之
間的差異均達顯著水準。

綜上所述，以薛費法適用的範圍最廣，差距檢定法祇適用於各組
樣本個數相等的情況，杜納德法通常適用於幾個實驗組與一個控制組
相比較的場合。如就各種方法所犯第一類型錯誤的機率而言，以薛費
法最小，涂凱法次之，紐曼—庫爾法又次之，鄧肯法最大；如就其所
犯第二類型錯誤（ type II error ）的機率言之，則適相反，以鄧肯法
最小，紐曼—庫爾法次之，涂凱法又次之，薛費法最大。因此，在選
擇多重比較法之時，宜從上述條件及有關因素加以考慮。

參考文獻

林清山：心理與教育統計學（修正版）。台北市，東華書局，民國
  67年。

楊國樞等譯：行為統計學（修訂版）。台北市，環球書社，民國67
  年。

Blalock, H.M. Social statistics. (2nd ed.) New York :
  McGraw-Hill, 1972.

Bruning, J., & Kintz, B.L. Computational handbook of
  statistics. Glenview, III. : Scott, Foresman and Co.,
  1968.

Edwards, A.L. Statistical methods. (2nd ed.) New York
  : Holt, Rinehart and Winston, 1967.

Ferguson, G.A. Statistical analysis in psychology & edu-
  cation. (4th ed.) New York : McGraw-Hill, 1976 .

Glass, G. V. , & Stanley, J. C. Statistical methods in education and psychology. Englewood Cliffs, N. J.: Prentice-Hall, 1978.

Guilford, J. P. , & Fruchter, B. Fundamental statistics in psychology and education. (6th ed.) New York : McGraw-Hill, 1978.

Hays, W. L. Statistics for the social sciences. (2nd ed.) New York : Holt, Rinehart and Winston, 1973.

Roscoe, J. T. Fundamental research statistics for the behavioral sciences. New York : Holt, Rinhart and Winston, 1969.

Runyon, R. P. , & Haber, A. Fundamentals of behavioral statistics. (3rd ed.) Reading, Mass. : Addison-Wesley, 1976.

Snedecor, G. W. , & Cochran, W. G. Statistical methods. (6th ed.) Ames, Iowa : The Iowa State University Press, 1967.

Winer, B. J. Statistical principles in experimental design. (2nd ed.) New York : McGraw-Hill, 1971.

Yamane, T. Statistics : An introductory analysis. (3rd ed.) New York : Harper & Row, 1973.

TABLE A
5%(Roman Type) And 1%(Bold Face Type) Points For The Distribution of F

f_1, Degrees of Freedom (for greater mean square)

Each cell shows the 5% point / 1% (bold) point.

f_2	1	2	3	4	5	6	7	8	9	10	11	12	14	16	20	24	30	40	50	75	100	200	500	∞
1	161 / 4,052	200 / 4,999	216 / 5,403	225 / 5,625	230 / 5,764	234 / 5,859	237 / 5,928	239 / 5,981	241 / 6,022	242 / 6,056	243 / 6,082	244 / 6,106	245 / 6,142	246 / 6,169	248 / 6,208	249 / 6,234	250 / 6,261	251 / 6,286	252 / 6,302	253 / 6,323	253 / 6,334	254 / 6,352	254 / 6,361	254 / 6,366
2	18.51 / 98.49	19.00 / 99.00	19.16 / 99.17	19.25 / 99.25	19.30 / 99.30	19.33 / 99.33	19.36 / 99.36	19.37 / 99.37	19.38 / 99.39	19.39 / 99.40	19.40 / 99.41	19.41 / 99.42	19.42 / 99.43	19.43 / 99.44	19.44 / 99.45	19.45 / 99.46	19.46 / 99.47	19.47 / 99.48	19.47 / 99.48	19.48 / 99.49	19.49 / 99.49	19.49 / 99.49	19.50 / 99.50	19.50 / 99.50
3	10.13 / 34.12	9.55 / 30.82	9.28 / 29.46	9.12 / 28.71	9.01 / 28.24	8.94 / 27.91	8.88 / 27.67	8.84 / 27.49	8.81 / 27.34	8.78 / 27.23	8.76 / 27.13	8.74 / 27.05	8.71 / 26.92	8.69 / 26.83	8.66 / 26.69	8.64 / 26.60	8.62 / 26.50	8.60 / 26.41	8.58 / 26.35	8.57 / 26.27	8.56 / 26.23	8.54 / 26.18	8.54 / 26.14	8.53 / 26.12
4	7.71 / 21.20	6.94 / 18.00	6.59 / 16.69	6.39 / 15.98	6.26 / 15.52	6.16 / 15.21	6.09 / 14.98	6.04 / 14.80	6.00 / 14.66	5.96 / 14.54	5.93 / 14.45	5.91 / 14.37	5.87 / 14.24	5.84 / 14.15	5.80 / 14.02	5.77 / 13.93	5.74 / 13.83	5.71 / 13.74	5.70 / 13.69	5.68 / 13.61	5.66 / 13.57	5.65 / 13.52	5.64 / 13.48	5.63 / 13.46
5	6.61 / 16.26	5.79 / 13.27	5.41 / 12.06	5.19 / 11.39	5.05 / 10.97	4.95 / 10.67	4.88 / 10.45	4.82 / 10.29	4.78 / 10.15	4.74 / 10.05	4.70 / 9.96	4.68 / 9.89	4.64 / 9.77	4.60 / 9.68	4.56 / 9.55	4.53 / 9.47	4.50 / 9.38	4.46 / 9.29	4.44 / 9.24	4.42 / 9.17	4.40 / 9.13	4.38 / 9.07	4.37 / 9.04	4.36 / 9.02
6	5.99 / 13.74	5.14 / 10.92	4.76 / 9.78	4.53 / 9.15	4.39 / 8.75	4.28 / 8.47	4.21 / 8.26	4.15 / 8.10	4.10 / 7.98	4.06 / 7.87	4.03 / 7.79	4.00 / 7.72	3.96 / 7.60	3.92 / 7.52	3.87 / 7.39	3.84 / 7.31	3.81 / 7.23	3.77 / 7.14	3.75 / 7.09	3.72 / 7.02	3.71 / 6.99	3.69 / 6.94	3.68 / 6.90	3.67 / 6.88
7	5.59 / 12.25	4.74 / 9.55	4.35 / 8.45	4.12 / 7.85	3.97 / 7.46	3.87 / 7.19	3.79 / 7.00	3.73 / 6.84	3.68 / 6.71	3.63 / 6.62	3.60 / 6.54	3.57 / 6.47	3.52 / 6.35	3.49 / 6.27	3.44 / 6.15	3.41 / 6.07	3.38 / 5.98	3.34 / 5.90	3.32 / 5.85	3.29 / 5.78	3.28 / 5.75	3.25 / 5.70	3.24 / 5.67	3.23 / 5.65
8	5.32 / 11.26	4.46 / 8.65	4.07 / 7.59	3.84 / 7.01	3.69 / 6.63	3.58 / 6.37	3.50 / 6.19	3.44 / 6.03	3.39 / 5.91	3.34 / 5.82	3.31 / 5.74	3.28 / 5.67	3.23 / 5.56	3.20 / 5.48	3.15 / 5.36	3.12 / 5.28	3.08 / 5.20	3.05 / 5.11	3.03 / 5.06	3.00 / 5.00	2.98 / 4.96	2.96 / 4.91	2.94 / 4.88	2.93 / 4.86
9	5.12 / 10.56	4.26 / 8.02	3.86 / 6.99	3.63 / 6.42	3.48 / 6.06	3.37 / 5.80	3.29 / 5.62	3.23 / 5.47	3.18 / 5.35	3.13 / 5.26	3.10 / 5.18	3.07 / 5.11	3.02 / 5.00	2.98 / 4.92	2.93 / 4.80	2.90 / 4.73	2.86 / 4.64	2.82 / 4.56	2.80 / 4.51	2.77 / 4.45	2.76 / 4.41	2.73 / 4.36	2.72 / 4.33	2.71 / 4.31
10	4.96 / 10.04	4.10 / 7.56	3.71 / 6.55	3.48 / 5.99	3.33 / 5.64	3.22 / 5.39	3.14 / 5.21	3.07 / 5.06	3.02 / 4.95	2.97 / 4.85	2.94 / 4.78	2.91 / 4.71	2.86 / 4.60	2.82 / 4.52	2.77 / 4.41	2.74 / 4.33	2.70 / 4.25	2.67 / 4.17	2.64 / 4.12	2.61 / 4.05	2.59 / 4.01	2.56 / 3.96	2.55 / 3.93	2.54 / 3.91
11	4.84 / 9.65	3.98 / 7.20	3.59 / 6.22	3.36 / 5.67	3.20 / 5.32	3.09 / 5.07	3.01 / 4.88	2.95 / 4.74	2.90 / 4.63	2.86 / 4.54	2.82 / 4.46	2.79 / 4.40	2.74 / 4.29	2.70 / 4.21	2.65 / 4.10	2.61 / 4.02	2.57 / 3.94	2.53 / 3.86	2.50 / 3.80	2.47 / 3.74	2.45 / 3.70	2.42 / 3.66	2.41 / 3.62	2.40 / 3.60
12	4.75 / 9.33	3.88 / 6.93	3.49 / 5.95	3.26 / 5.41	3.11 / 5.06	3.00 / 4.82	2.92 / 4.65	2.85 / 4.50	2.80 / 4.39	2.76 / 4.30	2.72 / 4.22	2.69 / 4.16	2.64 / 4.05	2.60 / 3.98	2.54 / 3.86	2.50 / 3.78	2.46 / 3.70	2.42 / 3.61	2.40 / 3.56	2.36 / 3.49	2.35 / 3.46	2.32 / 3.41	2.31 / 3.38	2.30 / 3.36
13	4.67 / 9.07	3.80 / 6.70	3.41 / 5.74	3.18 / 5.20	3.02 / 4.86	2.92 / 4.62	2.84 / 4.44	2.77 / 4.30	2.72 / 4.19	2.67 / 4.10	2.63 / 4.02	2.60 / 3.96	2.55 / 3.85	2.51 / 3.78	2.46 / 3.67	2.42 / 3.59	2.38 / 3.51	2.34 / 3.42	2.32 / 3.37	2.28 / 3.30	2.26 / 3.27	2.24 / 3.21	2.22 / 3.18	2.21 / 3.16

The function, $F = e$ with exponent $2z$, is computed in part from Fisher's table VI(7). Additional entries are by interpolation, mostly graphical.

TABLE A (Continued)

f_1 Degrees of Freedom (for greater mean square)

f_2	1	2	3	4	5	6	7	8	9	10	11	12	14	16	20	24	30	40	50	75	100	200	500	∞
14	4.60 8.86	3.74 6.51	3.34 5.56	3.11 5.03	2.96 4.69	2.85 4.46	2.77 4.28	2.70 4.14	2.65 4.03	2.60 3.94	2.56 3.86	2.53 3.80	2.48 3.70	2.44 3.62	2.39 3.51	2.35 3.43	2.31 3.34	2.27 3.26	2.24 3.21	2.21 3.14	2.19 3.11	2.16 3.06	2.14 3.02	2.13 3.00
15	4.54 8.68	3.68 6.36	3.29 5.42	3.06 4.89	2.90 4.56	2.79 4.32	2.70 4.14	2.64 4.00	2.59 3.89	2.55 3.80	2.51 3.73	2.48 3.67	2.43 3.56	2.39 3.48	2.33 3.36	2.29 3.29	2.25 3.20	2.21 3.12	2.18 3.07	2.15 3.00	2.12 2.97	2.10 2.92	2.08 2.89	2.07 2.87
16	4.49 8.53	3.63 6.23	3.24 5.29	3.01 4.77	2.85 4.44	2.74 4.20	2.66 4.03	2.59 3.89	2.54 3.78	2.49 3.69	2.45 3.61	2.42 3.55	2.37 3.45	2.33 3.37	2.28 3.25	2.24 3.18	2.20 3.10	2.16 3.01	2.13 2.96	2.09 2.89	2.07 2.86	2.04 2.80	2.02 2.77	2.01 2.75
17	4.45 8.40	3.59 6.11	3.20 5.18	2.96 4.67	2.81 4.34	2.70 4.10	2.62 3.93	2.55 3.79	2.50 3.68	2.45 3.59	2.41 3.52	2.38 3.45	2.33 3.35	2.29 3.27	2.23 3.16	2.19 3.08	2.15 3.00	2.11 2.92	2.08 2.86	2.04 2.79	2.02 2.76	1.99 2.70	1.97 2.67	1.96 2.65
18	4.41 8.28	3.55 6.01	3.16 5.09	2.93 4.58	2.77 4.25	2.66 4.01	2.58 3.85	2.51 3.71	2.46 3.60	2.41 3.51	2.37 3.44	2.34 3.37	2.29 3.27	2.25 3.19	2.19 3.07	2.15 3.00	2.11 2.91	2.07 2.83	2.04 2.78	2.00 2.71	1.98 2.68	1.95 2.62	1.93 2.59	1.92 2.57
19	4.38 8.18	3.52 5.93	3.13 5.01	2.90 4.50	2.74 4.17	2.63 3.94	2.55 3.77	2.48 3.63	2.43 3.52	2.38 3.43	2.34 3.36	2.31 3.30	2.26 3.19	2.21 3.12	2.15 3.00	2.11 2.92	2.07 2.84	2.02 2.76	2.00 2.70	1.96 2.63	1.94 2.60	1.91 2.54	1.90 2.51	1.88 2.49
20	4.35 8.10	3.49 5.85	3.10 4.94	2.87 4.43	2.71 4.10	2.60 3.87	2.52 3.71	2.45 3.56	2.40 3.45	2.35 3.37	2.31 3.30	2.28 3.23	2.23 3.13	2.18 3.05	2.12 2.94	2.08 2.86	2.04 2.77	1.99 2.69	1.96 2.63	1.92 2.56	1.90 2.53	1.87 2.47	1.85 2.44	1.84 2.42
21	4.32 8.02	3.47 5.78	3.07 4.87	2.84 4.37	2.68 4.04	2.57 3.81	2.49 3.65	2.42 3.51	2.37 3.40	2.32 3.31	2.28 3.24	2.25 3.17	2.20 3.07	2.15 2.99	2.09 2.88	2.05 2.80	2.00 2.72	1.96 2.63	1.93 2.58	1.89 2.51	1.87 2.47	1.84 2.42	1.82 2.38	1.81 2.36
22	4.30 7.94	3.44 5.72	3.05 4.82	2.82 4.31	2.66 3.99	2.55 3.76	2.47 3.59	2.40 3.45	2.35 3.35	2.30 3.26	2.26 3.18	2.23 3.12	2.18 3.02	2.13 2.94	2.07 2.83	2.03 2.75	1.98 2.67	1.93 2.58	1.91 2.53	1.87 2.46	1.84 2.42	1.81 2.37	1.80 2.33	1.78 2.31
23	4.28 7.88	3.42 5.66	3.03 4.76	2.80 4.26	2.64 3.94	2.53 3.71	2.45 3.54	2.38 3.41	2.32 3.30	2.28 3.21	2.24 3.14	2.20 3.07	2.14 2.97	2.10 2.89	2.04 2.78	2.00 2.70	1.96 2.62	1.91 2.53	1.88 2.48	1.84 2.41	1.82 2.37	1.79 2.32	1.77 2.28	1.76 2.26
24	4.26 7.82	3.40 5.61	3.01 4.72	2.78 4.22	2.62 3.90	2.51 3.67	2.43 3.50	2.36 3.36	2.30 3.25	2.26 3.17	2.22 3.09	2.18 3.03	2.13 2.93	2.09 2.85	2.02 2.74	1.98 2.66	1.94 2.58	1.89 2.49	1.86 2.44	1.82 2.36	1.80 2.33	1.76 2.27	1.74 2.23	1.73 2.21
25	4.24 7.77	3.38 5.57	2.99 4.68	2.76 4.18	2.60 3.86	2.49 3.63	2.41 3.46	2.34 3.32	2.28 3.21	2.24 3.13	2.20 3.05	2.16 2.99	2.11 2.89	2.06 2.81	2.00 2.70	1.96 2.62	1.92 2.54	1.87 2.45	1.84 2.40	1.80 2.32	1.77 2.29	1.74 2.23	1.72 2.19	1.71 2.17
26	4.22 7.72	3.37 5.53	2.98 4.64	2.74 4.14	2.59 3.82	2.47 3.59	2.39 3.42	2.32 3.29	2.27 3.17	2.22 3.09	2.18 3.02	2.15 2.96	2.10 2.86	2.05 2.77	1.99 2.66	1.95 2.58	1.90 2.50	1.85 2.41	1.82 2.36	1.78 2.28	1.76 2.25	1.72 2.19	1.70 2.15	1.69 2.13

TABLE A　（Continued）

f_1 Degrees of Freedom （for greater mean square）

f_2	1	2	3	4	5	6	7	8	9	10	11	12	14	16	20	24	30	40	50	75	100	200	500	∞
27	4.21	3.35	2.96	2.73	2.57	2.46	2.37	2.30	2.25	2.20	2.16	2.13	2.08	2.03	1.97	1.93	1.88	1.84	1.80	1.76	1.74	1.71	1.68	1.67
	7.68	5.49	4.60	4.11	3.79	3.56	3.39	3.26	3.14	3.06	2.98	2.93	2.83	2.74	2.63	2.55	2.47	2.38	2.33	2.25	2.21	2.16	2.12	2.10
28	4.20	3.34	2.95	2.71	2.56	2.44	2.36	2.29	2.24	2.19	2.15	2.12	2.06	2.02	1.96	1.91	1.87	1.81	1.78	1.75	1.72	1.69	1.67	1.65
	7.64	5.45	4.57	4.07	3.76	3.53	3.36	3.23	3.11	3.03	2.95	2.90	2.80	2.71	2.60	2.52	2.44	2.35	2.30	2.22	2.18	2.13	2.09	2.06
29	4.18	3.33	2.93	2.70	2.54	2.43	2.35	2.28	2.22	2.18	2.14	2.10	2.05	2.00	1.94	1.90	1.85	1.80	1.77	1.73	1.71	1.68	1.65	1.64
	7.60	5.42	4.54	4.04	3.73	3.50	3.33	3.20	3.08	3.00	2.92	2.87	2.77	2.68	2.57	2.49	2.41	2.32	2.27	2.19	2.15	2.10	2.06	2.03
30	4.17	3.32	2.92	2.69	2.53	2.42	2.34	2.27	2.21	2.16	2.12	2.09	2.04	1.99	1.93	1.89	1.84	1.79	1.76	1.72	1.69	1.66	1.64	1.62
	7.56	5.39	4.51	4.02	3.70	3.47	3.30	3.17	3.06	2.98	2.90	2.84	2.74	2.66	2.55	2.47	2.38	2.29	2.24	2.16	2.13	2.07	2.03	2.01
32	4.15	3.30	2.90	2.67	2.51	2.40	2.32	2.25	2.19	2.14	2.10	2.07	2.02	1.97	1.91	1.86	1.82	1.76	1.74	1.69	1.67	1.64	1.61	1.59
	7.50	5.34	4.46	3.97	3.66	3.42	3.25	3.12	3.01	2.94	2.86	2.80	2.70	2.62	2.51	2.42	2.34	2.25	2.20	2.12	2.08	2.02	1.98	1.96
34	4.13	3.28	2.88	2.65	2.49	2.38	2.30	2.23	2.17	2.12	2.08	2.05	2.00	1.95	1.89	1.84	1.80	1.74	1.71	1.67	1.64	1.61	1.59	1.57
	7.44	5.29	4.42	3.93	3.61	3.38	3.21	3.08	2.97	2.89	2.82	2.76	2.66	2.58	2.47	2.38	2.30	2.21	2.15	2.08	2.04	1.98	1.94	1.91
36	4.11	3.26	2.86	2.63	2.48	2.36	2.28	2.21	2.15	2.10	2.06	2.03	1.98	1.93	1.87	1.82	1.78	1.72	1.69	1.65	1.62	1.59	1.56	1.55
	7.39	5.25	4.38	3.89	3.58	3.35	3.18	3.04	2.94	2.86	2.78	2.72	2.62	2.54	2.43	2.35	2.26	2.17	2.12	2.04	2.00	1.94	1.90	1.87
38	4.10	3.25	2.85	2.62	2.46	2.35	2.26	2.19	2.14	2.09	2.05	2.02	1.96	1.92	1.85	1.80	1.76	1.71	1.67	1.63	1.60	1.57	1.54	1.53
	7.35	5.21	4.34	3.86	3.54	3.32	3.15	3.02	2.91	2.82	2.75	2.69	2.59	2.51	2.40	2.32	2.22	2.14	2.08	2.00	1.97	1.90	1.86	1.84
40	4.08	3.23	2.84	2.61	2.45	2.34	2.25	2.18	2.12	2.07	2.04	2.00	1.95	1.90	1.84	1.79	1.74	1.69	1.66	1.61	1.59	1.55	1.53	1.51
	7.31	5.18	4.31	3.83	3.51	3.29	3.12	2.99	2.88	2.80	2.73	2.66	2.56	2.49	2.37	2.29	2.20	2.11	2.05	1.97	1.94	1.88	1.84	1.81
42	4.07	3.22	2.83	2.59	2.44	2.32	2.24	2.17	2.11	2.06	2.02	1.99	1.94	1.89	1.82	1.78	1.73	1.68	1.64	1.60	1.57	1.54	1.51	1.49
	7.27	5.15	4.29	3.80	3.49	3.26	3.10	2.96	2.86	2.77	2.70	2.64	2.54	2.46	2.35	2.26	2.17	2.08	2.02	1.94	1.91	1.85	1.80	1.78
44	4.06	3.21	2.82	2.58	2.43	2.31	2.23	2.16	2.10	2.05	2.01	1.98	1.92	1.88	1.81	1.76	1.72	1.66	1.63	1.58	1.56	1.52	1.50	1.48
	7.24	5.12	4.26	3.78	3.46	3.24	3.07	2.94	2.84	2.75	2.68	2.62	2.52	2.44	2.32	2.24	2.15	2.06	2.00	1.92	1.88	1.82	1.78	1.75
46	4.05	3.20	2.81	2.57	2.42	2.30	2.22	2.14	2.09	2.04	2.00	1.97	1.91	1.87	1.80	1.75	1.71	1.65	1.62	1.57	1.54	1.51	1.48	1.46
	7.21	5.10	4.24	3.76	3.44	3.22	3.05	2.92	2.82	2.73	2.66	2.60	2.50	2.42	2.30	2.22	2.13	2.04	1.98	1.90	1.86	1.80	1.76	1.72
48	4.04	3.19	2.80	2.56	2.41	2.30	2.21	2.14	2.08	2.03	1.99	1.96	1.90	1.86	1.79	1.74	1.70	1.64	1.61	1.56	1.53	1.50	1.47	1.45
	7.19	5.08	4.22	3.74	3.42	3.20	3.04	2.90	2.80	2.71	2.64	2.58	2.48	2.40	2.28	2.20	2.11	2.02	1.96	1.88	1.84	1.78	1.73	1.70

TABLE A　（Continued）

f_1 Degrees of Freedom（for greater mean square）

f_2	1	2	3	4	5	6	7	8	9	10	11	12	14	16	20	24	30	40	50	75	100	200	500	∞
50	4.03 / 7.17	3.18 / 5.06	2.79 / 4.20	2.56 / 3.72	2.40 / 3.41	2.29 / 3.18	2.20 / 3.02	2.13 / 2.88	2.07 / 2.78	2.02 / 2.70	1.98 / 2.62	1.95 / 2.56	1.90 / 2.46	1.85 / 2.39	1.78 / 2.26	1.74 / 2.18	1.69 / 2.10	1.63 / 2.00	1.60 / 1.94	1.55 / 1.86	1.52 / 1.82	1.48 / 1.76	1.46 / 1.71	1.44 / 1.68
55	4.02 / 7.12	3.17 / 5.01	2.78 / 4.16	2.54 / 3.68	2.38 / 3.37	2.27 / 3.15	2.18 / 2.98	2.11 / 2.85	2.05 / 2.75	2.00 / 2.66	1.97 / 2.59	1.93 / 2.53	1.88 / 2.43	1.83 / 2.35	1.76 / 2.23	1.72 / 2.15	1.67 / 2.06	1.61 / 1.96	1.58 / 1.90	1.52 / 1.82	1.50 / 1.78	1.46 / 1.71	1.43 / 1.66	1.41 / 1.64
60	4.00 / 7.08	3.15 / 4.98	2.76 / 4.13	2.52 / 3.65	2.37 / 3.34	2.25 / 3.12	2.17 / 2.95	2.10 / 2.82	2.04 / 2.72	1.99 / 2.63	1.95 / 2.56	1.92 / 2.50	1.86 / 2.40	1.81 / 2.32	1.75 / 2.20	1.70 / 2.12	1.65 / 2.03	1.59 / 1.93	1.56 / 1.87	1.50 / 1.79	1.48 / 1.74	1.44 / 1.68	1.41 / 1.63	1.39 / 1.60
65	3.99 / 7.04	3.14 / 4.95	2.75 / 4.10	2.51 / 3.62	2.36 / 3.31	2.24 / 3.09	2.15 / 2.93	2.08 / 2.79	2.02 / 2.70	1.98 / 2.61	1.94 / 2.54	1.90 / 2.47	1.85 / 2.37	1.80 / 2.30	1.73 / 2.18	1.68 / 2.09	1.63 / 2.00	1.57 / 1.90	1.54 / 1.84	1.49 / 1.76	1.46 / 1.71	1.42 / 1.64	1.39 / 1.60	1.37 / 1.56
70	3.98 / 7.01	3.13 / 4.92	2.74 / 4.08	2.50 / 3.60	2.35 / 3.29	2.23 / 3.07	2.14 / 2.91	2.07 / 2.77	2.01 / 2.67	1.97 / 2.59	1.93 / 2.51	1.89 / 2.45	1.84 / 2.35	1.79 / 2.28	1.72 / 2.15	1.67 / 2.07	1.62 / 1.98	1.56 / 1.88	1.53 / 1.82	1.47 / 1.74	1.45 / 1.69	1.40 / 1.62	1.37 / 1.56	1.35 / 1.53
80	3.96 / 6.96	3.11 / 4.88	2.72 / 4.04	2.48 / 3.56	2.33 / 3.25	2.21 / 3.04	2.12 / 2.87	2.05 / 2.74	1.99 / 2.64	1.95 / 2.55	1.91 / 2.48	1.88 / 2.41	1.82 / 2.32	1.77 / 2.24	1.70 / 2.11	1.65 / 2.03	1.60 / 1.94	1.54 / 1.84	1.51 / 1.78	1.45 / 1.70	1.42 / 1.65	1.38 / 1.57	1.35 / 1.52	1.32 / 1.49
100	3.94 / 6.90	3.09 / 4.82	2.70 / 3.98	2.46 / 3.51	2.30 / 3.20	2.19 / 2.99	2.10 / 2.82	2.03 / 2.69	1.97 / 2.59	1.92 / 2.51	1.88 / 2.43	1.85 / 2.36	1.79 / 2.26	1.75 / 2.19	1.68 / 2.06	1.63 / 1.98	1.57 / 1.89	1.51 / 1.79	1.48 / 1.73	1.42 / 1.64	1.39 / 1.59	1.34 / 1.51	1.30 / 1.46	1.28 / 1.43
125	3.92 / 6.84	3.07 / 4.78	2.68 / 3.94	2.44 / 3.47	2.29 / 3.17	2.17 / 2.95	2.08 / 2.79	2.01 / 2.65	1.95 / 2.56	1.90 / 2.47	1.86 / 2.40	1.83 / 2.33	1.77 / 2.23	1.72 / 2.15	1.65 / 2.03	1.60 / 1.94	1.55 / 1.85	1.49 / 1.75	1.45 / 1.68	1.39 / 1.59	1.36 / 1.54	1.31 / 1.46	1.27 / 1.40	1.25 / 1.37
150	3.91 / 6.81	3.06 / 4.75	2.67 / 3.91	2.43 / 3.44	2.27 / 3.14	2.16 / 2.92	2.07 / 2.76	2.00 / 2.62	1.94 / 2.53	1.89 / 2.44	1.85 / 2.37	1.82 / 2.30	1.76 / 2.20	1.71 / 2.12	1.64 / 2.00	1.59 / 1.91	1.54 / 1.83	1.47 / 1.72	1.44 / 1.66	1.37 / 1.56	1.34 / 1.51	1.29 / 1.43	1.25 / 1.37	1.22 / 1.33
200	3.89 / 6.76	3.04 / 4.71	2.65 / 3.88	2.41 / 3.41	2.26 / 3.11	2.14 / 2.90	2.05 / 2.73	1.98 / 2.60	1.92 / 2.50	1.87 / 2.41	1.83 / 2.34	1.80 / 2.28	1.74 / 2.17	1.69 / 2.09	1.62 / 1.97	1.57 / 1.88	1.52 / 1.79	1.45 / 1.69	1.42 / 1.62	1.35 / 1.53	1.32 / 1.48	1.26 / 1.39	1.22 / 1.33	1.19 / 1.28
400	3.86 / 6.70	3.02 / 4.66	2.62 / 3.83	2.39 / 3.36	2.23 / 3.06	2.12 / 2.85	2.03 / 2.69	1.96 / 2.55	1.90 / 2.46	1.85 / 2.37	1.81 / 2.29	1.78 / 2.23	1.72 / 2.12	1.67 / 2.04	1.60 / 1.92	1.54 / 1.84	1.49 / 1.74	1.42 / 1.64	1.38 / 1.57	1.32 / 1.47	1.28 / 1.42	1.22 / 1.32	1.16 / 1.24	1.13 / 1.19
1000	3.85 / 6.66	3.00 / 4.62	2.61 / 3.80	2.38 / 3.34	2.22 / 3.04	2.10 / 2.82	2.02 / 2.66	1.95 / 2.53	1.89 / 2.43	1.84 / 2.34	1.80 / 2.26	1.76 / 2.20	1.70 / 2.09	1.65 / 2.01	1.58 / 1.89	1.53 / 1.81	1.47 / 1.71	1.41 / 1.61	1.36 / 1.54	1.30 / 1.44	1.26 / 1.38	1.19 / 1.28	1.13 / 1.19	1.08 / 1.11
∞	3.84 / 6.64	2.99 / 4.60	2.60 / 3.78	2.37 / 3.32	2.21 / 3.02	2.09 / 2.80	2.01 / 2.64	1.94 / 2.51	1.88 / 2.41	1.83 / 2.32	1.79 / 2.24	1.75 / 2.18	1.69 / 2.07	1.64 / 1.99	1.57 / 1.87	1.52 / 1.79	1.46 / 1.69	1.40 / 1.59	1.35 / 1.52	1.28 / 1.41	1.24 / 1.36	1.17 / 1.25	1.11 / 1.15	1.00 / 1.00

TABLE B　Distribution of t Statistic in Comparing Treatment Means with a Control ti

df for MS$_{error}$	$1 - \alpha$	k = number of means（including control）								
		2	3	4	5	6	7	8	9	10
5	.95	2.02	2.44	2.68	2.85	2.98	3.08	3.16	3.24	3.03
	.975	2.57	3.03	3.29	3.48	3.62	3.73	3.82	3.90	3.97
	.99	3.36	3.90	4.21	4.43	4.60	4.73	4.85	4.94	5.03
	.995	4.03	4.63	.4.98	5.22	5.41	5.56	5.69	5.80	5.89
6	.95	1.94	2.34	2.56	2.71	2.83	2.92	3.00	3.07	3.12
	.975	2.45	2.86	3.10	3.26	3.39	3.49	3.57	3.64	3.71
	.99	3.14	3.61	3.88	4.07	4.21	4.33	4.43	4.51	4.59
	.995	3.71	4.21	4.51	4.71	4.87	5.00	5.10	5.20	5.28
7	.95	1.89	2.27	2.48	2.62	2.73	2.82	2.89	2.95	3.01
	.975	2.36	2.75	2.97	3.12	3.24	3.33	3.41	3.47	.3.53
	.99	3.00	3.42	3.66	3.83	3.96	4.07	4.15	4.23	4.30
	.995	3.50	3.95	4.21	4.39	4.53	4.64	4.74	4.82	4.89
8	.95	1.86	2.22	2.42	2.55	2.66	2.74	2.81	2.87	2.92
	.975	2.31	2.67	2.88	3.02	3.13	3.22	3.29	3.35	3.41
	.99	2.90	3.29	3.51	3.67	3.79	3.88	3.96	4.03	4.09
	.995	3.36	3.77	4.00	4.17	4.29	4.40	4.48	4.56	4.62
9	.95	1.83	2.18	2.37	2.50	2.60	2.68	2.75	2.81	2.86
	.975	2.26	2.61	2.81	2.95	3.05	3.14	3.20	3.26	3.32
	.99	2.28	3.19	3.40	3.55	3.66	3.75	3.82	3.89	3.94
	.995	3.25	3.63	3.85	4.01	4.12	4.22	4.30	4.37	4.43
10	.95	1.81	2.15	2.34	2.47	2.56	2.64	2.70	2.76	2.81
	.975	2.23	2.57	2.76	2.89	2.99	3.07	3.14	3.19	3.24
	.99	2.76	3.11	3.31	3.45	3.56	3.64	3.71	3.78	3.83
	.995	3.17	3.53	3.74	3.88	3.99	4.08	4.16	4.22	4.28
11	.95	1.80	2.13	2.31	2.44	2.53	2.60	2.67	2.72	2.77
	.975	2.20	2.53	2.72	2.84	2.94	3.02	3.08	3.14	3.19
	.99	2.72	3.06	3.25	3.38	3.48	3.56	3.63	3.69	3.74
	.995	3.11	3.45	3.65	3.79	3.89	3.98	4.05	4.11	4.16
12	.95	1.78	2.11	2.29	2.41	2.50	2.58	2.64	2.69	2.74
	.975	2.18	2.50	2.68	2.81	2.90	2.98	3.04	3.09	3.14
	.99	2.68	3.01	3.19	3.32	3.42	3.50	3.56	3.62	3.67
	.995	3.05	3.39	3.58	3.71	3.81	3.89	3.96	4.02	4.07
13	.95	1.77	2.09	2.27	2.39	2.48	2.55	2.61	2.66	2.71
	.975	2.16	2.48	2.65	2.78	2.87	2.94	3.00	3.06	3.10
	.99	2.65	2.97	3.15	3.27	3.37	3.44	3.51	3.56	3.61
	.995	3.01	3.33	3.52	3.65	3.74	3.82	3.89	3.94	3.99
14	.95	1.76	2.08	2.25	2.37	2.46	2.53	2.59	2.64	2.69
	.975	2.14	2.46	2.63	2.75	2.84	2.91	2.97	3.02	3.07
	.99	2.62	2.94	3.11	3.23	3.32	3.40	3.46	3.51	3.56
	.995	2.98	3.29	3.47	3.59	3.69	3.76	3.83	3.88	3.93

TABLE B　（Continued）†‡

df for MS_error	$1-\alpha$	k = number of means（including control）								
		2	3	4	5	6	7	8	9	10
16	.95	1.75	2.06	2.23	2.34	2.43	2.50	2.56	2.61	2.65
	.975	2.12	2.42	2.59	2.71	2.80	2.87	2.92	2.97	3.02
	.99	2.58	2.88	3.05	3.17	3.26	3.33	3.39	3.44	3.48
	.995	2.92	3.22	3.39	3.51	3.60	3.67	3.73	3.78	3.83
18	.95	1.73	2.04	2.21	2.32	2.41	2.48	2.53	2.58	2.62
	.975	2.10	2.40	2.56	2.68	2.76	2.83	2.89	2.94	2.98
	.99	2.55	2.84	3.01	3.12	3.21	3.27	3.33	3.38	3.42
	.995	2.88	3.17	3.33	3.44	3.53	3.60	3.66	3.71	3.75
20	.95	1.72	2.03	2.19	2.30	2.39	2.46	2.51	2.56	2.60
	.975	2.09	2.38	2.54	2.65	2.73	2.80	2.86	2.90	2.95
	.99	2.53	2.81	2.97	3.08	3.17	3.23	3.29	3.34	3.38
	.995	2.85	3.13	3.29	3.40	3.48	3.55	3.60	3.65	3.69
24	.95	1.71	2.01	2.17	2.28	2.36	2.43	2.48	2.53	2.57
	.975	2.06	2.35	2.51	2.61	2.70	2.76	2.81	2.86	2.90
	.99	2.49	2.77	2.92	3.03	3.11	3.17	3.22	3.27	3.31
	.995	2.80	3.07	3.22	3.32	3.40	3.47	3.52	3.57	3.61
30	.95	1.70	1.99	2.15	2.25	2.33	2.40	2.45	2.50	2.54
	.975	2.04	2.32	2.47	2.58	2.66	2.72	2.77	2.82	2.86
	.99	2.46	2.72	2.87	2.97	3.05	3.11	3.16	3.21	3.24
	.995	2.75	3.01	3.15	3.25	3.33	3.39	3.44	3.49	3.52
40	.95	1.68	1.97	2.13	2.23	2.31	2.37	2.42	2.47	2.51
	.975	2.02	2.29	2.44	2.54	2.62	2.68	2.73	2.77	2.81
	.99	2.42	2.68	2.82	2.92	2.99	3.05	3.10	3.14	3.18
	.995	2.70	2.95	3.09	3.19	3.26	3.32	3.37	3.41	3.44
60	.95	1.67	1.95	2.10	2.21	2.28	2.35	2.39	2.44	2.48
	.975	2.00	2.27	2.41	2.51	2.58	2.64	2.69	2.73	2.77
	.99	2.39	2.64	2.78	2.87	2.94	3.00	3.04	3.08	3.12
	.995	2.66	2.90	3.03	3.12	3.19	3.25	3.29	3.33	3.37
120	.95	1.66	1.93	2.08	2.18	2.26	2.32	2.37	2.41	2.45
	.975	1.98	2.24	2.38	2.47	2.55	2.60	2.65	2.69	2.73
	.99	2.36	2.60	2.73	2.82	2.89	2.94	2.99	3.03	3.06
	.995	2.62	2.85	2.97	3.06	3.12	3.18	3.22	3.26	3.29
∞	.95	1.64	1.92	2.06	2.16	2.23	2.29	2.34	2.38	2.42
	.975	1.96	2.21	2.35	2.44	2.51	2.57	2.61	2.65	2.69
	.99	2.33	2.56	2.68	2.77	2.84	2.89	2.93	2.97	3.00
	.995	2.58	2.79	2.92	3.00	3.06	3.11	3.15	3.19	3.22

† Entries in rows .975 and .995 are for two-sided simultaneous confidence intervals with α = .05 and .01, restectively. Entries in rows .95 and .99 are for one-sided confidence simultaneous intervals with α = .05 and .0.1, respectively.

‡ This table is reproduced from : A multiple comparison procedure for comparing several treatments with a control. Journal of the American Statistical Association, 1955, 50, 1096-1121, and New tables for multiple comparisons with a control. Biometrics, 1964, 20, 482-491, with the permission of the author, C. W. Dunnett, and the editors.

TABLE C Distribution of the Studentized Range Statistic†

df for s̄X	1−α	r = number of steps between ordered means													
		2	3	4	5	6	7	8	9	10	11	12	13	14	15
1	.95	18.0	27.0	32.8	37.1	40.4	43.1	45.4	47.4	49.1	50.6	52.0	53.2	54.3	55.4
	.99	90.0	135	164	186	202	216	227	237	246	253	260	266	272	277
2	.95	6.09	8.3	9.8	10.9	11.7	12.4	13.0	13.5	14.0	14.4	14.7	15.1	15.4	15.7
	.99	14.0	19.0	22.3	24.7	26.6	28.2	29.5	30.7	31.7	32.6	33.4	34.1	34.8	35.4
3	.95	4.50	5.91	6.82	7.50	8.04	8.48	8.85	9.18	9.46	9.72	9.95	10.2	10.4	10.5
	.99	8.26	10.6	12.2	13.3	14.2	15.0	15.6	16.2	16.7	17.1	17.5	17.9	18.2	18.5
4	.95	3.93	5.04	5.76	6.29	6.71	7.05	7.35	7.60	7.83	8.03	8.21	8.37	8.52	8.66
	.99	6.51	8.12	9.17	9.96	10.6	11.1	11.5	11.9	12.3	12.6	12.8	13.1	13.3	13.5
5	.95	3.64	4.60	5.22	5.67	6.03	6.33	6.58	6.80	6.99	7.17	7.32	7.47	7.60	7.72
	.99	5.70	6.97	7.80	8.42	8.91	9.32	9.67	9.97	10.2	10.5	10.7	10.9	11.1	11.2
6	.95	3.46	4.34	4.90	5.31	5.63	5.89	6.12	6.32	6.49	6.65	6.79	6.92	7.03	7.14
	.99	5.24	6.33	7.03	7.56	7.97	8.32	8.61	8.87	9.10	9.30	9.49	9.65	9.81	9.95
7	.95	3.34	4.16	4.69	5.06	5.36	5.6	5.82	6.00	6.16	6.30	6.43	6.55	6.66	6.76
	.99	4.95	5.92	6.54	7.01	7.37	7.68	7.94	8.17	8.37	8.55	8.71	8.86	9.00	9.12
8	.95	3.26	4.04	4.53	4.89	5.17	5.40	5.60	5.77	5.92	6.05	6.18	6.29	6.39	6.48
	.99	4.74	5.63	6.20	6.63	6.96	7.24	7.47	7.68	7.87	8.03	8.18	8.31	8.44	8.55
9	.95	3.20	3.95	4.42	4.76	5.02	5.24	5.43	5.60	5.74	5.87	5.98	6.09	6.19	6.28
	.99	4.60	5.43	5.96	6.35	6.66	6.91	7.13	7.32	7.49	7.65	7.78	7.91	8.03	8.13
10	.95	3.15	3.88	4.33	4.65	4.91	5.12	5.30	5.46	5.60	5.72	5.83	5.93	6.03	6.11
	.99	4.48	5.27	5.77	6.14	6.43	6.67	6.87	7.05	7.21	7.36	7.48	7.60	7.71	7.81

† This table is abridged from Table II.2 in The Probability Integrals of the Range and of the Studentized Range, prepared by H. Leon Harter, Donald S. Clemm, and Eugene H. Guthrie. These tables are published in WADC tech. Rep. 58-484, vol. 2, 1959, Wright Air Development Center, and are reproduced with the kind permission of the authors.

11	.95	3.11	3.82	4.26	4.57	4.82	5.03	5.20	5.35	5.49	5.61	5.71	5.81	5.90	5.99
	.99	4.39	5.14	5.62	5.97	6.25	6.48	6.67	6.84	6.99	7.13	7.26	7.36	7.46	7.56
12	.95	3.08	3.77	4.20	4.51	4.75	4.95	5.12	5.27	5.40	5.51	5.62	5.71	5.80	5.88
	.99	4.32	5.04	5.50	5.84	6.10	6.32	6.51	6.67	6.81	6.94	7.06	7.17	7.26	7.36
13	.95	3.06	3.73	4.15	4.45	4.69	4.88	5.05	5.19	5.32	5.43	5.53	5.63	5.71	5.79
	.99	4.26	4.96	5.40	5.73	5.98	6.19	6.37	6.53	6.67	6.79	6.90	7.01	7.10	7.19
14	.95	3.03	3.70	4.11	4.41	4.64	4.83	4.99	5.13	5.25	5.36	5.46	5.55	5.64	5.72
	.99	4.21	4.89	5.32	5.63	5.88	6.08	6.26	6.41	6.54	6.66	6.77	6.87	6.96	7.05
16	.95	3.00	3.65	4.05	4.33	4.56	4.74	4.90	5.03	5.15	5.26	5.35	5.44	5.52	5.59
	.99	4.13	4.78	5.19	5.49	5.72	5.92	6.08	6.22	6.35	6.46	6.56	6.66	6.74	6.82
18	.95	2.97	3.61	4.00	4.28	4.49	4.67	4.82	4.96	5.07	5.17	5.27	5.35	5.43	5.50
	.99	4.07	4.70	5.09	5.38	5.60	5.79	5.94	6.08	6.20	6.31	6.41	6.50	6.58	6.65
20	.95	2.95	3.58	3.96	4.23	4.45	4.62	4.77	4.90	5.01	5.11	5.20	5.28	5.36	5.43
	.99	4.02	4.64	5.02	5.29	5.51	5.69	5.84	5.97	6.09	6.19	6.29	6.37	6.45	6.52
24	.95	2.92	3.53	3.90	4.17	4.37	4.54	4.68	4.81	4.92	5.01	5.10	5.18	5.25	5.32
	.99	3.96	4.54	4.91	5.17	5.37	5.54	5.69	5.81	5.92	6.02	6.11	6.19	6.26	6.33
30	.95	2.89	3.49	3.84	4.10	4.30	4.46	4.60	4.72	4.83	4.92	5.00	5.08	5.15	5.21
	.99	3.89	4.45	4.80	5.05	5.24	5.40	5.54	5.65	5.76	5.85	5.93	6.01	6.08	6.14
40	.95	2.86	3.44	3.79	4.04	4.23	4.39	4.52	4.63	4.74	4.82	4.91	4.98	5.05	5.11
	.99	3.82	4.37	4.70	4.93	5.11	5.27	5.39	5.50	5.60	5.69	5.77	5.84	5.90	5.96
60	.95	2.83	3.40	3.74	3.98	4.16	4.31	4.44	4.55	4.65	4.73	4.81	4.88	4.94	5.00
	.99	3.76	4.28	4.60	4.82	4.99	5.13	5.25	5.36	5.45	5.53	5.60	5.67	5.73	5.79
120	.95	2.80	3.36	3.69	3.92	4.10	4.24	4.36	4.48	4.56	4.64	4.72	4.78	4.84	4.90
	.99	3.70	4.20	4.50	4.71	4.87	5.01	5.12	5.21	5.30	5.38	5.44	5.51	5.56	5.61
∞	.95	2.77	3.31	3.63	3.86	4.03	4.17	4.29	4.39	4.47	4.55	4.62	4.68	4.74	4.80
	.99	3.64	4.12	4.40	4.60	4.76	4.88	4.99	5.08	5.16	5.23	5.29	5.35	5.40	5.45

TABLE D Duncan's Multiple Range
Alpha = .05*

k / df	2	3	4	5	6	7	8	9	10	11	12	13	14	15	16	17	18	19
2	6.085																	
3	4.501	4.516																
4	3.927	4.013	4.033															
5	3.635	3.749	3.797	3.814														
6	3.461	3.587	3.649	3.680	3.694													
7	3.344	3.477	3.548	3.588	3.611	3.622												
8	3.261	3.399	3.475	3.521	3.549	3.566	3.575											
9	3.199	3.339	3.420	3.470	3.502	3.523	3.536	3.544										
10	3.151	3.293	3.376	3.430	3.465	3.489	3.505	3.516	3.522									
11	3.113	3.256	3.342	3.397	3.435	3.462	3.480	3.493	3.501	3.506								
12	3.082	3.225	3.313	3.370	3.410	3.439	3.459	3.474	3.484	3.491	3.496							
13	3.055	3.200	3.289	3.348	3.389	3.419	3.442	3.458	3.470	3.478	3.484	3.488						
14	3.033	3.178	3.268	3.329	3.372	3.403	3.426	3.444	3.457	3.467	3.474	3.479	3.482					
15	3.014	3.160	3.250	3.312	3.356	3.389	3.413	3.432	3.446	3.457	3.465	3.471	3.476	3.478				
16	2.998	3.144	3.235	3.298	3.343	3.376	3.402	3.422	3.437	3.449	3.458	3.465	3.470	3.473	3.477			
17	2.984	3.130	3.222	3.285	3.331	3.366	3.392	3.412	3.429	3.441	3.451	3.459	3.465	3.469	3.473	3.475		
18	2.971	3.118	3.210	3.274	3.321	3.356	3.383	3.405	3.421	3.435	3.445	3.454	3.460	3.465	3.470	3.472	3.474	
19	2.960	3.107	3.199	3.264	3.311	3.347	3.375	3.397	3.415	3.429	3.440	3.449	3.456	3.462	3.467	3.470	3.472	3.473
20	2.950	3.097	3.190	3.255	3.303	3.339	3.368	3.391	3.409	3.424	3.436	3.445	3.453	3.459	3.464	3.467	3.470	3.472
24	2.919	3.066	3.160	3.226	3.276	3.315	3.345	3.370	3.390	3.406	3.420	3.432	3.441	3.449	3.456	3.461	3.465	3.469
30	2.888	3.035	3.131	3.199	3.250	3.290	3.322	3.349	3.371	3.389	3.405	3.418	3.430	3.439	3.447	3.454	3.460	3.466
40	2.858	3.006	3.102	3.171	3.224	3.266	3.300	3.328	3.352	3.373	3.390	3.405	3.418	3.429	3.439	3.448	3.456	3.463
60	2.829	2.976	3.073	3.143	3.198	3.241	3.277	3.307	3.333	3.355	3.374	3.391	3.406	3.419	3.431	3.442	3.451	3.460
120	2.800	2.947	3.045	3.116	3.172	3.217	3.254	3.287	3.314	3.337	3.359	3.377	3.394	3.409	3.423	3.435	3.466	3.457
∞	2.772	2.918	3.017	3.089	3.146	3.193	3.232	3.265	3.294	3.320	3.343	3.363	3.382	3.399	3.414	3.428	3.442	3.454

TABLE D　Duncan's Multiple Range （Cont.）

Alpha = .01*

k \ df	2	3	4	5	6	7	8	9	10	11	12	13	14	15	16	17	18	19
2	14·04																	
3	8·461	8.321																
4	6·512	6·677	6.740															
5	5.702	5·893	5.989	6.040														
6	5.243	5.439	5.549	5.614	5.655													
7	4.949	5.145	5.260	5.334	5.383	5.416												
8	4.746	4.939	5.057	5.135	5.189	5.227	5.256											
9	4.596	4.787	4.906	4.986	5.043	5.086	5.118	5.142										
10	4.482	4.671	4.790	4.871	4.931	4.975	5.010	5.037	5.058									
11	4.392	4.579	4.697	4.780	4.841	4.887	4.924	4.952	4.975	4.994								
12	4.320	4.504	4.622	4.706	4.767	4.815	4.852	4.883	4.907	4.927	4.944							
13	4.260	4.442	4.560	4.644	4.706	4.755	4.793	4.824	4.850	4.872	4.889	4.904						
14	4.210	4.391	4.508	4.591	4.654	4.704	4.743	4.775	4.802	4.824	4.843	4.859	4.872					
15	4.168	4.347	4.463	4.547	4.610	4.660	4.700	4.733	4.760	4.783	4.803	4.820	4.834	4.846				
16	4.131	4·309	4.425	4.509	4.572	4.622	4.663	4.696	4.724	4.748	4.768	4.786	4.800	4.813	4.825			
17	4·099	4·275	4.391	4.475	4.539	4.589	4.630	4.664	4.693	4.717	4.738	4.756	4.771	4.785	4.797	4.807		
18	4·071	4·246	4.362	4.445	4.509	4.560	4.601	4.635	4.664	4.689	4.711	4.729	4.745	4.759	4.772	4.783	4.792	
19	4.046	4.220	4.335	4.419	4.483	4.534	4.575	4.610	4.639	4.665	4.686	4.705	4.722	4.736	4.749	4.761	4.771	4.780
20	4.024	4.197	4.312	4.395	4.459	4.510	4.552	4.587	4.617	4.642	4.664	4.684	4.701	4.716	4.729	4.741	4.751	4.761
24	3.956	4.126	4.239	4.322	4.386	4.437	4.480	4.516	4.546	4.573	4.596	4.616	4.634	4.651	4.665	4.678	4.690	4.700
30	3.889	4.056	4.168	4.250	4.314	4.366	4.409	4.445	4.477	4.504	4.528	4.550	4.569	4.586	4.601	4.615	4.628	4.640
40	·3.825	3.988	4.098	4.180	4.244	4.296	4.339	4.376	4.408	4.436	4.461	4.483	4.503	4.521	4.537	4.553	4.566	4.579
60	3.762	3.922	4.031	4.111	4.174	4.226	4.270	4.307	4.340	4.368	4.394	4.417	4.438	4.456	4.474	4.490	4.504	4.518
120	3.702	3.858	3.965	4.044	4.107	4.158	4.202	4.239	4.272	4.301	4.327	4.351	4.372	4.392	4.410	4.426	4.442	4.456
∞	3.643	3.796	3.900	3.978	4.040	4.091	4.135	4.172	4.205	4.235	4.261	4.285	4.307	4.327	4.345	4.363	4.379	4.394

One-Factor Analysis of Variance

and Multiple Comparisons

Maw-fa Chien

(Abstract)

The analysis of variance is a method by which the sources of variation observed in experimental data may be segregated and analyzed. In all problems where the samples are randomly drawn from normal populations having the same variance, the analysis of variance provides an effective and powerful technique. The simplest type of analysis of variance model is the one in which observations are classified into groups on the basis of a single property. The kn subjects are randomly assigned into each of k treatments in such a way that for each treatment there is n subjects. In this article the analysis of variance for a *simple randomized,* or *completely randomized, design* is illustrated. The following steps are involved:

1. Partition the total sum of squares into two components, a within-groups and a between-groups sum of squares, using the appropriate computation formulas.

2. Divide these sums of squares by the associated number of degrees of freedom to obtain MS_w ahd MS_b, the within- and between- group variance estimates.

3. Calculate the F ratio, MS_b/MS_w, and refer this to the table F (Table A of the Appendix).

4. If the probability of obtaining the observed F value is small, say, less than .05 or .01, under the null hypothesis, reject that hypothesis.

There are a variety of statistical procedures available for multiple comparison between specific means following analysis of variance if the null hypothesis is rejected. Methods in common use, using a t statistic, the F test, and *studentized range,* have been developed by Dunnett (1955), Scheffé (1953), Tukey (1949), Newman (1939), Keuls (1952), and Duncan (1955, 1957). In terms of per-comparison Type I error, multiple-comparison procedures may be ordered from low to high as follows: Scheffé, Tukey, Newman-Keuls, and Duncan. In terms of Type II error, the order of the procedure is the reverse: Duncan, Newman-Keuls, Tukey, and Scheffé.

電腦與統計方法在教育研究上之配合運用

　　主席、各位教育界的前輩和同仁：現在我僅就有關「電腦在教育研究上之運用」第二部份：「電腦與統計方法在教育研究上之配合運用」加以說明。關於我要報告的大綱已印在研討會手冊第八頁。另外請各位從資料袋裡拿出一份資料，這是兩個教育研究的實例，用以說明「多元廻歸分析法」之運用途徑。

一、電腦提供教育研究資料處理之服務

　　現代教育強調以科學的方法，推動研究發展工作。因此，相當重視「實徵性研究」（ empirical approach ）。進行「實徵性研究」時，通常是用調查、測驗或實驗的科學方法，來搜集有關教育活動的數據資料。這些數據的資料，我們可以應用統計的方法加以分析，而把複雜的問題和教育現象化成有系統、有意義的研究結果。如果教育研究所涉及的變數相當複雜，或接受調查、測驗、實驗的人數衆多，

那麼資料處理（ data processing ）是一件非常繁重的工作。這時如果我們能夠利用電腦這種科學的工具進行統計分析，那麼電腦可以提供很有效的服務，使統計工作得以順利進行。

至於談到利用電腦來作教育研究資料的統計分析，我們首先要說明電腦在分析資料方面的一些優點。一般而言，利用電腦處理資料的優點有三個：快速（ speed ）、正確（ accuracy ）、經濟（ economy ）。電腦具有四個特點，現在分別說明如下：

1.**敏捷之操作**：使用電腦來處理資料，電腦的操作效率很高，它可以非常敏捷地進行分類、比較、演算等工作。

2.**廣大之儲量**：在電腦裡，我們可以把研究所收集的各種資料儲存進去，蓋因電腦有廣大的儲存量。把資料儲存進去之後，需要使用時，可利用各種指令方式，調出資料加以統計分析。

3.**高度之可靠性**：電腦有高度的可靠性，電腦固然也有可能發生錯誤，不過通常是由於人爲的疏忽所致。我們在使用電腦進行資料分析時，發生錯誤的機會應當比較少。在我們設計電腦程式的時候，如作適當的安排，那麼在處理資料的過程中，有一些不合理的資料或不合理現象產生，電腦有時候會停止操作，有時會把一些可能錯誤的地方告訴我們，提醒我們必須再查對這些資料，探究什麼地方有了問題而加以改進。

4.**邏輯及數學之運用**：電腦是根據人腦的原理加以設計的。使用電腦時，只要在程式上給予適當指令，它可以作邏輯及數學上的運用和推演，或按照電腦程式的指示，進行分類、比較、轉移等工作，或者担負非常繁複之統計分析的任務。

另外可以發現電腦和人類不一樣的地方，即是電腦不會厭煩、疲倦，經常保持最高的、最佳的工作狀態，提供最忠實的服務。研究者

如果能用電腦來分析資料，通常可使我們所收集的資料，作最充分的運用，進行深入的統計分析，以獲致最大的研究結果。這是使用電腦分析資料的好處。

　　不過，我們也應該瞭解電腦有它的限制。電腦畢竟是沒有生命的機器，只能做機械式的操作，完全聽命於人，聽命於我們給它的各種程式上面的指示。因此，我們用電腦分析資料，當然必須把研究資料化成電腦語言的形式，然後才能按照我們的指令行事。另外，如果遭到一些問題，電腦不像人腦能夠隨機應變或作具有創造性的調整；電腦本身也不能夠發展自己、改變自己。電腦有優點，也有缺點，因此我們人腦與電腦在研究上應該作適當的配合運用，兩者就如同主僕的關係一樣，如果能夠適當配合，那麼在研究上一定可以相得益彰。

二、電腦促進統計方法之革新及發展

　　由於電腦的發明和推廣應用，使統計學的內容和方法不斷地革新進步，對於教育研究的設計與實施產生不少的影響。在這方面可歸納成數點，加以簡單的說明。

　　由於現在有了電腦作為我們處理資料的科學工具，因此在統計方法上，我們比較強調下列的幾個發展趨勢：

　　1.擴大樣本的人數，再就樣本性質細分組別，以減少抽樣誤差，增加統計推論的正確性：在教育研究上電腦可以使我們增加樣本的人數，增加統計分析結果應用在推論方面的正確性。譬如研究學生的課業負擔是否太重，過去沒有電腦，也許我們不管大學生、中學生或小學生，通通包括在研究對象中，以探討其課業負擔的情形。而現在我們有了電腦，研究人數可以多一些，同時根據大、中、小學生予以分組，另外可以再按性別、年

級……等許多分類因素，把整個樣本配合研究上的需要予以細分，因為這樣細分成比較小的組別，然後再行抽樣，也許誤差就會比較少些。

2. 建立多變數分析的數理模式，發展各種多元變數的統計方法：顯然我們可以看到現在統計上有一個重要的發展趨勢，強調多變數分析方法的運用，譬如我們在測驗統計或研究上用到的因素分析、多元廻歸分析、典型相關分析、辨別分析、多元變異數分析、多元共變數分析等皆是。這些統計分析的方法，由於牽涉到很多繁複的計算過程，不容易用人工方法加以處理；若用人工處理，要花費很多時間、人力，所以在過去很難辦到。現在有電腦可用以處理繁複的資料，所以多變數分析乃被採用，可以說是相當普遍。

3. 採用「運算公式」替代「定義公式」，以節省電腦作業時間：一般統計的公式有兩種，一種是「定義公式」，另一種是「運算公式」。定義公式可以使我們知道某一種統計量數的意義是什麼，不過，定義公式在我們一般的計算上，如果要一一把原始數據資料代進去，可能是相當的麻煩。如今利用電腦作為我們統計分析的工具，為了要節省電腦操作的時間，通常有一種趨勢，就是利用「運算公式」來代替「定義公式」。不過在此順便提及：如果電腦的運作單位準確的範圍有限的話，替代之後可能造成一種削截的誤差，而減低了統計結果的準確性。在未能調整電腦運作單位的準確範圍之前，一個變通的方法就是採用「倍式準確性的浮點情況」以代替「單式準確性的浮點情況」，但由於電腦作業過程比較繁複，而相對地增加了電腦的時間。如果我們能將電腦運作單位準確性的範圍加以擴大，那

麼這個問題就可以解決了。

4. 不經由傳統的歸類途徑而直接對原始數據資料進行統計處理，以避免分組誤差的影響：我們傳統的統計方法，在從前沒有計算機之時，要用人工加以演算，所以如果我們所得到的資料很多，通常須先把資料加以分類整理，化繁為簡，變成次數分配表的形式，再做統計，這樣可能會比較簡單一些。不過，把資料加以分類化成次數分配表，會造成分組上的誤差。現在由於使用電腦作為資料分析的工具，我們採取了直接對原始分數進行統計處理的方法，這樣可以避免分組誤差的影響。但是這並不是說，次數分配表完全失去價值，如果我們想要看出數據資料分配的情形，也可以在電腦程式上要求把它打出來。例如：我們用直線相關的方法去分析雙變量資料，也許會得到相關等於零的結果，但是相關等於零，並不一定說它沒有相關，因為它可能不是直線相關而是曲線相關。至於如何發覺這項事實呢？也許我們可以把相關的兩個變項，用散佈圖的方式，把它呈現出來。

5. 重視報導各種統計假設檢定結果所犯第一種錯誤的機率，而更能推斷其顯著水準：在過去談到統計推論時，我們常常求出一些考驗顯著性的量數出來之後，再查某種抽樣分配的機率表，可以得到犯第一種錯誤的誤差是否小於 0.05 或小於 0.01。利用電腦分析，可以直接求出我們在作統計推論時，可能會犯錯的機率是多少，這是電腦在統計運用上一個很重要的發展。

6. 統計學教學之重點在於統計方法之選用和統計結果的解釋分析，而非計算過程之訓練：由於電腦已成為我們應用的一種工具，我們並不過份強調繁複的統計運算過程的訓練，而注重教導

學生如何適當地選用統計方法，以及如何解釋統計分析結果的意義。因此，現在統計學的教學，通常要和電腦密切配合，尤其是高級統計學牽涉到比較繁複的統計資料分析的過程，更必須藉助於電腦。我們在教學上的重點，並不是在於計算的過程，而是強調統計方法的性質之瞭解及其選用的時機，以及統計分析結果之解釋與應用。

以上是說明電腦促進統計方法之革新及發展的情形。

三、利用電腦進行統計分析之途徑

我們知道電腦可以提供服務，幫助我們進行資料的分析。不過，這裡牽涉到一個實際的問題：首先考慮有無必要利用電腦進行統計分析，然後再考慮利用電腦進行統計分析的可能性。此等問題又涉及：1.變項的多少，2.樣本的大小，3.統計分析的複雜性，4.能否獲得電腦程式，5.經費等因素。

1.變項的多少：如果一項教育上的研究所包括的變項很多，則其資料統計分析的過程就比較繁複，就需使用電腦進行分析；如果研究所包含的變項有限，用人力即可算出，就沒有使用電腦分析的必要。

2.樣本的大小：如果樣本有限而且變項又少，就不必用電腦分析；要是變數多，樣本又眾多，就需要利用電腦分析研究資料。

3.統計分析的複雜性：如果我們做統計分析只是求次數或百分比，那麼只要用人工方法就可以做到，不必用電腦來分析；但是如果要進行多變數分析，雖然人力上可以做到，但不可能在短時間內做到，也很容易發生錯誤，在這種情形下，當然就必須用電腦作為我們統計分析的科學工具。

4. 能否獲得電腦程式：現在有一些電腦程式是現成的，不過由於各種電腦機種有所不同，未必能適用，有另行設計的必要。因此，我們要考慮到有沒有現成的電腦程式，或有沒有人員具備設計電腦程式的能力。

5. 經費：「錢」是個很實際的問題，我們必須考慮到。從整個節省人力、時間的觀點來看，利用電腦分析教育研究資料，花一筆錢還是值得的。我們要從經濟的原則來考慮這個問題，不要說任何統計分析都要用電腦，例如次數或百分比之類的簡單統計，如果也用電腦分析，就顯得大才小用了。

接着，談到利用電腦進行統計分析的程序，茲扼要說明如下：

1. 擬定研究計劃時，即須顧及電腦處理資料有關的事項：因電腦只能處理可量化的資料，不能量化的資料，事實上無法作統計分析。在進行研究設計之時，要把樣本加以適當的分組，編錄便於分類的識別號碼，並考慮決定採用何種統計分析方法。

2. 資料的編碼、登錄、打卡，將資料轉化成電腦可以閱讀的形式：電腦的程式設計師或操作人員，應該懂得統計分析的方法，教育研究者也要瞭解電腦的性能，具備電腦的知識，如此兩者易於溝通，才能把我們的研究資料，用最適當的方法，加以最有效的分析。

3. 決定分析的變項以及採用的統計方法，寫成分析指引，將統計分析的步驟、統計公式及所需表格的形式，逐項明確列出，以便設計電腦程式或根據需要從現有的電腦程式中加以選擇。

4. 試驗電腦程式之適用性：在電腦人員設計好某一電腦程式以後，要先試驗處理部份資料，看看電腦程式之適用性，核對其結果是否正確，必要時再加以修改。

5.正式進行資料處理工作：希望能夠由電腦的協助，以獲致最佳且最需要的統計分析之結果。

以上所述，是有關利用電腦進行統計分析之途徑。

四、教育研究實例：多元廻歸分析法之應用

㈠「教育研究多元廻歸分析實例㈠」（見附件一）

這是從教育研究所林清江所長主持的最近完成之一份研究報告中有關多元廻歸分析的部份摘錄而來。林清江所長主持的專案是「國中畢業生升學與就業意願之影響因素」，其中用了很多統計方法進行資料之分析。現在我想提出來說明的是我們想利用研究上所收集到的各種資料，來預測影響學生升學或就業意願之最主要因素是什麼。在資料第一頁，分別把研究上所涉及的各種變項作了簡單說明。在這些變項中，是以所謂的第七個變項做為我們的標準變項，其他的都是當作預測變項。

在這裡，我們以「升學就業意願」為依變項，也叫做「標準變項」，分成一、二、三、四等四個層次分數，分數愈高表示就業的意願愈強，也就是分數愈低表示升學的意願愈強。自變項又叫做「預測變項」，以 X_1 為例加以說明，這是表示學生的身份，離校者用「0」表示，在校者用「1」表示。所有的變項都必須用適當的方式加以量化，唯有量化資料，始能進行統計上的分析。至於這些變項之量化情形，可參看文字的說明。

第四頁提到逐步多元廻歸的方程式，由廻歸方式可以求出各個變項的廻歸係數。茲將逐步廻歸分析的方法及其基本原理說明如下：

首先求出研究上所涉及的這些變項之間的相關矩陣，第六頁所示便是根據調查結果所求出的相關矩陣，另外註明各變項分數的平均數

和標準差。多元廻歸分析就是以相關分析爲基礎的一種多變數分析的應用。

接着翻到下一頁，在第一個步驟中，是以一個最重要的預測變項和標準變項求出相關。最重要的影響因素就是第八個變項——「父親的教育程度」，其與標準變項的相關係數是 .31 ，相關係數的平方是 .097 。第二步用廻歸的方法把第二個重要的變項找出來，發現第二個變項和第八個變項結合在一起，與標準變項的多元相關係數是 .41 ，它能夠解釋升學或就業意願總變異量的百分之十七。然後再尋找第三個因素，現在應加進去的是「母親的教育期望」，加進去之後，我們發現多元相關係數提高了，決定係數也顯著地提高，至於是否有顯著的提高，可以由「Ｆ」值看得出來。如此逐步找出重要因素加進去，一直加到第十五個因素「父母管教方法」，我們可以發現到第十五個加進去之後，決定係數有顯著的增加；加上第十六個因素之後，發現多元相關係數雖然也有所增加，但未達顯著水準，所以多元廻歸分析到此爲止。

由上述實例，我們可以得知：就全體樣本來說，如果我們想推論它所代表的國中學生，其升學或就業意願會受到那些因素的影響，根據分析的結果找出來十五個因素，對國中學生的升學或就業意願具有決定性的或重要的影響，其多元相關係數是 .56 ，決定係數是 .31 ，也就是我們根據這十五個因素可以解釋國中學生升學或就業意願的總變異量裡面的百分之卅一。

㈡「北科大外國學生學業成就有關因素之研究」（見附件二）

第二個例子是我個人所作的研究。因爲當時我在北科大進修，利用外國學生的一些檔案資料，使用多元廻歸分析法加以處理。各位可

以看到這個實例和剛才第一個實例所用的方法原理相同，但處理程序剛好相反。剛才我們是將最重要的因素找出來，然後其餘的因素再一個個加進去，看看它相關係數有沒有顯著的增加。而現在第二個實例，各位可以看到它包括 18 個變數，第一個變數是外國學生的 GPR，即所謂「學業平均成績」，在這個研究中作為標準變項；另外從第 2 到 18 個變項作為預測變項。關於這些變項可按照邏輯性質加以分類，分成兩大類：一類是「智能的變數」，另一類是「非智能的變數」。「智能的變數」包括由第 2 個至第 12 個，其中又分成兩種：一種是利用標準化測驗測出來的一些心智的能力；另一種是有關課業的表現情形。至於「非智能的變數」也分成兩類：一種是身份的基本資料；另一種是所處環境的因素。

這個研究最主要的目的，就是想要找出影響外國學生的學業成績之最主要因素。分析的方法，首先是求出預測變項和標準變項的相關矩陣，然後以此為基礎加以分析。在第十頁，把多元廻歸分析的體系列成一個表，最上面有一個 Full Model（完全模式），就是把所有的預測變項結合在一起，求其與第一個變項（即標準變項）之間的多元相關係數，這裡所列出的是它的決定係數為 .8730，亦即在外國學生學業成績的總異量中，可以用上述十七個因素解釋其中的百分之八七．三。

其次，第二個步驟是應用「把某些變項去掉」的方式。請看左邊 Full Model 底下括號中減去第二至第十二變項，也就是把十七個變項裡的第 2 個到第 12 個變項去掉之後，看看其決定係數有沒有降下來。這 2 到 12 就是我們所謂的「智能因素」。根據研究的結果，由 .8730 降到 .4865，經統計顯著性的考驗，發現有顯著下降。再看右邊 Full Model 減掉第 13 至第 18 變項（即非智能因素）其決定係數

下降得非常有限。由此可知：智能因素比較重要，所以要想知道影響外國學生學業成績的重要因素，就要從智能因素中去找。右邊畫了一條虛線，表示不必再往下找，應該由左邊去找才是。

　　左邊在智能因素底下，在 Full Model 中把標準化所測出來的能力因素（從 2 到 6 ）去掉。發現決定係數降得有限；但是如果把第七至十二因素去掉，則發現決定係數降得很大，從 .8730 降到 .6862 。由此可知：在智能因素中，學校的課業比較重要。那麼，其次我們就應該由學校課業中的因素再去找最重要的影響因素。最後研究獲致的總結是：大學學業成績對這些外國學生在研究所進修的學業成績具有最重要的影響力。

　　以上兩種實例的說明，其所根據的原理和方法相同，但統計處理的程序不一樣。實例㈠在於找出那些因素對國中學生升學或就業意願產生綜合的最有力之影響；實例㈡在於從許多的變項中找出那一個因素對北科大外國學生的學業成績具有最重要的影響力。

附件：教育研究「多元廻歸分析」之實例
　　一、「國中畢業生升學與就業意願之影響因素」專題研究報告中之第四章第六節：影響國中學生升學與就業意願的綜合因素之探討。
　　二、「北科大外國學生學業成就有關因素之研究」。

附件一：

教育研究「多元迴歸分析」之實例（一）

「影響國中學生升學與就業意願之綜合因素探討」

　　上述各節曾分別探討影響國中學生升學與就業意願之個人因素、學校因素、與社會因素。所用的統計方法為卡方與 t 值檢定。為了更深入探討各項因素對於升學與就業意願之綜合影響，乃進一步使用「逐步多元迴歸分析」（Stepwise Multiple Regression Analysis）方法，以瞭解諸因素所能解釋及預測升學與就業意願之總變異的多寡，並進一步尋求足以影響國中學生升學與就業意願的一些重要因素，作為實施國中學生升學與就業輔導之參考。

　　本項統計分析在未進入電腦作業前，首先將每一自變項與依變項，加以數量化。茲將本研究之依變項與自變項之代號與量化情形說明如下：

1. X 7：升學與就業意願為依變項，分 1. 2. 3. 4.四個層次分數，分數愈高表示就業意願愈強。

2. X 1：在校或離校，0 為離校，1 為在校。以下皆為自變項。

3. X 4：性別，0 為女，1 為男。

4. X 6：城鄉，0 為鄉村，1 為城市。

5. X 8：父親教育程度，由 1 至 9 分，分數愈大代表教育程度愈高。

6. X 9：父親的職業，由 1 至 6 分，分數愈大代表職業等級愈高。

7. X 10：父親教育態度，由 1 至 21 分，分數愈大表示教育態度愈關心與積極。

8. X 11：父親的教育期望，由 1 至 9 分，分數愈大表示教育期望

愈高。

9. X12：父親的管教方式，由 1 至 6 分，分數愈大表示管教方式愈嚴格。

10. X14：母親的教育態度，說明如×10。

11. X15：母親的教育期望，說明如×11。

12. X16：母親的管教方式，說明如×12。

13. X18：教師期望，由 1 至 4 分，分數愈大表示教師的期望愈高。

14. X19：同輩團體，由 1 至 3 分，分數愈大表示愈受同學影響。

15. X20：升學輔導，由 1 至12分，分數愈大表示學校行政措施愈注重升學輔導。

16. X21：就業輔導，由 1 至15分，分數愈大表示學校行政措施愈注重就業輔導。

17. X22：社會價值觀念，由 1 至32分，分數愈大表示升學取向的價值觀念愈濃厚。

18. X24：成就動機，由 1 至50分，分數愈大表示成就動機愈強烈。

19. X25：對自己身體特質的態度，由 1 至20分，分數愈大表示對自己身體特質愈感覺滿覺滿意。

20. X26：對自己能力的態度，由 1 至20分，分數愈大表示對自己能力愈有信心。

21. X27：對自己人格特質的看法，由 1 至20分，分數愈大表示自己愈有良好的人格特質。

22. X28：對外界環境接納的態度，由 1 至20分，分數愈大表示與他人及環境之適應愈良好。

23. X29：對自己價值與信念的態度，由 1 至20分，分數愈大表示愈相信努力會成功，好人有好報。

24. X 31：學業成就，分數愈大表示國中三年級學業總平均成績愈高。

25. X 32：智力，分數愈大表示智力愈高。

26. X 33：文字理解，分數愈大表示文字理解能力愈高。

27. X 34：知覺速度，分數愈大表示知覺速度愈快。

28. X 35：數字理解，分數愈大表示數字理解愈強。

29. X 36：空間知覺，分數愈大表示空間知覺能力愈高。

本研究所用的逐步多元廻歸方程式爲：

$$Y = a + b_1 x_1 + \cdots\cdots\cdots + b_n x_n + e$$

　　　Y 爲依變項，即升學與就業意願

　　　a 爲常數

　　　$b_1 \cdots\cdots b_n$ 爲各項廻歸係數

　　　$x_1 \cdots\cdots x_n$ 爲自變項

　　　e 爲誤差

㈢全體樣本

　　表 4.96　是鄉村與城市樣本合併後之全體樣本各變項間之相關矩陣、平均數、與標準差。

　　表 4.96　中左邊第一行爲依變項（ X 7 ）與諸自變項的相關係數，其值介於 .06 與 - .31 間，大部份爲負值，負值表示該變項分數愈高，則其升學意願也愈強。

　　玆將影響「升學與就業意願」之逐步多元廻歸分析結果列如表 4.97。

　　表 4.97　顯示：在逐步多元廻歸分析過程中，第一步驟先投入X8（父親教育程度），其相關係數爲 .31，決定係數爲 .10，達到顯著

水準。迨至十五步驟投入十五個變項後，其多元相關係數爲 .56 ，決定係數爲 .31 （ F＝5.23 , P＜ .05 ）。此後再投入其他變項，其多元相關係數已無顯著的增大趨勢（ P＞ .05 ）。因此本研究乃認定此十五個變項爲影響國中學生升學與就業意願的重要因素。按其相對重要性依次爲父親教育程度、社會價值觀念、母親教育期望、母親教育態度、教師期望、成就動機、對自己能力的態度、父親的職業、學校就業輔導、在校或離校、學校升學輔導、父親教育態度、同輩團體、性別、父親管教方式等。此等十五個變項足以解釋與預測國中學生升學與就業意願之總變異量的百分之卅一。

表4.96　全體樣本（N＝2670）各變項間相關矩陣、平均數、與標準差

依變項與自變項

	X7	X1	X4	X6	X8	X9	X10	X11	X12	X14	X15	X16	X18	X19	X20	X21	X22	X24	X25	X26	X27	X28	X29
X7	1.00																						
X1	-.11	1.00																					
X4	.06	.00	1.00																				
X6	-.16	.00	.00	1.00																			
X8	-.31	.07	.02	.24	1.00																		
X9	-.25	.07	.02	.15	.46	1.00																	
X10	-.30	.05	.09	.08	.30	.22	1.00																
X11	-.28	-.01	-.02	.09	.15	.11	.25	1.00															
X12	-.07	-.01	.05	.02	.10	.07	.39	.15	1.00														
X14	-.30	.05	.13	.10	.23	.19	.68	.20	.28	1.00													
X15	-.28	-.01	.12	.05	.09	.08	.20	.77	.09	.23	1.00												
X16	-.10	.03	.40	.02	.07	.05	.27	.12	.59	.34	.16	1.00											
X18	-.26	-.05	.00	.09	.11	.13	.16	.36	.08	.15	.35	.10	1.00										
X19	.11	.04	.00	-.06	-.07	.05	-.08	-.05	-.05	-.09	-.06	-.03	-.07	1.00									
X20	-.09	.05	-.01	.11	.06	.04	.13	.04	.05	.13	.04	.04	.03	-.06	1.00								
X21	.12	.04	-.06	-.06	-.05	-.05	.04	-.03	.05	.04	-.03	.05	-.04	-.01	.40	1.00							
X22	-.30	.06	-.04	-.04	.14	.11	.10	.13	-.01	.09	.13	.02	.07	0	-.02	-.16	1.00						
X24	-.21	-.02	-.18	.03	.06	.06	.20	.23	.14	.20	.21	.13	.28	-.15	-.09	.05	.03	1.00					
X25	.28	-.10	.13	-.03	.03	.04	.16	.06	.10	.13	.04	.10	.11	-.06	.01	.08	-.13	.24	1.00				
X26	.02	-.12	.15	-.04	.01	.05	.14	.12	.09	.13	.11	.07	.23	-.08	.03	.08	-.12	.32	.56	1.00			
X27	-.04	-.05	.01	.01	.05	.06	.18	.11	.15	.17	.09	.12	.13	-.08	.04	.07	-.10	.35	.47	.42	1.00		
X28	-.09	-.06	-.06	.03	.08	.06	.28	.15	.19	.28	.15	.20	.20	-.08	.08	.11	-.03	.42	.38	.33	.58	1.00	
X29	-.03	-.08	.02	.04	.06	.04	.18	.10	.13	.15	.08	.08	.17	-.10	.02	.07	-.10	.38	.48	.50	.63	.59	1.00
平均數	1.99	.52	.50	.50	3.29	3.01	16.87	6.33	4.54	16.66	6.31	4.63	2.86	1.40	8.69	11.21	21.04	34.40	12.67	11.09	13.41	14.09	13.22
標準差	.94	.50	.50	.50	1.26	1.26	2.59	1.09	.78	2.79	1.08	.76	.69	.53	2.24	2.51	3.00	6.82	3.04	3.89	3.25	3.16	3.29

表4.97　影響國中學生全體樣本（N＝2670）升學與就業意願之因素多元迴歸分析結果

步驟	投入變項順序	多元相關係數	決定係數	F值
1	X8（父親教育程度）	.31196	.09732	287.64791**
2	X22（社會價值觀念）	.40642	.16518	216.77301**
3	X15（母親教育期望）	.46291	.21429	166.63477**
4	X14（母親教育態度）	.49505	.24507	108.67458**
5	X18（教師期望）	.51308	.26325	65.72968**
6	X24（成就動機）	.52121	.27166	30.76468**
7	X26（對自己能力的態度）	.53055	.28148	36.36952**
8	X9（父親的職業）	.53657	.28790	24.01021**
9	X21（學校就業輔導）	.54138	.29309	19.51503**
10	X1（在校或離校）	.54623	.29836	19.98286**
11	X20（學校升學輔導）	.55062	.30318	18.37837**
12	X10（父親教育態度）	.55353	.30639	12.31014**
13	X19（同輩團體）	.55562	.30871	8.89728**
14	X4（性別）	.55771	.31104	8.99233**
15	X12（父親教養方式）	.55893	.31240	5.23250**

*P＜.05　**P＜.01

附件二：

教育研究「多元廻歸分析」之實例（二）

「北科大外國學生學業成就有關因素之研究」

FACTORS RELATED TO SCHOLASTIC ACHIEVEMENTS OF FOREIGN STUDENTS AT UNC, USA

Maw-fa Chien

I. Statement of the problem

It is generally expected that foreign students will encounter more difficulties than American students in adjusting to academic programs of the university in the United States. The purpose of this study was to determine whether the presently filed data about the individual foreign students at the University of Northern Colorado (UNC) were useful in predicting their scholastic achievements at the graduate level.

II. Description of the sample

The Ss in this study were 52 graduate students who came from foreign countries and were enrolled for the winter quarter of 1972 at UNC.

Ⅲ. Collection of the data

The data about the Ss used in this study were obtained from Graduate School Office, The Office of International Education, and Counseling and Testing Center at UNC.

Ⅳ. Descriptions of the variables

Table 1: List of Variables

Number	Variable	Abbr.
1.	Cumulative Grade-Point Average (Criterion)	GPAc
2.	WAIS Verbal IQ	IQv
3.	WAIS Performance IQ	IQp
4.	GRE Verbal Score	GREv
5.	GRE Quantitative Score	GREq
6.	TOEFL Score	TOEFL
7.	High School Grade-Point Average	GPAh
8.	Undergraduate Grade-Point Average	GPAu
9.	Cumulative Credits	CC
10.	Academic Load(in average)	AL
11.	Graduate Academic Program	GAP
12.	Major	Maj
13.	Sex	Sex

14	Age	Age
15.	Marital Status	MS
16.	Residential Pattern	RP
17.	Participation in Student-Club Activities	PSCA
18.	Means of Financial Support	MFS

For variables 11 through 18 except 14, the Ss were binary coded as follows:

GAP(11): 1 for an S who was working for doctoral program;

          0 for an S who was working for master's program.

Maj(12): 1 for an S whose major was in the field of education; 0 otherwise.

Sex(13): 1 for a male; 0 for a female.

MS(15): 1 for the married; 0 for the unmarried.

RP(16): 1 for an S who lived in the dormitory on campus; 0 otherwise.

PSCA(17): 1 for an S who often participated in student-club activities;

          0 otherwise.

MFS(18): 1 for an S who was supported by the home government or U. S. educational institution; 0 for an S who was self-supporting.

V. Results and Discussion

1. Means and Standard Deviations of Variables:

Table 2: Means and Standard Deviations
(N = 52)

Variable	Mean	S. D.
1. GPAc	3.50	0.22
2. IQv	114.71	8·04
3. IQp	113.50	8.38
4. GREv	326.84	64.61
5. GREq	577.37	76.53
6. TOEFL	493.16	25.43
7. GPAh	3.46	0.26
8. GPAu	3.53	0.23
9. CC	36.82	17.50
10. AL	12.58	1.93
11. GAP	0.34	0.47
12. Maj	0.61	0.49
13. Sex	0.50	0.50
14. Age	27.61	5.17
15. MS	0.53	0.50
16. RP	0.35	0.46
17. PSCA	0.42	0.47
18. MFS	0.39	0.49

2. Correlation Analysis:

Table 3: Correlation Matrix

Variable	2	3	4	5	6	7	8	9	10	11	12	13	14	15	16	17	18
1	.67	.22	.61	.64	.49	.67	.82	.67	.10	.36	.31	.21	-.04	.26	-.29	-.12	.64
2		.21	.82	.81	.61	.38	.55	.38	-.14	.11	.45	.13	-.17	.21	-.26	.02	.39
3			.31	.48	.33	-.16	.03	.04	.21	.10	.22	.28	-.24	-.26	.03	-.13	.08
4				.85	.77	.29	.52	.29	.21	.10	.22	.07	-.23	.12	-.23	.07	.30
5					.64	.29	.51	.35	.09	.24	.37	.06	-.20	.11	-.22	-.17	.34
6						.15	.31	.11	.04	-.02	.29	.06	-.30	.08	.08	.07	.17
7							.78	.60	.08	.19	.06	.20	.18	.33	-.29	.17	.17
8								.66	-.04	.19	.06	.20	-.21	-.01	.04	.04	.50
9									.18	.60	-.04	.32	.21	.44	-.44	-.39	.50
10										.19	-.15	.08	-.21	.08	.13	-.10	.69
11											.01	.17	.21	.46	-.40	-.22	.50
12												.16	-.21	.10	-.10	.13	-.10
13													-.01	.00	-.06	.05	.33
14														.46	-.35	-.28	-.19
15															-.76	-.42	.23
16																.39	-.36
17																	-.05

The intercorrelation coefficients（Table 3）among 18
variables are productmoment coefficients. $1/\sqrt{N}=0.14$ may
be used as the standard error for inferring if a relation-
ship different from zero. Variables 2 through 12 except 3
and 18 were found to have significant positive relationship
to the criterion. The variable 18 had the same predictive
relationship to the criterion, too. However, the variable
16 had significant negative relationship to the criterion.

3. Regression Analysis:

For the purpose of using multiple linear regression to
determine the unique contribution of proper sets of the pre-
dictor   variables to the prediction of the criterion, 17 pre-
dictors   were grouped into logical sets, subsets, sub-sub -
sets,and so forth down to the individual variables as shown
in Table 4.

As shown in Chart 1, the regression of the criterion, cu-
mulative grade-point average, on all of the predictors, 2-
18, had an RSQ equal to 0.8730. The square root of this
value, 0.93, is the correlation coefficient between the cri-
terion   and the best weighted composite of the predictors.

Table 4: Hierarchy of Variables

Intellectual variables:

Mental abilities measured by standardized tests:

WAIS:Verbal IQ	(2)
Performance IQ	(3)
GRE:Verbal score	(4)
Quantitative score	(5)
TOEFL score	(6)

School work:

Past record:

High school GPA	(7)
Undergraduate GPA	(8)

Current record:

Cumulative credits	(9)
Academic load	(10)
Graduate academic program	(11)
Major	(12)

Non-intellectual variables:

Identification data:

Sex	(13)
Age	(14)
Marital status	(15)

Environmental conditions:

Residential pattern	(16)
Participation in student-club activities	(17)
Means of financial support	(18)

The restricted model, FM-(2-12), from which the intellectual variables had been deleted, had an RSQ equal to 0.4865, which was significantly less than the 0.8730 for the full model. This indicated that the intellectual variables were making a unique contribution to the prediction of the criterion. However, the restricted model, FM-(13-18), from which the non-intellectual variables had been deleted, had an RSQ of 0.8325, which was not significantly less than that of the full model. This indicated that the non-intellectual variables did not make a unique contribution to the prediction of the criterion. Thus, the further analysis of the non-intellectual variable was not necessary.

The next subset, FM-(2-6), which consisted of deleting the mental ability variables, had an RSQ equal to 0.8170; the collateral model, FM-(7-12), which deleted the school work variables, had an RSQ equal to 0.6862. The latter was lessened more from the full model than the former. This suggested that the two sub-subsets, past record variables and current record variables about school work, should be analyzed further.

The restricted model for the past record variables, FM-(7,8), had an RSQ of 0.7459, which was significantly less than that of the full model. The collateral model, FM-(9-12), had an RSQ of 0.8386 which was not significantly less than that of the full model. Thus, the further analy-

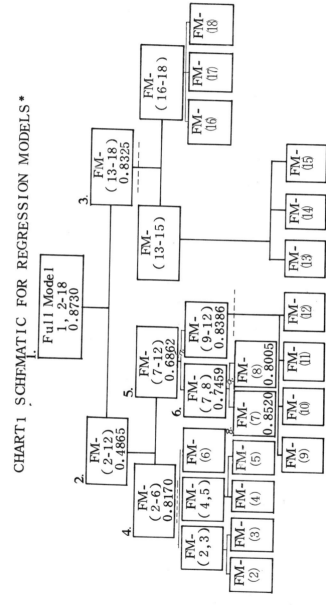

CHART1 SCHEMATIC FOR REGRESSION MODELS*

* With exception of Block 1, numbers in parentheses in second line indicate variables omitted from FM. Third line in block shows RSQ for the model. The dotted line shows that testing of further subsets was terminated at this point.

sis of two individual variables, high school GPA (7) and undergraduate GPA (8), was necessary.

The restricted model, FM-(7), had an RSQ of 0.8520 which was not significantly less than that of the FM. The collateral model, FM-(8), had an RSQ of 0.8005 which was significantly less than that of the FM. Thus, we can conclude that the undergraduate GPA variable made a unique contribution to the prediction of the criterion, the cumulative grade-point average of the foreign student at the graduate level.

Ⅵ. Summary

Among 17 predictors used in this study, the undergraduate GPA variable had the highest relationship to the criterion. The regression analysis indicated that this variable made a unique contribution to the prediction of the foreign student's cumulative GPA at the graduate level.

REFERENCES

Schmid, J., and Reed, S. R. Factors in retention of residence hall freshmen. Journal of Experimental Education, 1966, 35(1), 28-35.

Schmid J., and Hustom, S.R. (Eds.) Topics in human factors research. New York: MSS Information Corporation, 1972.

Kelly, F. J., et al. Research design in the behavioral sciences: Multiple regression approach. Carbondale and Edwardsville: Southern Illinois University Press, 1969.

Walton, B. J. Research on foreign graduate students. International, Educational and Cultural Exchange, 1971, 6(3), 17-29.

中 文 摘 要

　　本研究旨在以「多元廻歸方法」(Multiple Regression Approach)分析美國北科羅拉多大學外國學生的學業成就與其他各種因素之關係，藉以找出決定其學業成績的重要預測因素，作爲進行外國學生學業輔導的參考。

　　本研究係就北科大五十二位外國研究生現有檔案中個人資料加以歸類整理，以累積的學業平均分數(cumulative grade-point average)爲標準變項(criterion variable)，以其他十七種有關因素爲預測變項(predictor variables)，進行多元廻歸分析。爲了統計分析的方便，將預測變項分爲心智的因素、非心智的因素兩大類別。前者包括WAIS，GRE，TOEFL等測驗分數與高中、大學各項學業記錄

資料；後者包括性別、年齡、婚姻、住宿、參與學生社團活動以及求
學生活經費來源等情況。

　　本研究發現下列四項主要的結果：

㈠累積的學業平均分數與十七種預測變項之複相關係數高達 0.93，亦
　即後者足以解釋前者變異量的 87 ％。

㈡心智的因素對累積的學業平均分數之預測有決定性的影響；但非心
　智因素則否。

㈢在心智的因素中，學業記錄資料比標準測驗分數更具有預測累積的
　學業平均分數之效力。

㈣在十七種預測變項中，大學部的學業平均分數與累積的學業平均分
　數之間有最密切的關係。換言之，前者是預測後者的一項重要因素。

附　　錄

附錄一　范氏項目分析表
（ Item Analysis Table of Fan ）

使用說明：

甲、表中符號及其意義：

P_H ：代表高分組通過人數百分比，由上而下，自 .99 起至 .05
止。

P_L ：代表低分組通過人數百分比，由左至右，自 .01 起至 .95
止。

P ：代表試題難度。

r ：代表試題反應與總分之間的雙列相關係數。

△ ：代表常態化等距難度指數（ delta ）。

乙、本表使用方法過程舉例說明：

一、若高分組（P_H）通過某試題人數百分比大於低分組（P_L）通
過人數百分比時：

例：有一測驗某試題高分組（P_H）通過人數百分比爲 .58,低分組
（P_L）通過試題人數百分比爲 .20 。求該題的 P．r．△ 等於
多少？

程序：

1.先自左至右查表確定低分組「 P_L = .20 」頁次位置。（見P.7）
2.然後自低分組（P_L）.20 所屬頁次，從最左邊 P_H 欄由上 .99
向下查至 .58 位置。
3.最後自高分組 P_H .58 從左向右，低分組 P_L .20 欄由上向下，兩

者交會處，即爲該題所求的 P ＝ .38 、 r ＝ .40 、△＝ 14.2。

二、若高分組（P_H）通過某一試題人數百分比小於低分組（P_L）

　　人數百分比時：

例：某試題高分組（P_H）通過人數百分比爲 .20,低分組通過人數

　　百分比爲 .58。求該試題的 P.r.△ 各等於多少？

說明：低分組（P_L）百分比大於高分組時，查表方法與過程與前

　　　例同，最後將「 r 」變爲負數即可。

程序：

1.將高分組（P_H）通過人數 .20 當作低分組看時，查表 P_L .20欄。

2.將低分組（P_L）通過人數 .58 當作高分組看時，查表 P_H.58欄。

3.將 P_H.58 欄自左向右，將 P_L.20自上向下，兩者交會處，即得

　 P ＝ .38, r ＝－ 40 , △＝ 14.2 。

P_H	$P_L = .01$			$P_L = .02$			$P_L = .03$			$P_L = .04$			$P_L = .05$			P_H
	p	r	Δ	p	r	Δ	p	r	Δ	p	r	Δ	p	r	Δ	
.99	.50	.93	13.0	.52	.92	12.8	.54	.92	12.6	.55	.91	12.5	.57	.90	12.3	.99
.98	.48	.92	13.2	.50	.91	13.0	.52	.90	12.8	.53	.89	12.7	.54	.89	12.6	.98
.97	.46	.92	13.4	.48	.90	13.2	.50	.89	13.0	.51	.88	12.9	.53	.87	12.7	.97
.96	.45	.91	13.5	.47	.89	13.3	.49	.88	13.1	.50	.87	13.0	.51	.86	12.9	.96
.95	.43	.90	13.7	.46	.89	13.4	.47	.87	13.3	.49	.86	13.1	.50	.85	13.0	.95
.94	.42	.90	13.8	.45	.88	13.5	.46	.87	13.4	.48	.86	13.2	.49	.84	13.1	.94
.93	.41	.89	13.9	.44	.87	13.6	.45	.86	13.5	.47	.85	13.3	.48	.84	13.2	.93
.92	.41	.89	14.0	.43	.87	13.7	.44	.85	13.6	.46	.84	13.4	.47	.83	13.3	.92
.91	.40	.88	14.0	.42	.86	13.8	.44	.85	13.6	.45	.83	13.5	.46	.82	13.4	.91
.90	.39	.88	14.1	.41	.86	13.9	.43	.84	13.7	.44	.83	13.6	.45	.82	13.5	.90
.89	.38	.87	14.2	.40	.85	14.0	.42	.84	13.8	.43	.82	13.7	.45	.81	13.5	.89
.88	.37	.87	14.3	.40	.85	14.0	.41	.83	13.9	.43	.82	13.7	.44	.80	13.6	.88
.87	.37	.87	14.3	.39	.84	14.1	.41	.82	14.0	.42	.81	13.8	.43	.80	13.7	.87
.86	.36	.86	14.4	.38	.84	14.1	.40	.82	14.0	.41	.80	13.9	.42	.79	13.8	.86
.85	.36	.86	14.5	.38	.83	14.3	.39	.81	14.1	.41	.80	14.0	.42	.78	13.8	.85
.84	.35	.85	14.5	.37	.83	14.3	.39	.81	14.2	.40	.79	14.0	.41	.78	13.9	.84
.83	.34	.85	14.6	.36	.82	14.4	.38	.80	14.2	.39	.79	14.1	.41	.77	14.0	.83
.82	.34	.85	14.7	.36	.82	14.5	.37	.80	14.3	.39	.78	14.1	.40	.77	14.0	.82
.81	.33	.84	14.7	.35	.81	14.5	.37	.79	14.3	.38	.78	14.2	.39	.76	14.1	.81
.80	.33	.84	14.8	.35	.81	14.6	.36	.79	14.4	.37	.77	14.3	.39	.75	14.2	.80
.79	.32	.84	14.9	.34	.81	14.6	.36	.78	14.5	.37	.77	14.3	.38	.75	14.2	.79
.78	.32	.83	14.9	.34	.80	14.7	.35	.78	14.5	.36	.76	14.4	.38	.74	14.3	.78
.77	.31	.83	15.0	.33	.80	14.7	.35	.77	14.6	.36	.76	14.5	.37	.74	14.3	.77
.76	.31	.82	15.0	.33	.79	14.8	.34	.77	14.6	.35	.75	14.5	.37	.73	14.4	.76
.75	.30	.82	15.1	.32	.79	14.9	.34	.76	14.7	.35	.74	14.6	.36	.73	14.4	.75
.74	.30	.82	15.1	.32	.79	14.9	.33	.76	14.8	.34	.74	14.6	.35	.72	14.5	.74
.73	.29	.81	15.2	.31	.78	15.0	.32	.75	14.8	.34	.73	14.7	.35	.72	14.6	.73
.72	.29	.81	15.3	.31	.78	15.0	.32	.75	14.9	.33	.73	14.7	.34	.71	14.6	.72
.71	.28	.81	15.3	.30	.77	15.1	.32	.75	14.9	.33	.72	14.8	.34	.70	14.7	.71
.70	.28	.80	15.4	.30	.77	15.1	.31	.74	15.0	.32	.72	14.8	.33	.70	14.7	.70
.69	.27	.80	15.4	.29	.76	15.2	.31	.74	15.0	.32	.71	14.9	.33	.69	14.8	.69
.68	.27	.80	15.5	.29	.76	15.3	.30	.73	15.1	.31	.71	14.9	.32	.69	14.8	.68
.67	.26	.79	15.5	.28	.76	15.3	.30	.73	15.1	.31	.70	15.0	.32	.68	14.9	.67
.66	.26	.79	15.6	.28	.75	15.4	.29	.72	15.2	.30	.70	15.1	.31	.68	14.9	.66
.65	.25	.78	15.6	.27	.74	15.4	.29	.72	15.3	.30	.69	15.1	.31	.67	15.0	.65
.64	.25	.78	15.7	.27	.74	15.5	.28	.71	15.3	.29	.69	15.2	.30	.66	15.1	.64
.63	.25	.78	15.8	.26	.74	15.5	.28	.71	15.4	.29	.68	15.2	.30	.66	15.1	.63
.62	.24	.77	15.8	.26	.73	15.6	.27	.70	15.4	.28	.68	15.3	.29	.65	15.2	.62
.61	.24	.77	15.9	.25	.73	15.6	.27	.70	15.5	.28	.67	15.3	.29	.65	15.2	.61
.60	.23	.76	15.9	.25	.72	15.7	.26	.69	15.5	.27	.66	15.4	.29	.64	15.3	.60
.59	.23	.76	16.0	.25	.72	15.7	.26	.69	15.6	.27	.66	15.5	.28	.63	15.3	.59
.58	.22	.76	16.0	.24	.71	15.8	.25	.68	15.6	.27	.65	15.5	.28	.63	15.4	.58
.57	.22	.75	16.1	.24	.71	15.9	.25	.67	15.7	.26	.65	15.6	.27	.62	15.4	.57
.56	.22	.75	16.1	.23	.70	15.9	.25	.67	15.7	.26	.64	15.6	.27	.62	15.5	.56
.55	.21	.74	16.2	.23	.70	16.0	.24	.66	15.8	.25	.64	15.7	.26	.61	15.5	.55
.54	.21	.74	16.3	.23	.69	16.0	.24	.66	15.9	.25	.63	15.7	.26	.60	15.6	.54
.53	.20	.74	16.3	.22	.69	16.1	.23	.65	15.9	.24	.62	15.8	.25	.60	15.6	.53
.52	.20	.73	16.4	.22	.68	16.1	.23	.65	16.0	.24	.62	15.8	.25	.59	15.7	.52
.51	.20	.73	16.4	.21	.68	16.2	.22	.64	16.0	.24	.61	15.9	.25	.59	15.7	.51

P_H	$P_L = .01$ p	r	Δ	$P_L = .02$ p	r	Δ	$P_L = .03$ p	r	Δ	$P_L = .04$ p	r	Δ	$P_L = .05$ p	r	Δ	P_H
.50	.19	.72	16.5	.21	.67	16.2	.22	.64	16.1	.23	.61	15.9	.24	.58	15.8	.50
.49	.19	.72	16.5	.20	.67	16.3	.22	.63	16.1	.23	.60	16.0	.24	.57	15.9	.49
.48	.18	.71	16.6	.20	.66	16.4	.21	.62	16.2	.22	.59	16.0	.23	.57	15.9	.48
.47	.18	.71	16.6	.20	.66	16.4	.21	.62	16.3	.22	.59	16.1	.23	.56	16.0	.47
.46	.18	.70	16.7	.19	.65	16.5	.20	.61	16.3	.21	.58	16.2	.22	.55	16.0	.46
.45	.17	.70	16.8	.19	.65	16.5	.20	.61	16.4	.21	.57	16.2	.22	.55	16.1	.45
.44	.17	.69	16.8	.18	.64	16.6	.20	.60	16.4	.21	.57	16.3	.22	.54	16.1	.44
.43	.17	.69	16.9	.18	.63	16.7	.19	.59	16.5	.20	.56	16.3	.21	.53	16.2	.43
.42	.16	.68	16.9	.18	.63	16.7	.19	.59	16.5	.20	.55	16.4	.21	.52	16.3	.42
.41	.16	.68	17.0	.17	.62	16.8	.18	.53	16.6	.19	.55	16.5	.20	.52	16.3	.41
.40	.15	.67	17.1	.17	.61	16.8	.18	.57	16.7	.19	.54	16.5	.20	.51	16.4	.40
.39	.15	.67	17.1	.17	.61	16.9	.18	.57	16.7	.19	.53	16.6	.19	.50	16.5	.39
.38	.15	.66	17.2	.16	.60	17.0	.17	.56	16.8	.18	.52	16.6	.19	.49	16.5	.38
.37	.14	.66	17.3	.16	.60	17.0	.17	.55	16.8	.18	.52	16.7	.19	.48	16.6	.37
.36	.14	.65	17.3	.15	.59	17.1	.16	.55	16.9	.17	.51	16.8	.18	.48	16.6	.36
.35	.14	.65	17.4	.15	.58	17.1	.16	.54	17.0	.17	.50	16.8	.18	.47	16.7	.35
.34	.13	.64	17.5	.15	.57	17.2	.16	.53	17.0	.17	.49	16.9	.17	.46	16.8	.34
.33	.13	.63	17.5	.14	.57	17.3	.15	.52	17.1	.16	.48	16.9	.17	.45	16.8	.33
.32	.13	.63	17.6	.14	.56	17.3	.15	.51	17.2	.16	.48	17.0	.17	.44	16.9	.32
.31	.12	.62	17.7	.13	.55	17.4	.14	.51	17.2	.15	.47	17.1	.16	.43	16.9	.31
.30	.12	.61	17.8	.13	.54	17.5	.14	.50	17.3	.15	.46	17.2	.16	.42	17.0	.30
.29	.11	.61	17.8	.13	.54	17.6	.14	.49	17.4	.15	.45	17.2	.15	.41	17.1	.29
.28	.11	.60	17.9	.12	.53	17.6	.13	.48	17.4	.14	.44	17.3	.15	.40	17.2	.28
.27	.11	.59	18.0	.12	.52	17.7	.13	.47	17.5	.14	.43	17.4	.15	.39	17.2	.27
.26	.10	.58	18.1	.11	.51	17.8	.12	.46	17.6	.13	.42	17.4	.14	.38	17.3	.26
.25	.10	.57	18.1	.11	.50	17.9	.12	.45	17.7	.13	.41	17.5	.14	.37	17.4	.25
.24	.10	.57	18.2	.11	.49	17.9	.12	.44	17.7	.13	.40	17.6	.13	.36	17.4	.24
.23	.09	.56	18.3	.10	.48	18.0	.11	.43	17.8	.12	.39	17.7	.13	.35	17.5	.23
.22	.09	.55	18.4	.10	.47	18.1	.11	.42	17.9	.12	.38	17.8	.12	.34	17.6	.22
.21	.09	.54	18.5	.10	.46	18.2	.11	.41	18.0	.11	.36	17.8	.12	.33	17.7	.21
.20	.08	.53	18.6	.09	.45	18.3	.10	.40	18.1	.11	.35	17.9	.12	.31	17.8	.20
.19	.08	.52	18.7	.09	.44	18.4	.10	.38	18.2	.10	.34	18.0	.11	.30	17.9	.19
.18	.08	.51	18.8	.09	.43	18.5	.09	.37	18.3	.10	.33	18.1	.11	.29	17.9	.18
.17	.07	.50	18.9	.08	.42	18.6	.09	.36	18.4	.10	.31	18.2	.10	.27	18.0	.17
.16	.07	.49	19.0	.08	.40	18.7	.08	.34	18.5	.09	.30	18.3	.10	.26	18.1	.16
.15	.06	.47	19.1	.07	.39	18.8	.08	.33	18.6	.09	.28	18.4	.10	.24	18.2	.15
.14	.06	.46	19.2	.07	.37	18.9	.08	.31	18.7	.08	.26	18.5	.09	.22	18.3	.14
.13	.06	.45	19.3	.07	.36	19.0	.07	.30	18.8	.08	.25	18.6	.09	.21	18.4	.13
.12	.05	.43	19.5	.06	.34	19.2	.07	.28	18.9	.08	.23	18.7	.08	.19	18.5	.12
.11	.05	.41	19.6	.06	.32	19.3	.07	.26	19.1	.07	.21	18.8	.08	.17	18.7	.11
.10	.05	.39	19.7	.05	.30	19.4	.06	.24	19.2	.07	.19	19.0	.07	.10	18.8	.10
.09	*			.05	.28	19.6	.06	.22	19.3	.06	.16	19.1	.07	.12	19.0	.09
.08				.05	.26	19.7	.05	.19	19.5	.06	.14	19.3	.06	.10	19.1	.08
.07							.05	.16	19.6	.05	.11	19.4	.06	.07	19.3	.07
.06										.05	.08	19.6	.05	.04	19.4	.06
.05													.05	.00	19.6	.05

P_H	$P_L = .06$			$P_L = .07$			$P_L = .08$			$P_L = .09$			$P_L = .10$			P_H
	p	r	Δ	p	r	Δ	p	r	Δ	p	r	Δ	p	r	Δ	
.99	.58	.90	12.2	.59	.89	12.1	.59	.89	12.0	.60	.88	12.0	.61	.88	11.9	.99
.98	.55	.88	12.5	.56	.87	12.4	.57	.87	12.3	.58	.86	12.2	.59	.86	12.1	.98
.97	.54	.87	12.6	.55	.86	12.5	.56	.85	12.4	.56	.85	12.4	.57	.84	12.3	.97
.96	.52	.86	12.8	.53	.85	12.7	.54	.84	12.6	.55	.83	12.5	.56	.83	12.4	.96
.95	.51	.84	12.9	.52	.84	12.8	.53	.83	12.7	.54	.82	12.6	.55	.82	12.5	.95
.94	.50	.84	13.0	.51	.83	12.9	.52	.82	12.8	.53	.81	12.7	.54	.80	12.6	.94
.93	.49	.83	13.1	.50	.82	13.0	.51	.81	12.9	.52	.80	12.8	.53	.79	12.7	.93
.92	.48	.82	13.2	.49	.81	13.1	.50	.80	13.0	.51	.79	12.9	.52	.79	12.8	.92
.91	.47	.81	13.3	.48	.80	13.2	.49	.79	13.1	.50	.79	13.0	.51	.78	12.9	.91
.90	.46	.80	13.4	.47	.79	13.3	.48	.79	13.2	.49	.78	13.1	.50	.77	13.0	.90
.89	.46	.80	13.4	.47	.79	13.3	.48	.78	13.2	.48	.77	13.2	.59	.76	13.1	.89
.88	.45	.79	13.5	.46	.78	13.4	.47	.77	13.3	.48	.76	13.2	.48	.76	13.1	.88
.87	.44	.78	13.6	.45	.77	13.5	.46	.76	13.4	.47	.75	13.3	.48	.75	13.2	.87
.86	.44	.78	13.7	.45	.77	13.6	.45	.76	13.5	.46	.75	13.4	.47	.74	13.3	.86
.85	.43	.77	13.7	.44	.76	13.6	.45	.75	13.5	.46	.74	13.5	.46	.73	13.4	.85
.84	.42	.77	13.8	.43	.75	13.7	.44	.74	13.6	.45	.73	13.5	.46	.72	13.4	.84
.83	.42	.76	13.9	.43	.75	13.8	.43	.73	13.7	.44	.72	13.6	.45	.71	13.5	.83
.82	.41	.75	13.9	.42	.74	13.8	.43	.73	13.7	.44	.72	13.6	.44	.71	13.6	.82
.81	.40	.75	14.0	.41	.73	13.9	.42	.72	13.8	.43	.71	13.7	.44	.70	13.6	.81
.80	.40	.74	14.0	.41	.73	14.0	.42	.71	13.9	.42	.70	13.8	.43	.69	13.7	.80
.79	.39	.73	14.1	.40	.72	14.0	.41	.71	13.9	.42	.70	13.8	.43	.68	13.7	.79
.78	.39	.73	14.2	.40	.71	14.1	.40	.70	14.0	.41	.69	13.9	.42	.68	13.8	.78
.77	.38	.72	14.2	.39	.71	14.1	.40	.69	14.0	.41	.68	13.9	.41	.67	13.9	.77
.76	.37	.72	14.3	.38	.70	14.1	.39	.69	14.1	.40	.68	14.0	.41	.66	13.9	.76
.75	.37	.71	14.3	.38	.70	14.2	.39	.68	14.1	.40	.67	14.1	.40	.66	14.0	.75
.74	.36	.70	14.4	.37	.69	14.3	.38	.67	14.2	.39	.66	14.1	.40	.65	14.0	.74
.73	.36	.70	14.5	.37	.68	14.4	.38	.67	14.3	.38	.66	14.2	.39	.64	14.1	.73
.72	.35	.69	14.5	.36	.68	14.4	.37	.66	14.3	.38	.65	14.2	.39	.64	14.2	.72
.71	.35	.69	14.6	.36	.67	14.5	.37	.66	14.4	.37	.64	14.3	.38	.63	14.2	.71
.70	.34	.68	14.6	.35	.66	14.5	.36	.65	14.4	.37	.63	14.3	.38	.62	14.3	.70
.69	.34	.67	14.7	.35	.66	14.6	.36	.64	14.5	.36	.63	14.4	.37	.61	14.3	.69
.68	.33	.67	14.7	.34	.65	14.6	.35	.64	14.5	.36	.62	14.5	.37	.61	14.4	.68
.67	.33	.66	14.8	.34	.65	14.7	.35	.63	14.6	.35	.61	14.5	.36	.60	14.4	.67
.66	.32	.66	14.8	.33	.64	14.7	.34	.62	14.6	.35	.61	14.6	.36	.59	14.5	.66
.65	.32	.65	14.9	.33	.63	14.8	.34	.62	14.7	.34	.60	14.6	.35	.59	14.5	.65
.64	.31	.64	14.9	.32	.63	14.8	.33	.61	14.7	.34	.59	14.7	.35	.58	14.6	.64
.63	.31	.64	15.0	.32	.62	14.9	.33	.60	14.8	.33	.59	14.7	.34	.57	14.6	.63
.62	.30	.63	15.0	.31	.61	14.9	.32	.60	14.8	.33	.58	14.8	.34	.57	14.7	.62
.61	.30	.63	15.1	.31	.61	15.0	.32	.59	14.9	.32	.57	14.8	.33	.56	14.7	.61
.60	.30	.62	15.2	.30	.60	15.1	.31	.58	15.0	.32	.57	14.9	.33	.55	14.8	.60
.59	.29	.61	15.2	.30	.59	15.1	.31	.58	15.0	.31	.56	14.9	.32	.54	14.8	.59
.58	.29	.61	15.3	.29	.59	15.2	.30	.57	15.1	.31	.55	15.0	.32	.54	14.9	.58
.57	.28	.60	15.3	.29	.58	15.2	.30	.56	15.1	.31	.55	15.0	.31	.53	14.9	.57
.56	.28	.59	15.4	.28	.57	15.3	.29	.56	15.2	.30	.54	15.1	.31	.52	15.0	.56
.55	.27	.59	15.4	.28	.57	15.3	.29	.55	15.2	.30	.53	15.2	.30	.51	15.1	.55
.54	.27	.58	15.5	.28	.56	15.4	.28	.54	15.3	.29	.52	15.2	.30	.51	15.1	.54
.53	.26	.58	15.5	.27	.55	15.4	.28	.53	15.3	.29	.52	15.3	.29	.50	15.2	.53
.52	.26	.57	15.6	.27	.55	15.5	.28	.53	15.4	.28	.51	15.3	.29	.49	15.2	.52
.51	.25	.56	15.6	.26	.54	15.5	.27	.52	15.5	.28	.50	15.4	.29	.48	15.3	.51

P_H	$P_L = .06$			$P_L = .07$			$P_L = .08$			$P_L = .09$			$P_L = .10$			
	p	r	Δ	p	r	Δ	p	r	Δ	p	r	Δ	p	r	Δ	
.50	.25	.56	15.7	.26	.53	15.6	.27	.51	15.5	.27	.50	15.4	.28	.48	15.3	.50
.49	.25	.55	15.7	.25	.53	15.6	.26	.51	15.6	.27	.49	15.5	.28	.47	15.4	.49
.48	.24	.54	15.8	.25	.52	15.7	.26	.50	15.6	.26	.48	15.5	.27	.46	15.4	.48
.47	.24	.53	15.9	.25	.51	15.8	.25	.49	15.7	.26	.47	15.6	.27	.45	15.5	.47
.46	.23	.53	15.9	.24	.50	15.8	.25	.48	15.7	.26	.46	15.6	.26	.44	15.5	.46
.45	.23	.52	16.0	.24	.50	15.9	.24	.48	15.8	.25	.46	15.7	.26	.44	15.6	.45
.44	.22	.51	16.0	.23	.49	15.9	.24	.47	15.8	.25	.45	15.7	.25	.43	15.6	.44
.43	.22	.51	16.1	.23	.48	16.0	.24	.46	15.9	.24	.44	15.8	.25	.42	15.7	.43
.42	.22	.50	16.2	.22	.47	16.0	.23	.45	15.9	.24	.43	15.9	.24	.41	15.8	.42
.41	.21	.49	16.2	.22	.47	16.1	.23	.44	16.0	.23	.42	15.9	.24	.40	15.8	.41
.40	.21	.48	16.3	.21	.46	16.2	.22	.43	16.1	.23	.41	16.0	.24	.39	15.9	.40
.39	.20	.47	16.3	.21	.45	16.2	.22	.43	16.1	.22	.41	16.0	.23	.39	15.9	.39
.38	.20	.47	16.4	.21	.44	16.3	.21	.42	16.2	.22	.40	16.1	.23	.38	16.0	.38
.37	.19	.46	16.5	.20	.43	16.3	.21	.41	16.2	.22	.39	16.2	.22	.37	16.1	.37
.36	.19	.45	16.5	.20	.42	16.4	.21	.40	16.3	.21	.38	16.2	.22	.36	16.1	.36
.35	.19	.44	16.6	.19	.42	16.5	.20	.39	16.4	.21	.37	16.3	.21	.35	16.2	.35
.34	.18	.43	16.6	.19	.41	16.5	.20	.38	16.4	.20	.36	16.3	.21	.34	16.2	.34
.33	.18	.42	16.7	.18	.40	16.6	.19	.37	16.5	.20	.35	16.4	.20	.33	16.3	.33
.32	.17	.41	16.8	.18	.39	16.6	.19	.36	16.5	.19	.34	16.5	.20	.32	16.4	.32
.31	.17	.40	16.8	.18	.38	16.7	.18	.35	16.6	.19	.33	16.5	.20	.31	16.4	.31
.30	.17	.39	16.9	.17	.37	16.8	.18	.34	16.7	.19	.32	16.6	.19	.30	16.5	.30
.29	.16	.39	16.9	.17	.36	16.8	.17	.33	16.7	.18	.31	16.6	.19	.29	16.6	.29
.28	.16	.38	17.0	.16	.35	16.9	.17	.32	16.8	.18	.30	16.7	.18	.27	16.6	.28
.27	.15	.36	17.1	.16	.34	17.0	.17	.31	16.9	.17	.29	16.8	.18	.25	16.7	.27
.26	.15	.35	17.2	.16	.32	17.1	.16	.30	16.9	.17	.28	16.8	.17	.25	16.8	.26
.25	.14	.34	17.3	.15	.31	17.1	.16	.29	17.0	.16	.27	16.9	.17	.24	16.8	.25
.24	.14	.33	17.3	.15	.30	17.2	.15	.28	17.1	.16	.25	17.0	.17	.23	16.9	.24
.23	.14	.32	17.4	.14	.29	17.3	.15	.26	17.2	.16	.24	17.1	.16	.22	17.0	.23
.22	.13	.31	17.5	.14	.28	17.4	.14	.25	17.2	.15	.23	17.1	.16	.20	17.0	.22
.21	.13	.30	17.6	.13	.27	17.4	.14	.24	17.3	.15	.21	17.2	.15	.19	17.1	.21
.20	.12	.28	17.6	.13	.25	17.5	.14	.22	17.4	.14	.20	17.3	.14	.16	17.3	.20
.19	.12	.27	17.7	.13	.24	17.6	.13	.21	17.5	.14	.19	17.4	.14	.15	17.3	.19
.18	.11	.25	17.8	.12	.22	17.7	.13	.20	17.6	.13	.17	17.4	.13	.13	17.4	.18
.17	.11	.24	17.9	.12	.21	17.8	.12	.18	17.7	.13	.16	17.5	.13	.12	17.5	.17
.16	.11	.23	18.0	.11	.19	17.9	.12	.16	17.8	.12	.14	17.6	.13	.12	17.5	.16
.15	.10	.21	18.1	.11	.18	18.0	.11	.15	17.8	.12	.12	17.7	.12	.10	17.6	.15
.14	.10	.19	18.2	.10	.16	18.1	.11	.13	17.9	.11	.10	17.8	.12	.08	17.7	.14
.13	.09	.17	18.3	.10	.14	18.2	.11	.11	18.0	.11	.09	17.9	.11	.06	17.8	.13
.12	.09	.15	18.4	.09	.12	18.3	.10	.09	18.1	.10	.07	18.0	.11	.04	17.9	.12
.11	.08	.13	18.5	.09	.10	18.4	.09	.07	18.2	.10	.05	18.1	.10	.02	18.0	.11
.10	.08	.11	18.7	.08	.08	18.5	.09	.05	18.4	.09	.02	18.2	.10	.00	18.1	.10
.09	.07	.09	18.8	.08	.05	18.6	.08	.02	18.5	.09	.00	18.4				.09
.08	.07	.06	18.9	.07	.03	18.8	.08	.00	18.6							.08
.07	.06	.03	19.1	.07	.00	18.9										.07
.06	.06	.00	19.2													.06

P_H	$P_L=.11$			$P_L=.12$			$P_L=.13$			$P_L=.14$			$P_L=.15$			
	p	r	Δ	p	r	Δ	p	r	Δ	p	r	Δ	p	r	Δ	
.99	.62	.87	11.8	.63	.87	11.7	.63	.87	11.7	.64	.86	11.6	.64	.86	11.5	.99
.98	.60	.85	12.0	.60	.85	12.0	.61	.84	11.9	.62	.84	11.8	.62	.83	11.7	.98
.97	.58	.84	12.2	.59	.83	12.1	.59	.82	12.0	.60	.82	12.0	.61	.81	11.9	.97
.96	.57	.82	12.3	.57	.82	12.3	.58	.81	12.2	.59	.80	12.1	.59	.80	12.0	.96
.95	.55	.81	12.5	.56	.80	12.4	.57	.80	12.3	.58	.79	12.2	.58	.78	12.2	.95
.94	.54	.80	12.6	.55	.79	12.5	.56	.78	12.4	.56	.78	12.3	.57	.77	12.3	.94
.93	.53	.79	12.7	.54	.78	12.6	.55	.77	12.5	.55	.77	12.4	.56	.76	12.4	.93
.92	.52	.78	12.8	.53	.77	12.7	.54	.76	12.6	.55	.76	12.5	.55	.75	12.5	.92
.91	.52	.77	12.8	.52	.76	12.8	.53	.75	12.7	.54	.75	12.6	.54	.74	12.5	.91
.90	.51	.76	12.9	.52	.75	12.8	.52	.74	12.8	.53	.74	12.7	.54	.73	12.6	.90
.89	.50	.75	13.0	.51	.74	12.9	.51	.73	12.9	.52	.73	12.8	.53	.72	12.7	.89
.88	.49	.74	13.1	.50	.73	13.0	.51	.73	12.9	.52	.73	12.8	.53	.72	12.7	.88
.87	.49	.73	13.1	.49	.73	13.1	.50	.72	13.0	.51	.72	12.9	.52	.71	12.8	.87
.86	.48	.73	13.2	.49	.72	13.1	.49	.71	13.1	.51	.71	12.9	.51	.70	12.9	.86
.85	.47	.72	13.3	.48	.71	13.2	.49	.70	13.1	.49	.69	13.1	.51	.69	12.9	.85
.84	.47	.71	13.4	.47	.70	13.3	.48	.69	13.2	.49	.68	13.1	.50	.67	13.0	.84
.83	.46	.70	13.4	.47	.69	13.4	.47	.68	13.3	.48	.67	13.2	.49	.66	13.1	.83
.82	.45	.69	13.5	.46	.68	13.4	.47	.67	13.3	.47	.67	13.2	.49	.65	13.2	.82
.81	.45	.69	13.5	.45	.68	13.5	.46	.67	13.4	.47	.66	13.3	.47	.65	13.3	.81
.80	.44	.68	13.6	.45	.67	13.5	.45	.66	13.5	.46	.65	13.4	.47	.64	13.3	.80
.79	.43	.67	13.7	.44	.66	13.6	.45	.65	13.5	.46	.64	13.5	.46	.63	13.4	.79
.78	.43	.67	13.7	.44	.65	13.7	.44	.64	13.6	.45	.63	13.5	.46	.62	13.4	.78
.77	.42	.66	13.8	.43	.65	13.7	.44	.64	13.6	.44	.63	13.6	.45	.61	13.5	.77
.76	.42	.65	13.8	.42	.64	13.8	.43	.63	13.7	.44	.62	13.6	.45	.60	13.6	.76
.75	.41	.64	13.9	.42	.63	13.8	.42	.62	13.8	.43	.61	13.7	.44	.60	13.6	.75
.74	.41	.64	14.0	.41	.62	13.9	.42	.61	13.8	.43	.60	13.7	.43	.59	13.7	.74
.73	.40	.63	14.0	.41	.62	13.9	.41	.61	13.9	.42	.59	13.8	.43	.58	13.7	.73
.72	.39	.62	14.1	.40	.61	14.0	.41	.60	13.9	.42	.59	13.8	.43	.57	13.8	.72
.71	.39	.61	14.1	.40	.60	14.0	.40	.59	14.0	.41	.58	13.9	.42	.57	13.8	.71
.70	.38	.61	14.2	.39	.60	14.1	.40	.58	14.0	.41	.57	14.0	.41	.56	13.9	.70
.69	.38	.60	14.2	.39	.59	14.1	.39	.58	14.1	.40	.56	14.0	.41	.55	13.9	.69
.68	.37	.59	14.3	.38	.58	14.2	.39	.57	14.1	.40	.56	14.1	.41	.54	14.0	.68
.67	.37	.59	14.3	.38	.57	14.3	.38	.56	14.2	.39	.55	14.1	.40	.54	14.0	.67
.66	.36	.58	14.4	.37	.57	14.3	.38	.55	14.2	.38	.54	14.2	.40	.53	14.0	.66
.65	.36	.57	14.4	.37	.56	14.4	.37	.55	14.3	.38	.53	14.2	.39	.53	14.1	.65
.64	.35	.56	14.5	.36	.55	14.4	.37	.54	14.3	.37	.52	14.3	.39	.52	14.2	.64
.63	.35	.56	14.6	.36	.54	14.5	.36	.53	14.4	.37	.52	14.3	.38	.51	14.3	.63
.62	.34	.55	14.6	.35	.54	14.5	.36	.52	14.5	.36	.51	14.4	.38	.50	14.3	.62
.61	.34	.54	14.7	.35	.53	14.6	.35	.52	14.5	.36	.50	14.4	.37	.50	14.3	.61
.60	.33	.54	14.7	.34	.52	14.6	.35	.51	14.6	.35	.49	14.5	.36	.48	14.4	.60
.59	.33	.53	14.8	.34	.51	14.7	.34	.50	14.6	.35	.49	14.5	.36	.47	14.5	.59
.58	.32	.52	14.8	.33	.51	14.7	.34	.49	14.7	.35	.48	14.6	.35	.46	14.5	.58
.57	.32	.51	14.9	.33	.50	14.8	.33	.48	14.7	.34	.47	14.6	.35	.46	14.6	.57
.56	.32	.51	14.9	.32	.49	14.8	.33	.48	14.8	.34	.46	14.7	.34	.45	14.6	.56
.55	.31	.50	15.0	.32	.48	14.9	.32	.47	14.8	.33	.45	14.7	.34	.44	14.7	.55
.54	.31	.49	15.0	.31	.47	14.9	.32	.46	14.9	.33	.45	14.8	.33	.43	14.7	.54
.53	.30	.48	15.1	.31	.47	15.0	.31	.45	14.9	.32	.44	14.9	.33	.42	14.8	.53
.52	.30	.48	15.1	.30	.46	15.1	.31	.44	15.0	.32	.43	14.9	.33	.41	14.8	.52
.51	.29	.47	15.2	.30	.45	15.1	.31	.44	15.0	.31	.42	15.0	.32	.41	14.9	.51

P_H	$P_L=.11$ P	r	Δ	$P_L=.12$ P	r	Δ	$P_L=.13$ P	r	Δ	$P_L=.14$ P	r	Δ	$P_L=.15$ P	r	Δ	P_H
.50	.29	.46	15.2	.29	.44	15.2	.30	.43	15.1	.30	.41	15.0	.31	.40	14.9	.50
.49	.28	.45	15.3	.29	.43	15.2	.30	.42	15.1	.30	.40	15.1	.31	.39	15.0	.49
.48	.28	.44	15.3	.29	.43	15.3	.29	.41	15.2	.30	.39	15.1	.30	.38	15.1	.48
.47	.27	.44	15.4	.28	.42	15.3	.29	.40	15.2	.29	.39	15.2	.30	.37	15.1	.47
.46	.27	.43	15.5	.28	.41	15.4	.28	.39	15.3	.29	.38	15.2	.30	.36	15.2	.46
.45	.27	.42	15.5	.27	.40	15.4	.28	.39	15.4	.28	.37	15.3	.29	.35	15.2	.45
.44	.26	.41	15.6	.27	.39	15.5	.27	.38	15.4	.28	.36	15.3	.29	.34	15.3	.44
.43	.26	.40	15.6	.26	.38	15.5	.27	.37	15.4	.28	.35	15.4	.28	.34	15.3	.43
.42	.25	.39	15.7	.26	.38	15.6	.26	.36	15.5	.27	.34	15.5	.28	.33	15.4	.42
.41	.25	.38	15.7	.25	.37	15.7	.26	.35	15.6	.27	.33	15.5	.27	.32	15.4	.41
.40	.24	.38	15.8	.25	.36	15.7	.25	.34	15.6	.26	.32	15.6	.27	.31	15.5	.40
.39	.24	.37	15.9	.24	.35	15.8	.25	.33	15.7	.26	.31	15.6	.26	.30	15.5	.39
.38	.23	.36	15.9	.24	.34	15.8	.25	.32	15.7	.25	.31	15.7	.26	.29	15.6	.38
.37	.23	.35	16.0	.24	.33	15.9	.24	.31	15.8	.25	.30	15.7	.25	.28	15.6	.37
.36	.22	.34	16.0	.23	.32	15.9	.24	.30	15.9	.24	.29	15.8	.25	.27	15.7	.36
.35	.22	.33	16.1	.23	.31	16.0	.23	.29	15.9	.24	.28	15.9	.24	.26	15.8	.35
.34	.22	.32	16.2	.22	.30	16.1	.23	.28	16.0	.23	.27	15.9	.24	.25	15.8	.34
.33	.21	.31	16.2	.22	.29	16.1	.22	.27	16.0	.23	.26	16.0	.24	.24	15.9	.33
.32	.21	.30	16.3	.21	.28	16.2	.22	.26	16.1	.23	.25	16.0	.23	.23	15.9	.32
.31	.20	.29	16.3	.21	.27	16.3	.21	.25	16.2	.22	.23	16.1	.23	.22	16.0	.31
.30	.20	.28	16.4	.20	.26	16.3	.21	.24	16.2	.22	.22	16.1	.22	.21	16.1	.30
.29	.19	.27	16.5	.20	.25	16.4	.20	.23	16.3	.21	.21	16.2	.22	.19	16.1	.29
.28	.19	.2u	16.5	.20	.24	16.4	.20	.22	16.4	.21	.20	16.3	.21	.18	16.2	.28
.27	.18	.24	16.6	.19	.23	16.5	.20	.21	16.4	.20	.19	16.3	.21	.17	16.3	.27
.26	.18	.23	16.7	.19	.21	16.6	.19	.19	16.5	.20	.18	16.4	.20	.16	16.3	.26
.25	.18	.22	16.7	.18	.20	16.6	.19	.18	16.6	.19	.16	16.5	.20	.15	16.4	.25
.24	.17	.21	16.8	.18	.19	16.7	.18	.17	16.6	.19	.15	16.5	.19	.13	16.5	.24
.23	.17	.20	16.9	.17	.18	16.8	.18	.16	16.7	.18	.14	16.6	.19	.12	16.5	.23
.22	.16	.18	16.9	.17	.16	16.8	.17	.14	16.8	.18	.12	16.7	.18	.11	16.6	.22
.21	.16	.17	17.0	.16	.15	16.9	.17	.13	16.8	.17	.11	16.8	.18	.09	16.7	.21
.20	.15	.16	17.1	.16	.14	17.0	.16	.12	16.9	.17	.10	16.8	.17	.08	16.7	.20
.19	.15	.14	17.2	.15	.12	17.1	.16	.10	17.0	.16	.08	16.9	.17	.06	16.8	.19
.18	.14	.13	17.3	.15	.11	17.2	.15	.09	17.1	.16	.07	17.0	.16	.05	16.9	.18
.17	.14	.11	17.3	.14	.09	17.2	.15	.07	17.1	.15	.05	17.1	.16	.03	17.0	.17
.16	.13	.09	17.4	.14	.07	17.3	.14	.05	17.2	.15	.04	17.1	.15	.02	17.1	.16
.15	.13	.08	17.5	.13	.06	17.4	.14	.04	17.3	.14	.02	17.2	.15	.00	17.1	.15
.14	.12	.06	17.6	.13	.04	17.5	.13	.02	17.4	.14	.00	17.3				.14
.13	.12	.04	17.7	.12	.02	17.6	.13	.00	17.5							.13
.12	.11	.02	17.8	.12	.00	17.7										.12
.11	.11	.00	17.9													.11

P_H	$P_L = .16$			$P_L = .17$			$P_L = .18$			$P_L = .19$			$P_L = .20$			P_H
	p	r	Δ	p	r	Δ	p	r	Δ	p	r	Δ	p	r	Δ	
.99	.65	.85	11.5	.66	.85	11.4	.66	.85	11.3	.67	.84	11.3	.67	.84	11.2	.99
.98	.63	.83	11.7	.64	.82	11.6	.64	.82	11.5	.65	.81	11.5	.65	.81	11.4	.98
.97	.61	.81	11.8	.62	.80	11.8	.63	.80	11.7	.63	.79	11.7	.64	.79	11.6	.97
.96	.60	.79	12.0	.61	.79	11.9	.61	.78	11.9	.62	.78	11.8	.63	.77	11.7	.96
.95	.59	.78	12.1	.59	.77	12.0	.60	.77	12.0	.61	.76	11.9	.61	.75	11.8	.95
.94	.58	.77	12.2	.58	.76	12.1	.59	.75	12.1	.60	.75	12.0	.60	.74	12.0	.94
.93	.57	.75	12.3	.57	.75	12.2	.58	.74	12.2	.59	.73	12.1	.60	.73	12.0	.93
.92	.56	.74	12.4	.57	.73	12.3	.57	.73	12.3	.58	.72	12.2	.58	.71	12.1	.92
.91	.55	.73	12.5	.56	.72	12.4	.56	.72	12.4	.57	.71	12.3	.58	.70	12.2	.91
.90	.54	.72	12.6	.55	.71	12.5	.56	.71	12.4	.56	.70	12.4	.57	.69	12.3	.90
.89	.53	.71	12.6	.54	.70	12.6	.55	.69	12.5	.56	.69	12.5	.56	.68	12.4	.89
.88	.53	.70	12.7	.53	.69	12.7	.54	.68	12.6	.55	.68	12.5	.56	.67	12.5	.88
.87	.52	.69	12.8	.53	.68	12.7	.53	.67	12.7	.54	.67	12.6	.55	.66	12.5	.87
.86	.51	.68	12.9	.52	.67	12.8	.53	.67	12.7	.53	.66	12.7	.54	.65	12.6	.86
.85	.51	.67	12.9	.51	.66	12.9	.52	.65	12.8	.53	.65	12.7	.53	.64	12.7	.85
.84	.50	.66	13.0	.51	.65	12.9	.51	.65	12.9	.52	.64	12.8	.53	.63	12.7	.84
.83	.49	.65	13.1	.50	.65	13.0	.51	.64	12.9	.51	.63	12.9	.52	.62	12.8	.83
.82	.49	.65	13.1	.49	.64	13.1	.50	.63	13.0	.51	.62	12.9	.51	.61	12.9	.82
.81	.48	.64	13.2	.49	.63	13.1	.49	.62	13.1	.50	.61	13.0	.51	.60	12.9	.81
.80	.47	.63	13.3	.48	.62	13.2	.49	.61	13.1	.49	.60	13.1	.50	.59	13.0	.80
.79	.47	.62	13.3	.48	.61	13.2	.48	.60	13.2	.49	.59	13.1	.49	.58	13.1	.79
.78	.46	.61	13.4	.47	.60	13.3	.48	.59	13.2	.48	.58	13.2	.49	.57	13.1	.78
.77	.46	.60	13.4	.46	.59	13.4	.47	.58	13.3	.48	.57	13.2	.48	.56	13.2	.77
.76	.45	.60	13.5	.46	.58	13.4	.46	.57	13.4	.47	.56	13.3	.48	.56	13.2	.76
.75	.45	.59	13.6	.45	.58	13.5	.46	.57	13.4	.46	.56	13.4	.47	.55	13.3	.75
.74	.44	.58	13.6	.45	.57	13.5	.45	.56	13.5	.46	.55	13.4	.47	.54	13.4	.74
.73	.43	.57	13.7	.44	.56	13.6	.45	.55	13.5	.45	.54	13.5	.46	.53	13.4	.73
.72	.43	.56	13.7	.44	.55	13.7	.44	.54	13.6	.45	.53	13.5	.45	.52	13.5	.72
.71	.42	.55	13.8	.43	.54	13.7	.44	.53	13.6	.44	.52	13.6	.45	.51	13.5	.71
.70	.42	.55	13.8	.43	.54	13.8	.43	.52	13.7	.44	.51	13.6	.44	.50	13.6	.70
.69	.41	.54	13.9	.42	.53	13.8	.43	.52	13.7	.43	.51	13.7	.44	.50	13.6	.69
.68	.41	.53	13.9	.41	.52	13.9	.52	.51	13.8	.43	.50	13.7	.43	.49	13.7	.68
.67	.40	.52	14.0	.41	.51	13.9	.42	.50	13.8	.42	.49	13.8	.43	.48	13.7	.67
.66	.40	.52	14.0	.40	.50	14.0	.41	.49	13.9	.42	.48	13.8	.42	.47	13.8	.66
.65	.39	.51	14.1	.40	.50	14.0	.41	.48	14.0	.41	.47	13.9	.42	.46	13.8	.65
.64	.39	.50	14.1	.39	.49	14.1	.40	.48	14.0	.41	.46	14.0	.41	.45	13.9	.64
.63	.38	.49	14.2	.39	.48	14.1	.40	.47	14.1	.40	.46	14.0	.41	.44	13.9	.63
.62	.38	.48	14.2	.38	.47	14.2	.39	.46	14.1	.40	.45	14.1	.40	.44	14.0	.62
.61	.37	.48	14.3	.38	.46	14.2	.39	.45	14.2	.39	.44	14.1	.40	.43	14.0	.61
.60	.37	.47	14.3	.37	.45	14.3	.38	.44	14.2	.39	.43	14.2	.39	.42	14.1	.60
.59	.36	.46	14.4	.37	.45	14.3	.38	.43	14.3	.38	.42	14.2	.39	.41	14.1	.59
.58	.36	.45	14.5	.36	.44	14.4	.37	.43	14.3	.38	.41	14.3	.38	.40	14.2	.58
.57	.35	.44	14.5	.36	.43	14.4	.37	.42	14.4	.37	.40	14.3	.38	.39	14.3	.57
.56	.35	.43	14.6	.35	.42	14.5	.36	.41	14.4	.37	.40	14.4	.37	.38	14.3	.56
.55	.34	.43	14.6	.35	.41	14.5	.36	.40	14.5	.36	.39	14.4	.37	.37	14.4	.55
.54	.34	.42	14.7	.35	.40	14.6	.35	.39	14.5	.36	.38	14.5	.36	.36	14.4	.54
.53	.33	.41	14.7	.34	.40	14.6	.35	.38	14.6	.35	.37	14.5	.36	.36	14.5	.53
.52	.33	.40	14.8	.34	.39	14.7	.34	.37	14.6	.35	.36	14.6	.35	.35	14.5	.52
.51	.32	.39	14.8	.33	.38	14.8	.34	.36	14.7	.34	.35	14.6	.35	.34	14.6	.51

	$P_L = .16$			$P_L = .17$			$P_L = .18$			$P_L = .19$			$P_L = .20$			
P_H	p	r	Δ	p	r	Δ	p	r	Δ	p	r	Δ	p	r	Δ	P_H
.50	.32	.38	14.9	.33	.37	14.8	.33	.36	14.7	.34	.34	14.7	.34	.33	14.6	.50
.49	.31	.37	14.9	.32	.36	14.9	.33	.35	14.8	.33	.33	14.7	.34	.32	14.7	.49
.48	.31	.37	15.0	.32	.35	14.9	.32	.34	14.8	.33	.32	14.8	.33	.31	14.7	.48
.47	.31	.36	15.0	.31	.34	15.0	.32	.33	14.9	.32	.32	14.8	.33	.30	14.8	.47
.46	.30	.35	15.1	.31	.33	15.0	.31	.32	14.9	.32	.31	14.9	.32	.29	14.8	.46
.45	.30	.34	15.1	.30	.32	15.1	.31	.31	15.0	.31	.30	14.9	.32	.28	14.9	.45
.44	.29	.33	15.2	.30	.32	15.1	.30	.30	15.1	.31	.29	15.0	.32	.28	14.9	.44
.43	.29	.32	15.2	.29	.31	15.2	.30	.29	15.1	.30	.28	15.0	.31	.27	15.0	.43
.42	.28	.31	15.3	.29	.30	15.2	.29	.28	15.2	.30	.27	15.1	.31	.26	15.0	.42
.41	.28	.30	15.4	.28	.29	15.3	.29	.27	15.2	.29	.26	15.2	.30	.25	15.1	.41
.40	.27	.29	15.4	.28	.28	15.3	.28	.26	15.3	.29	.25	15.2	.30	.24	15.1	.40
.39	.27	.28	15.5	.27	.27	15.4	.28	.25	15.3	.29	.24	15.3	.29	.23	15.2	.39
.38	.26	.27	15.5	.27	.26	15.5	.28	.24	15.4	.28	.23	15.3	.29	.22	15.2	.38
.37	.26	.26	15.6	.27	.25	15.5	.27	.23	15.4	.28	.22	15.4	.28	.21	15.3	.37
.36	.25	.25	15.6	.26	.24	15.6	.27	.22	15.5	.27	.21	15.4	.28	.20	15.4	.36
.35	.25	.24	15.7	.26	.23	15.6	.26	.21	15.5	.27	.20	15.5	.27	.18	15.4	.35
.34	.25	.23	15.8	.25	.22	15.7	.26	.20	15.6	.26	.19	15.5	.27	.17	15.5	.34
.33	.24	.22	15.8	.25	.21	15.7	.25	.19	15.7	.26	.18	15.6	.26	.16	15.5	.33
.32	.24	.21	15.9	.24	.20	15.8	.25	.18	15.7	.25	.17	15.7	.26	.15	15.6	.32
.31	.23	.20	15.9	.24	.19	15.9	.24	.17	15.8	.25	.16	15.7	.25	.14	15.6	.31
.30	.23	.19	16.0	.23	.17	15.9	.24	.16	15.9	.24	.14	15.8	.25	.13	15.7	.30
.29	.22	.18	16.1	.23	.16	16.0	.23	.15	15.9	.24	.13	15.8	.24	.12	15.8	.29
.28	.22	.17	16.1	.22	.15	16.0	.23	.13	16.0	.23	.12	15.9	.24	.10	15.8	.28
.27	.21	.15	16.2	.22	.14	16.1	.22	.12	16.0	.23	.11	16.0	.23	.09	15.9	.27
.26	.21	.14	16.3	.21	.13	16.2	.22	.11	16.1	.22	.09	16.0	.23	.08	16.0	.26
.25	.20	.13	16.3	.21	.11	16.2	.21	.10	16.2	.22	.08	16.1	.22	.07	16.0	.25
.24	.20	.12	16.4	.20	.10	16.3	.21	.08	16.2	.21	.07	16.2	.22	.05	16.1	.24
.23	.19	.10	16.5	.20	.09	16.4	.20	.07	16.3	.21	.06	16.2	.21	.04	16.2	.23
.22	.19	.09	16.5	.19	.07	16.5	.20	.06	16.4	.20	.04	16.3	.21	.03	16.2	.22
.21	.18	.08	16.6	.19	.06	16.5	.19	.04	16.4	.20	.03	16.4	.20	.01	16.3	.21
.20	.18	.06	16.7	.18	.05	16.6	.19	.03	16.5	.19	.02	16.4	.20	.00	16.4	.20
.19	.17	.05	16.7	.18	.03	16.7	.19	.02	16.6	.19	.00	16.5				.19
.18	.17	.03	16.8	.17	.02	16.7	.18	.00	16.7							.18
.17	.16	.02	16.9	.17	.00	16.8										.17
.16	.16	.00	17.0													.16

P_H	$P_L = .21$			$P_L = .22$			$P_L = .23$			$P_L = .24$			$P_L = .25$			P_H
	p	r	Δ	p	r	Δ	p	r	Δ	p	r	Δ	p	r	Δ	
.99	.68	.84	11.1	.68	.83	11.1	.69	.83	11.0	.69	.82	11.0	.70	.82	10.9	.99
.98	.66	.81	11.4	.66	.80	11.3	.67	.80	11.3	.67	.79	11.2	.68	.79	11.1	.98
.97	.64	.78	11.5	.65	.78	11.5	.65	.77	11.4	.66	.77	11.4	.66	.76	11.3	.97
.96	.63	.77	11.7	.64	.76	11.6	.64	.76	11.5	.65	.75	11.5	.65	.74	11.4	.96
.95	.62	.75	11.8	.62	.74	11.7	.63	.74	11.7	.64	.73	11.6	.64	.73	11.6	.95
.94	.61	.73	11.9	.61	.73	11.8	.62	.72	11.8	.63	.72	11.7	.63	.71	11.7	.94
.93	.60	.72	12.0	.60	.71	11.9	.61	.71	11.9	.62	.70	11.8	.62	.70	11.8	.93
.92	.59	.71	12.1	.60	.70	12.0	.60	.69	12.0	.61	.69	11.9	.61	.68	11.9	.92
.91	.58	.70	12.2	.59	.69	12.1	.59	.68	12.1	.60	.68	12.0	.60	.67	11.9	.91
.90	.57	.68	12.3	.58	.68	12.2	.59	.67	12.1	.59	.66	12.1	.60	.66	12.0	.90
.89	.57	.67	12.3	.57	.67	12.3	.58	.66	12.2	.58	.65	12.2	.59	.66	12.1	.89
.88	.56	.66	12.4	.56	.65	12.3	.57	.65	12.3	.58	.64	12.2	.58	.63	12.2	.88
.87	.55	.65	12.5	.56	.64	12.4	.56	.64	12.4	.57	.63	12.3	.58	.62	12.2	.87
.86	.54	.64	12.5	.55	.63	12.5	.56	.63	12.4	.56	.62	12.4	.57	.61	12.3	.86
.85	.54	.63	12.6	.54	.62	12.6	.55	.61	12.5	.56	.60	12.4	.56	.60	12.4	.85
.84	.53	.62	12.7	.54	.61	12.6	.54	.60	12.6	.55	.60	12.5	.55	.59	12.4	.84
.83	.52	.61	12.8	.53	.60	12.7	.54	.59	12.6	.54	.58	12.6	.55	.58	12.5	.83
.82	.52	.60	12.8	.52	.59	12.8	.53	.58	12.7	.54	.57	12.6	.54	.57	12.6	.82
.81	.51	.59	12.9	.52	.58	12.8	.52	.57	12.8	.53	.56	12.7	.54	.56	12.6	.81
.80	.51	.58	12.9	.51	.57	12.9	.52	.56	12.8	.52	.56	12.8	.53	.55	12.7	.80
.79	.50	.57	13.0	.51	.56	12.9	.51	.55	12.9	.52	.55	12.8	.52	.54	12.8	.79
.78	.49	.56	13.1	.50	.55	13.0	.51	.54	12.9	.51	.54	12.9	.52	.53	12.8	.78
.77	.49	.55	13.1	.49	.54	13.1	.50	.54	13.0	.51	.53	12.9	.51	.52	12.9	.77
.76	.48	.55	13.2	.49	.54	13.1	.49	.53	13.1	.50	.52	13.0	.51	.51	12.9	.76
.75	.48	.54	13.2	.48	.53	13.2	.49	.52	13.1	.49	.51	13.1	.50	.50	13.0	.75
.74	.47	.53	13.3	.48	.52	13.2	.48	.51	13.2	.49	.50	13.1	.49	.49	13.1	.74
.73	.47	.52	13.3	.47	.51	13.3	.48	.50	13.2	.48	.49	13.2	.49	.48	13.1	.73
.72	.46	.51	13.4	.47	.50	13.3	.47	.49	13.3	.48	.48	13.2	.48	.47	13.2	.72
.71	.45	.50	13.5	.46	.49	13.4	.47	.48	13.3	.47	.47	13.3	.48	.46	13.2	.71
.70	.45	.49	13.5	.46	.48	13.5	.46	.47	13.4	.47	.46	13.3	.47	.45	13.3	.70
.69	.44	.48	13.6	.45	.47	13.5	.46	.46	13.4	.46	.45	13.4	.47	.44	13.3	.69
.68	.44	.48	13.6	.45	.47	13.6	.45	.45	13.5	.46	.44	13.4	.46	.43	13.4	.68
.67	.43	.47	13.7	.44	.46	13.6	.45	.45	13.5	.45	.44	13.5	.46	.43	13.4	.67
.66	.43	.46	13.7	.43	.45	13.7	.44	.44	13.6	.45	.43	13.5	.45	.42	13.5	.66
.65	.42	.45	13.8	.43	.44	13.7	.43	.43	13.7	.44	.42	13.6	.45	.41	13.5	.65
.64	.42	.44	13.8	.42	.43	13.8	.43	.42	13.7	.44	.41	13.6	.44	.40	13.6	.64
.63	.41	.43	13.9	.42	.42	13.8	.42	.41	13.8	.43	.40	13.7	.44	.39	13.6	.63
.62	.41	.42	13.9	.41	.41	13.9	.42	.40	13.8	.43	.39	13.8	.43	.38	13.7	.62
.61	.40	.41	14.0	.41	.40	13.9	.41	.39	13.9	.42	.38	13.8	.43	.37	13.7	.61
.60	.40	.41	14.0	.40	.39	14.0	.41	.38	13.9	.42	.37	13.9	.42	.36	13.8	.60
.59	.39	.40	14.1	.40	.39	14.0	.40	.37	14.0	.41	.36	13.9	.42	.35	13.8	.59
.58	.39	.39	14.1	.39	.38	14.1	.40	.36	14.0	.41	.35	14.9	.41	.34	13.9	.58
.57	.38	.38	14.2	.39	.37	14.1	.39	.36	14.1	.40	.34	14.0	.41	.33	14.0	.57
.56	.38	.37	14.2	.38	.36	14.2	.39	.35	14.1	.40	.33	14.1	.40	.32	14.0	.56
.55	.37	.36	14.3	.38	.35	14.2	.38	.34	14.2	.39	.33	14.1	.40	.31	14.1	.55
.54	.37	.35	14.3	.37	.34	14.3	.38	.33	14.2	.39	.32	14.2	.39	.31	14.1	.54
.53	.36	.34	14.4	.37	.33	14.3	.37	.32	14.3	.38	.31	14.2	.39	.30	14.2	.53
.52	.36	.33	14.5	.36	.32	14.4	.37	.31	14.3	.38	.30	14.3	.38	.29	14.2	.52
.51	.35	.33	14.5	.36	.31	14.4	.37	.30	14.4	.37	.29	14.3	.38	.28	14.3	.51

P_H	$P_L = .21$			$P_L = .22$			$P_L = .23$			$P_L = .24$			$P_L = .25$			P_L
	p	r	Δ	p	r	Δ	p	r	Δ	p	r	Δ	p	r	Δ	
.50	.35	.32	14.6	.35	.30	14.5	.36	.29	14.4	.37	.28	14.4	.37	.27	14.3	.5
.49	.34	.31	14.6	.35	.30	14.5	.36	.28	14.5	.36	.27	14.4	.37	.26	14.4	.4
.48	.34	.30	14.7	.35	.29	14.6	.35	.27	14.5	.36	.26	14.5	.36	.25	14.4	.4
.47	.33	.29	14.7	.34	.28	14.8	.35	.26	14.6	.35	.25	14.5	.36	.24	14.5	.4
.46	.33	.28	14.8	.34	.27	14.7	.34	.25	14.6	.35	.24	14.6	.35	.23	14.5	.4
.45	.33	.27	14.8	.33	.26	14.7	.34	.25	14.7	.34	.23	14.6	.35	.22	14.6	.4
.44	.32	.26	14.9	.33	.25	14.8	.33	.24	14.7	.34	.22	14.7	.34	.21	14.6	.4
.43	.32	.25	14.9	.32	.24	14.9	.33	.23	14.8	.33	.21	14.7	.34	.20	14.7	.4
.42	.31	.24	15.0	.32	.23	14.9	.32	.22	14.8	.33	.20	14.8	.33	.19	14.7	.4
.41	.31	.23	15.0	.31	.22	15.0	.32	.21	14.9	.32	.19	14.8	.33	.18	14.8	.4
.40	.30	.22	15.1	.31	.21	15.0	.31	.20	14.9	.32	.18	14.9	.32	.17	14.8	.4
.39	.30	.21	15.1	.30	.20	15.1	.31	.19	15.0	.31	.17	14.9	.32	.16	14.9	.3
.38	.29	.20	15.2	.30	.19	15.1	.30	.18	15.1	.31	.16	15.0	.31	.15	14.9	.3
.37	.29	.19	15.2	.29	.18	15.2	.30	.17	15.1	.30	.15	15.1	.31	.14	15.0	.3
.36	.28	.18	15.3	.29	.17	15.2	.29	.16	15.2	.30	.14	15.1	.30	.13	15.1	.3
.35	.28	.17	15.4	.28	.16	15.3	.29	.14	15.2	.29	.13	15.2	.30	.12	15.1	.3
.34	.27	.16	15.4	.28	.15	15.3	.28	.13	15.3	.29	.12	15.2	.29	.11	15.2	.3
.33	.27	.15	15.5	.27	.13	15.4	.28	.12	15.3	.28	.11	15.3	.29	.10	15.3	.3
.32	.26	.14	15.5	.27	.12	15.5	.27	.11	15.4	.28	.10	15.3	.28	.08	15.3	.3
.31	.26	.13	15.6	.26	.11	15.5	.27	.10	15.5	.27	.08	15.4	.28	.07	15.3	.3
.30	.25	.11	15.6	.26	.10	15.6	.26	.09	15.5	.27	.07	15.5	.27	.06	15.4	.3
.29	.25	.10	15.7	.25	.09	15.6	.26	.08	15.6	.26	.06	15.5	.27	.05	15.5	.2
.28	.24	.09	15.8	.25	.08	15.7	.25	.06	15.6	.26	.05	15.6	.26	.04	15.5	.2
.27	.24	.08	15.8	.24	.07	15.8	.25	.05	15.7	.25	.04	15.6	.26	.03	15.6	.2
.26	.23	.07	15.9	.24	.05	15.8	.24	.04	15.8	.25	.03	15.7	.25	.01	15.6	.2
.25	.23	.05	16.0	.23	.04	15.9	.24	.03	15.8	.24	.01	15.8	.25	.00	15.7	.2
.24	.22	.04	16.0	.23	.03	16.0	.23	.01	15.9	.24	.00	15.8				.2
.23	.22	.03	16.1	.22	.01	16.0	.23	.00	16.0							.2
.22	.21	.01	16.2	.22	.00	16.1										.2
.21	.21	.00	16.2													.2

P_H	$P_L = .26$ p	r	Δ	$P_L = .27$ p	r	Δ	$P_L = .28$ p	r	Δ	$P_L = .29$ p	r	Δ	$P_L = .30$ p	r	Δ	P_H
.99	.70	.82	10.9	.71	.81	10.8	.71	.81	10.7	.72	.81	10.7	.72	.80	10.6	.99
.98	.68	.79	11.1	.69	.78	11.0	.69	.78	11.0	.70	.77	10.9	.70	.77	10.9	.98
.97	.67	.76	11.2	.68	.75	11.2	.68	.75	11.1	.68	.75	11.1	.69	.74	11.0	.97
.96	.66	.74	11.4	.66	.73	11.3	.67	.73	11.3	.67	.72	11.2	.68	.72	11.2	.96
.95	.65	.72	11.5	.65	.72	11.4	.66	.71	11.4	.66	.70	11.3	.67	.70	11.3	.95
.94	.64	.70	11.6	.64	.70	11.5	.65	.69	11.5	.65	.69	11.4	.66	.68	11.4	.94
.93	.63	.69	11.7	.63	.68	11.6	.64	.68	11.6	.64	.67	11.5	.65	.66	11.5	.93
.92	.62	.67	11.8	.62	.67	11.7	.63	.66	11.7	.63	.66	11.6	.65	.66	11.5	.92
.91	.61	.66	11.9	.62	.65	11.8	.62	.65	11.8	.63	.64	11.7	.63	.63	11.7	.91
.90	.60	.65	12.0	.61	.64	11.9	.61	.63	11.8	.62	.63	11.8	.62	.62	11.7	.90
.89	.59	.64	12.0	.60	.63	12.0	.61	.62	11.9	.61	.61	11.9	.62	.61	11.8	.89
.88	.59	.62	12.1	.59	.62	12.1	.60	.61	12.0	.60	.60	12.0	.61	.60	11.9	.88
.87	.58	.61	12.2	.59	.61	12.1	.59	.60	12.1	.60	.59	12.0	.60	.58	12.0	.87
.86	.57	.60	12.3	.58	.59	12.2	.58	.59	12.1	.60	.58	12.1	.59	.57	12.0	.86
.85	.57	.59	12.3	.57	.58	12.3	.58	.57	12.2	.58	.57	12.2	.59	.56	12.1	.85
.84	.56	.58	12.4	.57	.57	12.3	.57	.56	12.3	.58	.55	12.2	.58	.55	12.2	.84
.83	.55	.57	12.5	.56	.56	12.4	.56	.55	12.3	.57	.54	12.3	.57	.54	12.2	.83
.82	.55	.56	12.5	.55	.55	12.5	.56	.54	12.4	.56	.53	12.4	.57	.52	12.3	.82
.81	.54	.55	12.6	.55	.54	12.5	.55	.53	12.5	.56	.52	12.4	.56	.51	12.4	.81
.80	.53	.54	12.6	.54	.53	12.6	.55	.52	12.5	.55	.51	12.5	.56	.50	12.4	.80
.79	.53	.53	12.7	.53	.52	12.7	.54	.51	12.6	.55	.50	12.5	.55	.49	12.5	.79
.78	.52	.52	12.8	.53	.51	12.7	.53	.50	12.7	.54	.49	12.6	.55	.48	12.5	.78
.77	.52	.51	12.8	.52	.50	12.8	.53	.49	12.7	.53	.48	12.7	.54	.47	12.6	.77
.76	.51	.50	12.9	.52	.49	12.8	.52	.48	12.8	.53	.47	12.7	.54	.46	12.7	.76
.75	.51	.49	12.9	.51	.48	12.9	.52	.47	12.8	.52	.46	12.8	.53	.45	12.7	.75
.74	.50	.48	13.0	.51	.47	12.9	.51	.46	12.9	.52	.45	12.8	.52	.44	12.8	.74
.73	.49	.47	13.1	.50	.46	13.0	.51	.45	12.9	.51	.44	12.9	.52	.43	12.8	.73
.72	.49	.46	13.1	.49	.45	13.1	.50	.44	13.0	.51	.43	12.9	.52	.42	12.9	.72
.71	.48	.45	13.2	.49	.44	13.1	.49	.43	13.1	.50	.42	13.0	.51	.41	12.9	.71
.70	.48	.44	13.2	.48	.43	13.2	.49	.42	13.1	.49	.41	13.1	.50	.40	13.0	.70
.69	.47	.43	13.3	.48	.42	13.2	.48	.42	13.2	.49	.40	13.1	.49	.39	13.1	.69
.68	.47	.42	13.3	.47	.41	13.3	.48	.40	13.2	.48	.39	13.2	.49	.38	13.1	.68
.67	.46	.41	13.4	.47	.40	13.3	.47	.39	13.3	.48	.38	13.2	.49	.37	13.2	.67
.66	.46	.40	13.4	.46	.39	13.4	.47	.38	13.3	.47	.37	13.3	.48	.37	13.2	.66
.65	.45	.40	13.5	.46	.39	13.4	.46	.37	13.4	.47	.36	13.3	.47	.35	13.3	.65
.64	.45	.39	13.5	.45	.38	13.5	.45	.36	13.4	.46	.35	13.4	.47	.34	13.3	.64
.63	.44	.38	13.6	.45	.37	13.5	.45	.36	13.5	.46	.35	13.4	.46	.34	13.4	.63
.62	.44	.37	13.6	.44	.36	13.6	.45	.35	13.5	.45	.34	13.4	.46	.33	13.4	.62
.61	.43	.36	13.7	.44	.35	13.6	.44	.34	13.6	.45	.33	13.5	.45	.32	13.5	.61
.60	.43	.35	13.7	.43	.34	13.7	.44	.33	13.6	.44	.32	13.6	.45	.31	13.5	.60
.59	.42	.34	13.8	.43	.34	13.7	.43	.32	13.7	.44	.31	13.6	.44	.30	13.6	.59
.58	.42	.33	13.8	.42	.32	13.8	.43	.31	13.7	.43	.30	13.7	.44	.29	13.7	.58
.57	.41	.32	13.9	.42	.31	13.8	.42	.30	13.8	.43	.29	13.7	.43	.28	13.7	.57
.56	.41	.31	13.9	.41	.30	13.9	.42	.29	13.8	.42	.28	13.8	.43	.27	13.7	.56
.55	.40	.30	14.0	.41	.29	13.9	.41	.28	13.9	.42	.27	13.8	.42	.26	13.8	.55
.54	.40	.29	14.0	.40	.28	14.0	.41	.27	13.9	.41	.26	13.9	.42	.25	13.8	.54
.53	.39	.28	14.1	.40	.27	14.0	.40	.26	14.0	.41	.25	13.9	.41	.24	13.9	.53
.52	.39	.28	14.1	.40	.26	14.1	.40	.25	14.0	.40	.24	14.0	.41	.23	13.9	.52
.51	.38	.27	14.2	.39	.25	14.1	.39	.24	14.1	.40	.23	14.0	.40	.22	14.0	.51

P_H	$P_L = .26$			$P_L = .27$			$P_L = .28$			$P_L = .29$			$P_L = .30$			P_L
	p	r	Δ	p	r	Δ	p	r	Δ	p	r	Δ	p	r	Δ	
.50	.38	.26	14.3	.38	.24	14.2	.39	.23	14.1	.39	.22	14.1	.40	.21	14.0	.5
.49	.37	.25	14.3	.38	.24	14.3	.38	.22	14.2	.39	.21	14.1	.39	.20	14.1	.49
.48	.37	.24	14.4	.37	.23	14.3	.38	.21	14.2	.38	.20	14.2	.39	.19	14.1	.4
.47	.36	.23	14.4	.37	.22	14.4	.37	.20	14.3	.38	.19	14.2	.38	.18	14.2	.4
.46	.36	.22	14.5	.36	.21	14.4	.37	.19	14.3	.37	.18	14.3	.38	.17	14.2	.4
.45	.35	.21	14.5	.36	.20	14.5	.36	.18	14.4	.37	.17	14.3	.37	.16	14.3	.4
.44	.35	.20	14.6	.35	.19	14.5	.36	.17	14.5	.36	.16	14.4	.37	.15	14.3	.4
.43	.34	.19	14.6	.35	.18	14.6	.35	.16	14.5	.36	.15	14.5	.36	.14	14.4	.4
.42	.34	.18	14.7	.34	.17	14.6	.35	.15	14.6	.35	.14	14.5	.36	.13	14.5	.4
.41	.33	.17	14.7	.34	.16	14.7	.34	.14	14.6	.35	.13	14.6	.35	.12	14.5	.4
.40	.33	.16	14.8	.33	.15	14.7	.34	.13	14.7	.34	.12	14.6	.35	.11	14.6	.4
.39	.32	.15	14.8	.33	.14	14.8	.33	.12	14.7	.34	.11	14.7	.34	.10	14.6	.3
.38	.32	.14	14.9	.32	.13	14.8	.33	.11	14.8	.33	.10	14.7	.34	.09	14.7	.3
.37	.31	.13	14.9	.32	.11	14.9	.32	.10	14.8	.33	.09	14.8	.33	.08	14.7	.3
.36	.31	.12	15.0	.31	.10	14.9	.32	.09	14.9	.32	.08	14.8	.33	.07	14.8	.3
.35	.30	.11	15.1	.31	.09	15.0	.31	.08	14.9	.32	.07	14.9	.32	.06	14.8	.3
.34	.30	.09	15.1	.30	.08	15.1	.31	.07	15.0	.31	.06	14.9	.32	.05	14.9	.3
.33	.29	.08	15.2	.30	.07	15.1	30	.06	15.1	.31	.05	15.0	.31	.03	14.9	.3
.32	.29	.07	15.2	.29	.06	15.2	.30	.05	15.1	.30	.03	15.0	.31	.02	15.0	.3
.31	.28	.06	15.3	.29	.05	15.2	.30	.03	15.2	.30	.02	15.1	.30	.01	15.0	.3
.30	.28	.05	15.3	.28	.04	15.3	.29	.02	15.2	.29	.01	15.2	.30	.00	15.1	.3
.29	.27	.04	15.4	.28	.02	15.3	.28	.01	15.3	.29	.00	15.2				.2
.28	.27	.02	15.5	.27	.01	15.4	.28	.00	15.3							.2
.27	.26	.01	15.5	.27	.00	15.5										.2
.26	.26	.00	15.6													.2

P_H	$P_L = .31$			$P_L = .32$			$P_L = .33$			$P_L = .34$			$P_L = .35$			P_H
	p	r	Δ	p	r	Δ	p	r	Δ	p	r	Δ	p	r	Δ	
.99	.73	.80	10.6	.73	.80	10.5	.74	.79	10.5	.74	.79	10.4	.75	.78	10.4	.99
.98	.71	.76	10.8	.71	.76	10.7	.72	.75	10.7	.72	.75	10.6	.73	.74	10.6	.98
.97	.69	.74	11.0	.70	.73	10.9	.70	.73	10.9	.71	.72	10.8	.71	.72	10.7	.97
.96	.68	.71	11.1	.69	.71	11.1	.69	.70	11.0	.70	.70	10.9	.70	.69	10.9	.96
.95	.67	.69	11.2	.68	.69	11.2	.68	.68	11.1	.69	.68	11.1	.69	.67	11.0	.95
.94	.66	.67	11.3	.67	.67	11.3	.67	.66	11.2	.68	.66	11.2	.68	.65	11.1	.94
.93	.65	.66	11.4	.66	.65	11.4	.66	.65	11.3	.67	.64	11.3	.67	.63	11.2	.93
.92	.64	.64	11.5	.65	.64	11.5	.65	.63	11.4	.66	.62	11.4	.66	.62	11.3	.92
.91	.64	.63	11.6	.64	.62	11.5	.65	.61	11.5	.65	.61	11.4	.66	.60	11.4	.91
.90	.63	.61	11.7	.63	.61	11.6	.64	.60	11.6	.64	.59	11.5	.65	.59	11.5	.90
.89	.62	.60	11.8	.63	.59	11.7	.63	.59	11.7	.64	.58	11.6	.64	.57	11.6	.89
.88	.61	.59	11.8	.62	.58	11.8	.62	.57	11.7	.63	.57	11.7	.63	.56	11.6	.88
.87	.61	.58	11.9	.61	.57	11.9	.62	.56	11.8	.62	.55	11.8	.73	.55	11.7	.87
.86	.60	.56	12.0	.60	.56	11.9	.61	.55	11.9	.62	.54	11.8	.62	.53	11.8	.86
.85	.59	.55	12.1	.60	.54	12.0	.60	.53	12.0	.61	.53	11.9	.61	.52	11.8	.85
.84	.59	.54	12.1	.59	.53	12.1	.60	.52	12.0	.60	.52	12.0	.61	.51	11.9	.84
.83	.58	.53	12.2	.59	.52	12.1	.59	.51	12.1	.60	.50	12.0	.60	.50	12.0	.83
.82	.57	.52	12.3	.58	.51	12.2	.58	.50	12.2	.59	.49	12.1	.59	.48	12.0	.82
.81	.57	.51	12.3	.57	.50	12.3	.58	.49	12.2	.58	.48	12.2	.59	.47	12.1	.81
.80	.56	.50	12.4	.57	.49	12.3	.57	.48	12.3	.58	.47	12.2	.58	.46	12.2	.80
.79	.56	.48	12.4	.56	.48	12.4	.57	.47	12.3	.57	.46	12.3	.58	.45	12.2	.79
.78	.55	.47	12.5	.55	.47	12.4	.56	.46	12.4	.57	.45	12.3	.57	.44	12.3	.78
.77	.54	.46	12.6	.55	.45	12.5	.55	.45	12.5	.56	.44	12.4	.57	.43	12.3	.77
.76	.54	.45	12.6	.54	.44	12.6	.55	.44	12.5	.55	.43	12.5	.56	.42	12.4	.76
.75	.53	.44	12.7	.54	.43	12.6	.54	.43	12.6	.55	.42	12.5	.55	.41	12.5	.75
.74	.53	.43	12.7	.53	.42	12.7	.54	.41	12.6	.54	.40	12.6	.55	.40	12.5	.74
.73	.52	.42	12.8	.53	.41	12.7	.53	.40	12.7	.54	.39	12.6	.54	.39	12.6	.73
.72	.52	.41	12.8	.52	.40	12.8	.53	.39	12.7	.53	.38	12.7	.54	.37	12.6	.72
.71	.51	.40	12.9	.52	.39	12.8	.52	.38	12.8	.53	.37	12.7	.53	.36	12.7	.71
.70	.51	.39	12.9	.51	.38	12.9	.52	.37	12.8	.52	.36	12.8	.53	.35	12.7	.70
.69	.50	.38	13.0	.51	.37	12.9	.51	.36	12.9	.52	.35	12.8	.52	.34	12.8	.69
.68	.49	.37	13.1	.50	.36	13.0	.51	.35	12.9	.51	.34	12.9	.52	.33	12.8	.68
.67	.49	.36	13.1	.49	.35	13.1	.50	.34	13.0	.51	.33	12.9	.51	.32	12.9	.67
.66	.48	.35	13.2	.49	.34	13.1	.49	.33	13.1	.50	.32	13.0	.51	.31	12.9	.66
.65	.48	.34	13.2	.48	.33	13.2	.49	.32	13.1	.49	.31	13.1	.50	.30	13.0	.65
.64	.47	.33	13.3	.48	.32	13.2	.48	.31	13.2	.49	.30	13.1	.49	.29	13.1	.64
.63	.47	.32	13.3	.47	.31	13.3	.48	.30	13.2	.48	.29	13.2	.49	.28	13.1	.63
.62	.46	.32	13.4	.47	.30	13.3	.47	.29	13.3	.48	.28	13.2	.48	.27	13.2	.62
.61	.46	.31	13.4	.46	.30	13.4	.47	.29	13.3	.47	.27	13.3	.48	.26	13.2	.61
.60	.45	.30	13.5	.46	.29	13.4	.46	.28	13.4	.47	.26	13.3	.47	.25	13.3	.60
.59	.45	.29	13.5	.45	.28	13.5	.46	.27	13.4	.46	.25	13.4	.47	.24	13.3	.59
.58	.44	.28	13.6	.45	.27	13.5	.45	.26	13.5	.46	.25	13.4	.46	.23	13.4	.58
.57	.44	.27	13.6	.44	.26	13.6	.45	.25	13.5	.45	.24	13.5	.46	.22	13.4	.57
.56	.43	.26	13.7	.44	.25	13.6	.44	.24	13.6	.45	.23	13.5	.45	.21	13.5	.56
.55	.43	.25	13.7	.43	.24	13.7	.44	.23	13.6	.44	.22	13.6	.45	.21	13.5	.55
.54	.42	.24	13.8	.43	.23	13.7	.43	.22	13.7	.44	.21	13.6	.44	.20	13.6	.54
.53	.42	.23	13.8	.42	.22	13.8	.43	.21	13.7	.43	.20	13.7	.44	.19	13.6	.53
.52	.41	.22	13.9	.42	.21	13.8	.42	.20	13.8	.43	.19	13.7	.43	.18	13.7	.52
.51	.41	.21	13.9	.41	.20	13.9	.42	.19	13.8	.42	.18	13.8	.43	.17	13.7	.51

p_H	p_L = .31			p_L = .32			p_L = 33			p_L = 34			p_L = .35			p_H
	p	r	Δ	p	r	Δ	p	r	Δ	p	r	Δ	p	r	Δ	
.50	.40	.20	14.0	.41	.19	13.9	.41	.18	13.9	.42	.17	13.8	.42	.16	13.8	.50
.49	.40	.19	14.0	.40	.18	14.0	.41	.17	13.9	.41	.16	13.9	.42	.15	13.8	.49
.48	.39	.18	14.1	.40	.17	14.0	.40	.16	14.0	.41	.15	13.9	.41	.14	13.9	.48
.47	.39	.17	14.1	.39	.16	14.1	.40	.15	14.0	.40	.14	14.0	.41	.13	13.9	.47
.46	.38	.16	14.2	.39	.15	14.1	.39	.14	14.1	.40	.13	14.0	.40	.12	14.0	.46
.45	.38	.15	14.2	.38	.14	14.2	.39	.13	14.1	.39	.12	14.1	.40	.11	14.0	.45
.44	.37	.14	14.3	.38	.13	14.2	.38	.12	14.2	.39	.11	14.1	.39	.10	14.1	.44
.43	.37	.13	14.3	.37	.12	14.3	.38	.11	14.2	.38	.10	14.2	.39	.09	14.1	.43
.42	.36	.12	14.4	.37	.11	14.3	.37	.10	14.3	.38	.09	14.2	.38	.08	14.2	.42
.41	.36	.11	14.4	.36	.10	14.4	.37	.09	14.3	.37	.08	14.3	.38	.06	14.2	.41
.40	.35	.10	14.5	.36	.09	14.4	.36	.08	14.4	.37	.07	14.3	.37	.05	14.3	.40
.39	.35	.09	14.6	.35	.08	14.5	.36	.07	14.4	.36	.05	14.4	.37	.04	14.3	.39
.38	.34	.08	14.6	.35	.07	14.5	.35	.06	14.5	.36	.04	14.4	.36	.03	14.4	.38
.37	.34	.07	14.7	.34	.06	14.6	.35	.04	14.5	.35	.03	14.5	.36	.02	14.4	.37
.36	.33	.06	14.7	.34	.04	14.7	.34	.03	14.5	.35	.02	14.5	.35	.01	14.5	.36
.35	.33	.04	14.8	.33	.03	14.7	.34	.02	14.7	.34	.01	14.6	.35	.00	14.5	.35
.34	.32	.03	14.8	.33	.02	14.8	.33	.01	14.7	.34	.00	14.7				.34
.33	.32	.02	14.9	.32	.01	14.8	.33	.00	14.8							.33
.32	.31	.01	14.9	.32	.00	14.9										.32
.31	.31	.00	15.0													.31

P_H	$P_L = .36$			$P_L = .37$			$P_L = .38$			$P_L = .39$			$P_L = .40$			P_H
	p	r	Δ	p	r	Δ	p	r	Δ	p	r	Δ	p	r	Δ	
.99	.75	.78	10.3	.75	.78	10.2	.76	.77	10.2	.76	.77	10.1	.77	.76	10.1	.99
.98	.73	.74	10.5	.74	.74	10.5	.74	.73	10.4	.75	.73	10.4	.75	.73	10.3	.98
.97	.72	.71	10.7	.72	.71	10.6	.73	.70	10.6	.73	.70	10.5	.74	.69	10.5	.97
.96	.71	.69	10.8	.71	.68	10.8	.72	.68	10.7	.72	.67	10.7	.73	.66	10.6	.96
.95	.70	.66	10.9	.70	.66	10.9	.71	.65	10.8	.71	.65	10.8	.71	.64	10.7	.95
.94	.69	.64	11.1	.69	.64	11.0	.70	.63	11.0	.70	.63	10.9	.70	.62	10.8	.94
.93	.68	.63	11.2	.68	.62	11.1	.69	.61	11.1	.69	.61	11.0	.70	.60	10.9	.93
.92	.67	.61	11.3	.67	.60	11.2	.68	.60	11.1	.68	.59	11.1	.69	.58	11.0	.92
.91	.65	.59	11.3	.67	.59	11.3	.67	.58	11.2	.68	.57	11.2	.68	.57	11.1	.91
.90	.65	.58	11.4	.66	.57	11.4	.66	.57	11.3	.67	.56	11.3	.67	.55	11.2	.90
.89	.65	.56	11.5	.65	.56	11.4	.66	.55	11.4	.66	.54	11.3	.67	.54	11.3	.89
.88	.64	.55	11.5	.64	.54	11.5	.65	.54	11.5	.65	.53	11.4	.66	.52	11.4	.88
.87	.63	.54	11.7	.64	.53	11.6	.64	.52	11.5	.65	.52	11.5	.65	.51	11.4	.87
.86	.63	.52	11.7	.63	.52	11.7	.64	.51	11.6	.64	.50	11.6	.65	.49	11.5	.86
.85	.62	.51	11.8	.62	.50	11.7	.63	.50	11.7	.63	.49	11.6	.64	.48	11.6	.85
.84	.61	.50	11.9	.62	.49	11.8	.62	.48	11.8	.63	.48	11.7	.63	.47	11.7	.84
.83	.61	.49	11.9	.61	.48	11.9	.62	.47	11.8	.62	.46	11.8	.63	.45	11.7	.83
.82	.60	.48	12.0	.60	.47	11.9	.61	.46	11.9	.61	.45	11.8	.62	.44	11.8	.82
.81	.59	.46	12.0	.60	.46	12.0	.60	.45	11.9	.61	.44	11.9	.61	.43	11.8	.81
.80	.59	.45	12.1	.59	.44	12.1	.60	.44	12.0	.60	.43	12.0	.61	.42	11.9	.80
.79	.58	.44	12.2	.59	.43	12.1	.59	.42	12.1	.60	.41	12.0	.60	.41	12.0	.79
.78	.58	.43	12.2	.58	.42	12.2	.59	.41	12.1	.59	.40	12.1	.60	.39	12.0	.78
.77	.57	.42	12.3	.58	.41	12.2	.58	.40	12.2	.59	.39	12.1	.59	.38	12.1	.77
.76	.56	.41	12.4	.57	.40	12.3	.57	.39	12.2	.58	.38	12.2	.58	.37	12.1	.76
.75	.56	.40	12.4	.56	.39	12.4	.57	.38	12.3	.57	.37	12.3	.58	.36	12.2	.75
.74	.55	.39	12.5	.56	.38	12.4	.56	.37	12.4	.57	.36	12.3	.57	.35	12.3	.74
.73	.55	.38	12.5	.55	.37	12.5	.56	.36	12.4	.56	.35	12.4	.57	.34	12.3	.73
.72	.54	.36	12.6	.55	.36	12.5	.55	.35	12.5	.56	.34	12.4	.56	.33	12.4	.72
.71	.54	.35	12.6	.54	.35	12.6	.55	.34	12.5	.55	.33	12.5	.56	.32	12.4	.71
.70	.53	.34	12.7	.54	.34	12.6	.54	.33	12.6	.55	.32	12.5	.55	.31	12.5	.70
.69	.53	.33	12.7	.53	.32	12.7	.54	.32	12.6	.54	.31	12.6	.55	.30	12.5	.69
.68	.52	.32	12.8	.53	.31	12.7	.53	.30	12.7	.54	.30	12.6	.54	.29	12.6	.68
.67	.52	.31	12.8	.52	.30	12.8	.53	.29	12.7	.53	.29	12.7	.54	.28	12.6	.67
.66	.51	.30	12.9	.52	.29	12.8	.52	.28	12.8	.53	.27	12.7	.53	.26	12.7	.66
.65	.51	.29	12.9	.51	.28	12.9	.52	.27	12.8	.52	.26	12.8	.53	.25	12.7	.65
.64	.50	.28	13.0	.51	.27	12.9	.51	.26	12.9	.52	.25	12.8	.52	.24	12.8	.64
.63	.49	.27	13.1	.50	.26	13.0	.51	.25	12.9	.51	.24	12.9	.52	.23	12.8	.63
.62	.49	.26	13.1	.49	.25	13.1	.51	.23	13.0	.51	.23	12.9	.51	.22	12.9	.62
.61	.48	.25	13.2	.49	.24	13.1	.49	.23	13.1	.50	.22	13.0	.51	.21	12.9	.61
.60	.48	.24	13.2	.48	.23	13.2	.49	.22	13.1	.49	.21	13.1	.50	.20	13.0	.60
.59	.47	.23	13.3	.48	.22	13.2	.48	.21	13.2	.49	.20	13.1	.49	.19	13.1	.59
.58	.47	.22	13.3	.47	.21	13.3	.48	.20	13.2	.48	.19	13.2	.49	.18	13.1	.58
.57	.46	.21	13.4	.47	.20	13.3	.47	.19	13.3	.48	.18	13.2	.48	.17	13.2	.57
.56	.46	.20	13.4	.46	.19	13.4	.47	.18	13.3	.47	.17	13.3	.48	.16	13.2	.56
.55	.45	.19	13.5	.46	.18	13.4	.46	.17	13.4	.47	.16	13.3	.47	.15	13.3	.55
.54	.45	.18	13.5	.45	.17	13.5	.46	.16	13.4	.46	.15	13.4	.47	.14	13.3	.54
.53	.44	.18	13.6	.45	.16	13.5	.45	.15	13.5	.46	.14	13.4	.46	.13	13.4	.53
.52	.44	.17	13.6	.44	.15	13.6	.45	.14	13.5	.45	.13	13.5	.46	.12	13.4	.52
.51	.43	.16	13.7	.44	.14	13.6	.44	.13	13.6	.45	.12	13.5	.45	.11	13.5	.51

P_H	$P_L = .36$			$P_L = .37$			$P_L = 38$			$P_L = .39$			$P_L = .40$			P_H
	p	r	Δ	p	r	Δ	p	r	Δ	p	r	Δ	p	r	Δ	
.50	.43	.15	13.7	.43	.13	13.7	.44	.12	13.6	.44	.11	13.6	.45	.10	13.5	.50
.49	.42	.14	13.8	.43	.12	13.7	.43	.11	13.7	.44	.10	13.6	.44	.09	13.6	.49
.48	.42	.13	13.8	.42	.11	13.8	.43	.10	13.7	.43	.09	13.7	.44	.08	13.6	.48
.47	.41	.12	13.9	.42	.10	13.8	.42	.09	13.8	.43	.08	13.7	.43	.07	13.7	.47
.46	.41	.11	13.9	.41	.09	13.9	.42	.08	13.8	.42	.07	13.8	.43	.06	13.7	.46
.45	.40	.09	14.0	.41	.08	13.9	.41	.07	13.9	.42	.06	13.8	.42	.05	13.8	.45
.44	.40	.08	14.0	.40	.07	14.0	.41	.06	13.9	.41	.05	13.9	.42	.04	13.8	.44
.43	.39	.07	14.1	.40	.06	14.0	.40	.05	14.0	.41	.04	13.9	.41	.03	13.9	.43
.42	.39	.06	14.1	.39	.05	14.1	.40	.04	14.0	.40	.03	14.0	.41	.02	13.9	.42
.41	.38	.05	14.2	.39	.04	14.1	.39	.03	14.1	.40	.02	14.0	.40	.01	14.0	.41
.40	.38	.04	14.2	.38	.03	14.2	.39	.02	14.1	.39	.01	14.1	.40	.00	14.0	.40
.39	.37	.03	14.3	.38	.02	14.2	.38	.01	14.2	.39	.00	14.1				.39
.38	.37	.02	14.3	.37	.01	14.3	.38	.00	14.2							.38
.37	.36	.01	14.4	.37	.00	14.3										.37
.36	.36	.00	14.4													.36

P_H	$P_L = .41$			$P_L = .42$			$P_L = .43$			$P_L = .44$			$P_L = .45$			P_H
	p	r	Δ	p	r	Δ	p	r	Δ	p	r	Δ	p	r	Δ	
.99	.77	.76	10.0	.78	.76	10.0	.78	.75	9.9	.78	.75	9.9	.79	.74	9.8	.99
.98	.75	.72	10.3	.76	.71	10.2	.76	.71	10.1	.77	.70	10.1	.77	.70	10.0	.98
.97	.74	.69	10.4	.75	.68	10.4	.75	.67	10.3	.75	.67	10.3	.76	.66	10.2	.97
.96	.73	.66	10.5	.73	.65	10.5	.74	.65	10.4	.74	.64	10.4	.75	.64	10.3	.96
.95	.72	.63	10.7	.72	.63	10.6	.73	.62	10.6	.73	.62	10.5	.74	.61	10.5	.95
.94	.71	.61	10.8	.71	.61	10.7	.72	.60	10.7	.72	.59	10.6	.73	.59	10.6	.94
.93	.70	.59	10.9	.71	.59	10.8	.71	.58	10.8	.72	.57	10.7	.72	.57	10.6	.93
.92	.69	.58	11.0	.70	.57	10.9	.70	.56	10.9	.71	.56	10.8	.72	.55	10.8	.92
.91	.69	.56	11.1	.69	.55	11.0	.69	.55	11.0	.70	.54	10.9	.70	.53	10.9	.91
.90	.68	.54	11.2	.68	.54	11.1	.69	.53	11.1	.69	.52	11.0	.70	.51	10.9	.90
.89	.67	.53	11.2	.68	.52	11.2	.68	.51	11.1	.69	.51	11.1	.69	.51	11.0	.89
.88	.66	.51	11.3	.67	.51	11.2	.67	.50	11.1	.68	.49	11.2	.68	.48	11.1	.88
.87	.66	.50	11.4	.66	.49	11.3	.67	.48	11.3	.68	.48	11.2	.68	.47	11.2	.87
.86	.65	.49	11.5	.65	.48	11.4	.66	.47	11.4	.66	.46	11.3	.67	.45	11.3	.86
.85	.64	.47	11.5	.65	.46	11.5	.65	.46	11.4	.66	.45	11.4	.66	.44	11.3	.85
.84	.64	.46	11.6	.64	.45	11.5	.65	.44	11.5	.65	.43	11.4	.66	.43	11.4	.84
.83	.63	.45	11.7	.64	.44	11.6	.64	.43	11.6	.65	.43	11.4	.66	.43	11.4	.83
.82	.62	.43	11.7	.63	.43	11.7	.64	.43	11.6	.65	.42	11.5	.65	.41	11.4	.82
.81	.62	.42	11.8	.62	.41	11.7	.63	.42	11.7	.64	.41	11.6	.64	.40	11.5	.81
.80	.61	.41	11.9	.62	.40	11.8	.62	.39	11.7	.63	.38	11.7	.63	.37	11.7	.80
.79	.61	.40	11.9	.61	.39	11.8	.62	.38	11.8	.62	.37	11.8	.63	.36	11.7	.79
.78	.60	.39	12.0	.61	.38	11.9	.61	.37	11.9	.62	.36	11.8	.62	.35	11.8	.78
.77	.60	.37	12.0	.60	.36	12.0	.61	.36	11.9	.61	.35	11.9	.62	.34	11.8	.77
.76	.59	.36	12.1	.59	.35	12.0	.60	.34	12.0	.60	.33	11.9	.61	.33	11.9	.76
.75	.58	.35	12.2	.59	.34	12.1	.59	.33	12.0	.60	.32	12.0	.60	.31	11.9	.75
.74	.58	.34	12.2	.58	.33	12.2	.59	.32	12.1	.59	.31	12.1	.60	.30	12.0	.74
.73	.57	.33	12.3	.58	.32	12.2	.58	.31	12.2	.59	.30	12.1	.59	.29	12.1	.73
.72	.57	.32	12.3	.57	.31	12.3	.58	.30	12.2	.58	.29	12.2	.59	.28	12.1	.72
.71	.56	.31	12.4	.57	.30	12.3	.57	.29	12.3	.58	.28	12.2	.58	.27	12.2	.71
.70	.56	.30	12.4	.56	.29	12.4	.57	.28	12.3	.57	.27	12.3	.58	.26	12.2	.70
.69	.55	.29	12.5	.56	.28	12.4	.56	.27	12.4	.57	.26	12.3	.57	.25	12.3	.69
.68	.55	.28	12.5	.55	.27	12.5	.56	.26	12.4	.56	.25	12.4	.57	.24	12.3	.68
.67	.54	.27	12.6	.55	.26	12.5	.55	.25	12.5	.56	.24	12.4	.56	.23	12.4	.67
.66	.54	.25	12.6	.54	.25	12.6	.55	.24	12.5	.55	.23	12.5	.56	.22	12.4	.66
.65	.53	.24	12.7	.54	.23	12.6	.54	.22	12.6	.55	.21	12.5	.55	.21	12.5	.65
.64	.53	.23	12.7	.53	.22	12.7	.54	.21	12.6	.54	.20	12.6	.55	.19	12.5	.64
.63	.52	.22	12.8	.53	.21	12.7	.53	.20	12.7	.54	.19	12.6	.54	.18	12.6	.63
.62	.52	.21	12.8	.52	.20	12.8	.53	.19	12.7	.53	.18	12.7	.54	.17	12.6	.62
.61	.51	.20	12.9	.52	.19	12.8	.52	.18	12.8	.53	.17	12.7	.53	.16	12.7	.61
.60	.51	.19	12.9	.51	.18	12.9	.52	.17	12.8	.52	.16	12.8	.53	.15	12.7	.60
.59	.50	.18	13.0	.51	.17	12.9	.51	.16	12.9	.52	.15	12.8	.52	.14	12.8	.59
.58	.49	.17	13.1	.50	.16	13.0	.51	.15	12.9	.51	.14	12.9	.52	.13	12.8	.58
.57	.49	.16	13.1	.49	.15	13.1	.50	.14	13.0	.51	.13	12.9	.51	.12	12.9	.57
.56	.48	.15	13.2	.49	.14	13.1	.49	.13	13.0	.50	.12	13.0	.51	.11	12.9	.56
.55	.48	.14	13.2	.48	.13	13.2	.49	.12	13.1	.49	.11	13.1	.50	.10	13.0	.55
.54	.47	.13	13.3	.48	.12	13.2	.48	.11	13.1	.49	.10	13.1	.49	.09	13.1	.54
.53	.47	.12	13.3	.47	.11	13.3	.48	.10	13.2	.48	.09	13.2	.49	.08	13.1	.53
.52	.46	.11	13.4	.47	.10	13.3	.47	.09	13.3	.48	.08	13.2	.48	.07	13.2	.52
.51	.46	.10	13.4	.46	.09	13.4	.47	.08	13.3	.47	.07	13.3	.48	.06	13.2	.51

P_H	$P_L = .41$			$P_L = .42$			$P_L = .43$			$P_L = .44$			$P_L = .45$			P_H
	p	r	Δ	p	r	Δ	p	r	Δ	p	r	Δ	p	r	Δ	
.50	.45	.09	13.5	.46	.08	13.4	.46	.07	13.4	.47	.06	13.3	.47	.05	13.3	.50
.49	.45	.08	13.5	.45	.07	13.5	.46	.06	13.4	.46	.05	13.4	.47	.04	13.3	.49
.48	.44	.07	13.6	.45	.06	13.5	.45	.05	13.5	.46	.04	13.4	.46	.03	13.4	.48
.47	.44	.06	13.6	.44	.05	13.6	.45	.04	13.5	.45	.03	13.5	.46	.02	13.4	.47
.46	.43	.05	13.7	.44	.04	13.6	.44	.03	13.6	.45	.02	13.5	.45	.01	13.5	.46
.45	.43	.04	13.7	.43	.03	13.7	.44	.02	13.6	.44	.01	13.6	.45	.00	13.5	.45
.44	.42	.03	13.8	.43	.02	13.7	.43	.01	13.7	.44	.00	13.6				.44
.43	.43	.02	13.8	.42	.01	13.8	.43	.00	13.7							.43
.42	.41	.01	13.9	.42	.00	13.8										.42
.41	.41	.00	13.9													.41

P_H	$P_L = .46$ p	r	Δ	$P_L = .47$ p	r	Δ	$P_L = .48$ p	r	Δ	$P_L = .49$ p	r	Δ	$P_L = .50$ p	r	Δ	P_H
.99	.79	.74	9.7	.80	.74	9.7	.80	.73	9.6	.80	.73	9.6	.81	.72	9.5	.99
.98	.77	.69	10.0	.78	.69	9.9	.78	.68	9.9	.79	.68	9.8	.79	.67	9.8	.98
.97	.76	.66	10.1	.77	.65	10.1	.77	.65	10.0	.78	.64	10.0	.78	.64	9.9	.97
.96	.75	.63	10.3	.76	.62	10.2	.76	.62	10.2	.76	.61	10.1	.77	.61	10.1	.96
.95	.74	.60	10.4	.75	.60	10.4	.75	.59	10.3	.75	.59	10.3	.76	.58	10.2	.95
.94	.73	.58	10.5	.74	.58	10.5	.74	.57	10.4	.75	.56	10.4	.75	.56	10.3	.94
.93	.72	.56	10.6	.73	.55	10.6	.73	.55	10.5	.74	.54	10.5	.74	.53	10.4	.93
.92	.72	.54	10.7	.72	.53	10.7	.72	.53	10.6	.73	.52	10.5	.73	.51	10.5	.92
.91	.71	.52	10.8	.71	.52	10.7	.72	.51	10.7	.72	.50	10.6	.73	.50	10.6	.91
.90	.70	.51	10.9	.71	.50	10.8	.71	.49	10.8	.71	.48	10.7	.72	.48	10.7	.90
.89	.69	.49	11.0	.70	.48	10.9	.70	.48	10.9	.71	.47	10.8	.71	.46	10.8	.89
.88	.69	.47	11.1	.69	.47	11.0	.70	.46	10.9	.70	.45	10.9	.71	.44	10.8	.88
.87	.68	.46	11.1	.69	.45	11.1	.69	.44	11.0	.69	.44	11.0	.70	.43	10.9	.87
.86	.67	.45	11.2	.68	.44	11.1	.68	.43	11.1	.69	.42	11.0	.70	.41	11.0	.86
.85	.67	.43	11.3	.67	.42	11.2	.68	.41	11.2	.68	.41	11.1	.69	.40	11.1	.85
.84	.66	.42	11.3	.67	.41	11.3	.67	.40	11.2	.68	.39	11.2	.68	.38	11.1	.84
.83	.65	.40	11.4	.66	.40	11.3	.66	.39	11.3	.67	.38	11.2	.67	.37	11.2	.83
.82	.65	.39	11.5	.65	.38	11.4	.66	.37	11.4	.66	.36	11.3	.67	.36	11.3	.82
.81	.64	.38	11.5	.65	.37	11.5	.65	.36	11.4	.66	.35	11.4	.66	.34	11.3	.81
.80	.64	.36	11.6	.64	.36	11.5	.65	.35	11.5	.65	.34	11.4	.66	.33	11.4	.80
.79	.63	.35	11.7	.64	.34	11.6	.64	.33	11.5	.65	.33	11.5	.65	.32	11.4	.79
.78	.63	.34	11.7	.63	.33	11.7	.64	.32	11.6	.64	.31	11.6	.65	.30	11.5	.78
.77	.62	.33	11.8	.63	.32	11.7	.63	.31	11.7	.63	.30	11.6	.64	.29	11.6	.77
.76	.61	.32	11.8	.62	.31	11.8	.62	.30	11.7	.63	.29	11.7	.63	.28	11.6	.76
.75	.61	.31	11.9	.61	.30	11.8	.62	.29	11.8	.62	.28	11.7	.63	.27	11.7	.75
.74	.60	.29	12.0	.61	.28	11.9	.61	.28	11.9	.62	.27	11.8	.62	.26	11.7	.74
.73	.60	.28	12.0	.60	.27	12.0	.61	.26	11.9	.61	.25	11.9	.62	.24	11.8	.73
.72	.59	.27	12.1	.60	.26	12.0	.60	.25	12.0	.61	.24	11.9	.61	.23	11.9	.72
.71	.59	.26	12.1	.59	.25	12.1	.60	.24	12.0	.60	.23	12.0	.61	.22	11.9	.71
.70	.58	.25	12.2	.59	.24	12.1	.59	.23	12.1	.60	.22	12.0	.60	.21	12.0	.70
.69	.58	.24	12.2	.58	.23	12.2	.59	.22	12.1	.59	.21	12.1	.60	.20	12.0	.69
.68	.57	.23	12.3	.58	.22	12.2	.58	.21	12.2	.59	.20	12.1	.59	.19	12.1	.68
.67	.57	.22	12.3	.57	.21	12.3	.58	.20	12.2	.58	.19	12.2	.59	.18	12.1	.67
.66	.56	.21	12.4	.57	.20	12.3	.57	.19	12.3	.58	.18	12.2	.58	.17	12.2	.66
.65	.56	.20	12.4	.56	.19	12.4	.57	.18	12.3	.57	.17	12.3	.58	.16	12.2	.65
.64	.55	.18	12.5	.56	.18	12.4	.56	.17	12.4	.57	.16	12.3	.57	.15	12.3	.64
.63	.55	.17	12.5	.55	.16	12.5	.56	.15	12.4	.56	.14	12.4	.57	.13	12.3	.63
.62	.54	.16	12.6	.55	.15	12.5	.55	.14	12.5	.56	.13	12.4	.56	.12	12.4	.62
.61	.54	.15	12.6	.54	.14	12.6	.55	.13	12.5	.55	.12	12.5	.56	.11	12.4	.61
.60	.53	.14	12.7	.54	.13	12.6	.54	.12	12.6	.55	.11	12.5	.55	.10	12.5	.60
.59	.53	.13	12.7	.53	.12	12.7	.54	.11	12.6	.54	.10	12.6	.55	.09	12.5	.59
.58	.52	.12	12.8	.53	.11	12.7	.53	.10	12.7	.54	.09	12.6	.54	.08	12.6	.58
.57	.52	.11	12.8	.52	.10	12.8	.53	.09	12.7	.53	.08	12.7	.54	.07	12.6	.57
.56	.51	.10	12.9	.52	.09	12.8	.52	.08	12.8	.53	.07	12.7	.53	.06	12.7	.56
.55	.51	.09	12.9	.51	.08	12.9	.52	.07	12.8	.52	.06	12.8	.53	.05	12.7	.55
.54	.50	.08	13.0	.51	.07	12.9	.51	.06	12.9	.52	.05	12.8	.52	.04	12.8	.54
.53	.49	.07	13.1	.50	.06	13.0	.51	.05	12.9	.51	.04	12.9	.52	.03	12.8	.53
.52	.49	.06	13.1	.49	.05	13.1	.50	.04	13.0	.51	.03	12.9	.51	.02	12.9	.52
.51	.48	.05	13.2	.49	.04	13.1	.49	.03	13.1	.50	.02	13.0	.51	.01	12.9	.51

p_H	$p_L = .46$			$p_L = .47$			$p_L = .48$			$p_L = .49$			$p_L = .50$		
	p	r	Δ	p	r	Δ	p	r	Δ	p	r	Δ	p	r	Δ
.50	.48	.04	13.2	.48	.03	13.2	.49	.02	13.1	.49	.01	13.1	.50	.00	13.0
.49	.47	.03	13.3	.48	.02	13.2	.48	.01	13.2	.49	.00	13.1			
.48	.47	.02	13.3	.47	.01	13.3	.48	.00	13.2						
.47	.46	.01	13.4	.47	.00	13.3									
.46	.46	.00	13.4												

P_H	$P_L = .51$ p	r	Δ	$P_L = .52$ p	r	Δ	$P_L = 53$ p	r	Δ	$P_L = .54$ p	r	Δ	$P_L = .55$ p	r	Δ	P_H
.99	.81	.72	9.5	.82	.71	9.4	.82	.71	9.4	.82	.70	9.3	.83	.70	9.2	.99
.98	.80	.67	9.7	.80	.66	9.6	.80	.66	9.6	.81	.65	9.5	.81	.65	9.5	.98
.97	.78	.63	9.9	.79	.62	9.8	.79	.62	9.7	.80	.61	9.7	.80	.61	9.6	.97
.96	.77	.60	10.0	.78	.59	10.0	.78	.59	9.9	.79	.58	9.8	.79	.57	9.8	.96
.95	.76	.57	10.1	.77	.57	10.1	.77	.56	10.0	.78	.55	10.0	.78	.55	9.9	.95
.94	.75	.55	10.3	.76	.54	10.2	.76	.53	10.1	.77	.53	10.1	.77	.52	10.0	.94
.93	.75	.53	10.4	.75	.52	10.3	.75	.51	10.2	.76	.50	10.1	.76	.50	10.1	.93
.92	.74	.51	10.4	.74	.50	10.4	.75	.49	10.3	.75	.48	10.3	.76	.48	10.2	.92
.91	.73	.49	10.5	.74	.48	10.5	.74	.47	10.4	.74	.46	10.4	.75	.46	10.3	.91
.90	.72	.47	10.6	.73	.46	10.6	.73	.45	10.5	.74	.44	10.5	.74	.44	10.4	.90
.89	.72	.45	10.7	.72	.44	10.7	.73	.44	10.6	.73	.43	10.5	.74	.42	10.5	.89
.88	.71	.43	10.8	.71	.43	10.7	.72	.42	10.7	.73	.41	10.6	.73	.40	10.6	.88
.87	.70	.42	10.9	.71	.41	10.8	.71	.40	10.8	.72	.39	10.7	.73	.39	10.6	.87
.86	.70	.40	10.9	.70	.39	10.9	.71	.39	10.8	.72	.38	10.8	.72	.37	10.7	.86
.85	.69	.39	11.0	.70	.38	10.9	.70	.37	10.9	.70	.36	10.8	.71	.35	10.8	.85
.84	.69	.37	11.1	.69	.37	11.0	.69	.36	11.0	.70	.35	10.9	.70	.34	10.9	.84
.83	.68	.36	11.1	.68	.35	11.1	.69	.34	11.0	.69	.33	11.0	.70	.32	10.9	.83
.82	.67	.35	11.2	.68	.34	11.2	.68	.33	11.1	.69	.32	11.1	.70	.31	11.0	.82
.81	.67	.33	11.3	.67	.32	11.2	.68	.32	11.2	.68	.31	11.1	.69	.30	11.1	.81
.80	.66	.32	11.3	.67	.31	11.3	.67	.30	11.2	.68	.29	11.2	.68	.28	11.1	.80
.79	.66	.31	11.4	.66	.30	11.3	.67	.29	11.3	.67	.28	11.2	.67	.27	11.2	.79
.78	.65	.30	11.5	.65	.29	11.4	.66	.28	11.4	.66	.27	11.3	.67	.26	11.3	.78
.77	.64	.28	11.5	.65	.27	11.5	.65	.26	11.4	.66	.25	11.4	.66	.25	11.3	.77
.76	.64	.27	11.6	.64	.26	11.5	.65	.25	11.5	.65	.24	11.4	.66	.23	11.4	.76
.75	.63	.26	11.6	.64	.25	11.6	.64	.24	11.5	.65	.23	11.5	.65	.22	11.4	.75
.74	.63	.25	11.7	.63	.24	11.6	.64	.23	11.6	.64	.22	11.5	.65	.21	11.5	.74
.73	.62	.24	11.7	.63	.23	11.7	.63	.22	11.6	.64	.21	11.6	.64	.20	11.5	.73
.72	.62	.22	11.8	.62	.21	11.8	.63	.20	11.7	.63	.19	11.7	.64	.18	11.6	.72
.71	.61	.21	11.9	.62	.20	11.8	.62	.19	11.8	.63	.18	11.7	.63	.17	11.7	.71
.70	.61	.20	11.9	.61	.19	11.9	.62	.18	11.8	.62	.17	11.8	.63	.16	11.7	.70
.69	.60	.19	12.0	.61	.18	11.9	.61	.17	11.9	.62	.16	11.8	.62	.15	11.8	.69
.68	.60	.18	12.0	.60	.17	12.0	.61	.16	11.9	.61	.15	11.9	.62	.14	11.8	.68
.67	.59	.17	12.1	.60	.16	12.0	.60	.15	12.0	.61	.14	11.9	.62	.14	11.8	.67
.66	.59	.16	12.1	.59	.15	12.1	.60	.14	12.0	.60	.13	12.0	.61	.13	11.9	.66
.65	.58	.15	12.2	.59	.14	12.1	.59	.13	12.1	.60	.12	12.0	.60	.11	12.0	.65
.64	.58	.14	12.2	.58	.13	12.2	.59	.12	12.1	.59	.11	12.1	.60	.09	12.0	.64
.63	.57	.12	12.3	.58	.11	12.2	.58	.10	12.2	.59	.09	12.1	.59	.08	12.1	.63
.62	.57	.11	12.3	.57	.10	12.3	.58	.09	12.2	.58	.08	12.2	.59	.07	12.1	.62
.61	.56	.10	12.4	.57	.09	12.3	.57	.08	12.3	.58	.07	12.2	.58	.06	12.2	.61
.60	.56	.09	12.4	.56	.08	12.4	.57	.07	12.3	.57	.06	12.3	.58	.05	12.2	.60
.59	.55	.08	12.5	.56	.07	12.4	.56	.06	12.4	.57	.05	12.3	.57	.04	12.3	.59
.58	.55	.07	12.5	.55	.06	12.5	.56	.05	12.4	.57	.04	12.3	.57	.03	12.3	.58
.57	.54	.06	12.6	.55	.05	12.5	.56	.04	12.4	.56	.03	12.4	.57	.02	12.4	.57
.56	.54	.05	12.6	.54	.04	12.6	.55	.03	12.5	.55	.02	12.4	.56	.01	12.4	.56
.55	.53	.04	12.7	.54	.03	12.6	.54	.02	12.6	.55	.01	12.5	.55	.00	12.5	.55
.54	.53	.03	12.7	.53	.02	12.7	.54	.01	12.6	.54	.00	12.6				.54
.53	.52	.02	12.8	.53	.01	12.7	.53	.00	12.7							.53
.52	.52	.01	12.8	.52	.00	12.8										.52
.51	.51	.00	12.9													.51

P_H	$P_L=.56$ p	r	Δ	$P_L=.57$ p	r	Δ	$P_L=.58$ p	r	Δ	$P_L=.59$ p	r	Δ	$P_L=.60$ p	r	Δ
.99	.83	.69	9.2	.83	.69	9.1	.84	.68	9.1	.84	.68	9.0	.85	.67	8.9
.98	.82	.64	9.4	.82	.63	9.3	.82	.63	9.3	.83	.62	9.2	.83	.61	9.2
.97	.80	.60	9.6	.81	.59	9.5	.81	.59	9.5	.82	.58	9.4	.82	.57	9.3
.96	.79	.57	9.7	.80	.56	9.7	.80	.55	9.6	.81	.55	9.5	.81	.54	9.5
.95	.78	.54	9.9	.79	.53	9.8	.79	.52	9.7	.80	.52	9.7	.80	.51	9.6
.94	.78	.51	10.0	.78	.51	9.9	.78	.50	9.8	.79	.49	9.8	.79	.48	9.8
.93	.77	.49	10.1	.77	.48	10.0	.78	.47	10.0	.79	.47	9.9	.79	.46	9.8
.92	.76	.47	10.2	.76	.46	10.1	.77	.45	10.1	.77	.44	10.0	.78	.43	9.9
.91	.75	.45	10.3	.76	.44	10.2	.76	.43	10.1	.77	.42	10.1	.77	.41	10.0
.90	.75	.43	10.4	.75	.42	10.3	.76	.41	10.2	.76	.40	10.2	.76	.39	10.1
.89	.74	.41	10.4	.74	.40	10.4	.75	.39	10.3	.75	.38	10.3	.76	.38	10.2
.88	.73	.39	10.5	.74	.38	10.5	.74	.38	10.4	.75	.37	10.3	.75	.36	10.3
.87	.73	.38	10.6	.73	.37	10.5	.74	.36	10.5	.74	.35	10.4	.75	.34	10.4
.86	.72	.36	10.7	.72	.35	10.6	.73	.34	10.5	.73	.33	01.5	.74	.32	10.4
.85	.71	.34	10.7	.72	.34	10.7	.72	.33	10.6	.73	.32	10.6	.73	.31	10.5
.84	.71	.33	10.8	.71	.32	10.8	.72	.31	10.7	.72	.30	10.6	.73	.29	10.6
.83	.70	.32	10.9	.71	.31	10.8	.71	.30	10.8	.72	.29	10.7	.72	.28	10.7
.82	.70	.30	10.9	.70	.29	10.9	.71	.28	10.8	.71	.27	10.8	.72	.26	10.7
.81	.69	.29	11.0	.70	.28	11.0	.70	.27	10.9	.71	.26	10.8	.71	.25	10.8
.80	.68	.28	11.1	.69	.27	11.0	.69	.26	11.0	.70	.25	10.9	.70	.24	10.9
.79	.68	.26	11.1	.68	.25	11.1	.69	.24	11.0	.69	.23	11.0	.70	.22	10.9
.78	.67	.25	11.2	.68	.24	11.1	.68	.23	11.1	.69	.22	11.0	.69	.21	11.0
.77	.67	.24	11.3	.67	.23	11.2	.68	.22	11.2	.68	.21	11.1	.69	.20	11.1
.76	.66	.22	11.3	.67	.21	11.3	.67	.20	11.2	.68	.19	11.2	.68	.18	11.1
.75	.66	.21	11.4	.66	.20	11.3	.67	.19	11.3	.67	.18	11.2	.68	.17	11.2
.74	.65	.20	11.4	.66	.19	11.4	.66	.18	11.3	.67	.17	11.3	.67	.16	11.2
.73	.65	.19	11.5	.65	.18	11.4	.66	.17	11.4	.66	.16	11.3	.67	.15	11.3
.72	.64	.17	11.5	.65	.16	11.5	.65	.15	11.4	.66	.14	11.4	.66	.13	11.3
.71	.64	.16	11.6	.64	.15	11.5	.65	.14	11.5	.65	.13	11.4	.66	.12	11.4
.70	.63	.15	11.7	.64	.14	11.6	.64	.13	11.5	.65	.12	11.5	.65	.11	11.5
.69	.63	.14	11.7	.63	.13	11.7	.64	.12	11.6	.64	.11	11.6	.65	.10	11.5
.68	.62	.13	11.8	.63	.12	11.7	.63	.11	11.7	.64	.10	11.6	.64	.09	11.6
.67	.62	.12	11.8	.62	.11	11.8	.63	.10	11.7	.63	.09	11.7	.64	.08	11.6
.66	.61	.11	11.9	.62	.10	11.8	.62	.09	11.8	.63	.08	11.7	.63	.07	11.7
.65	.61	.10	11.9	.61	.09	11.9	.62	.08	11.8	.62	.06	11.8	.63	.05	11.7
.64	.60	.08	12.0	.61	.07	11.9	.61	.06	11.9	.62	.05	11.8	.62	.04	11.8
.63	.60	.07	12.0	.60	.06	12.0	.61	.05	11.9	.61	.04	11.9	.62	.03	11.8
.62	.59	.06	12.1	.60	.05	12.0	.60	.04	12.0	.61	.03	11.9	.61	.02	11.9
.61	.59	.05	12.1	.59	.04	12.1	.60	.03	12.0	.60	.02	12.0	.61	.01	11.9
.60	.58	.04	12.2	.59	.03	12.1	.59	.02	12.1	.60	.01	12.0	.60	.00	12.0
.59	.58	.03	12.2	.58	.02	12.2	.59	.01	12.1	.59	.00	12.1			
.58	.57	.02	12.3	.58	.01	12.2	.58	.00	12.2						
.57	.57	.01	12.3	.57	.00	12.3									
.56	.56	.00	12.4												

P_H	$P_L = .61$			$P_L = .62$			$P_L = .63$			$P_L = .64$			$P_L = .65$			P_H
	p	r	Δ	p	r	Δ	p	r	Δ	p	r	Δ	p	r	Δ	
.99	.85	.67	8.9	.85	.66	8.8	.86	.66	8.7	.86	.65	8.7	.86	.65	8.6	.99
.98	.83	.61	9.1	.84	.60	9.0	.84	.60	9.0	.85	.59	8.9	.85	.58	8.9	.98
.97	.82	.57	9.3	.83	.56	9.2	.83	.55	9.2	.84	.55	9.1	.84	.54	9.0	.97
.96	.81	.53	9.4	.82	.52	9.4	.82	.52	9.3	.83	.51	9.2	.83	.50	9.2	.96
.95	.81	.50	9.5	.81	.49	9.5	.81	.48	9.4	.82	.48	9.4	.82	.47	9.3	.95
.94	.80	.47	9.7	.80	.47	9.6	.81	.46	9.5	.81	.45	9.5	.81	.44	9.4	.94
.93	.79	.45	9.8	.79	.44	9.7	.80	.43	9.7	.80	.42	9.6	.81	.42	9.5	.93
.92	.78	.43	9.9	.79	.42	9.8	.79	.41	9.8	.79	.40	9.7	.80	.39	9.6	.92
.91	.78	.41	10.0	.78	.40	9.9	.78	.39	9.9	.79	.38	9.8	.79	.37	9.7	.91
.90	.77	.39	10.1	.77	.38	10.0	.78	.37	10.0	.78	.36	9.9	.79	.35	9.8	.90
.89	.76	.37	10.1	.77	.36	10.1	.77	.35	10.0	.78	.34	10.0	.78	.33	9.9	.89
.88	.76	.35	10.2	.76	.34	10.1	.76	.33	10.0	.78	.32	10.1	.78	.31	10.0	.88
.87	.75	.33	10.3	.75	.32	10.3	.76	.31	10.2	.77	.30	10.1	.77	.29	10.1	.87
.86	.74	.31	10.4	.75	.31	10.3	.75	.30	10.3	.76	.29	10.2	.76	.28	10.1	.86
.85	.74	.30	10.5	.74	.29	10.4	.75	.28	10.4	.75	.27	10.3	.76	.26	10.2	.85
.84	.73	.28	10.5	.74	.27	10.5	.74	.26	10.4	.75	.25	10.4	.75	.24	10.3	.84
.83	.73	.27	10.6	.73	.26	10.5	.73	.25	10.5	.74	.24	10.4	.75	.23	10.4	.83
.82	.72	.25	10.7	.72	.24	10.6	.73	.23	10.6	.73	.22	10.5	.74	.21	10.5	.82
.81	.71	.24	10.7	.72	.23	10.7	.72	.22	01.6	.73	.21	01.6	.74	.20	10.5	.81
.80	.71	.23	10.8	.71	.22	10.8	.72	.21	10.7	.72	.20	10.6	.73	.18	10.5	.80
.79	.70	.21	10.9	.71	.20	10.8	.71	.19	10.8	.72	.18	10.7	.72	.17	10.6	.79
.78	.70	.20	10.9	.70	.19	10.9	.71	.18	10.8	.71	.17	10.8	.72	.16	01.7	.78
.77	.69	.19	11.0	.70	.18	10.9	.70	.17	10.9	.71	.16	10.8	.71	.14	10.7	.77
.76	.69	.17	11.1	.69	.16	11.0	.70	.15	10.9	.70	.14	10.9	.71	.13	10.8	.76
.75	.68	.16	11.1	.69	.15	11.1	.69	.14	11.0	.70	.13	10.9	.70	.12	10.9	.75
.74	.68	.15	11.2	.68	.14	11.1	.69	.13	11.1	.69	.12	11.0	.70	.11	10.9	.74
.73	.67	.14	11.2	.68	.13	11.2	.68	.11	11.1	.69	.10	11.1	.69	.09	11.0	.73
.72	.67	.12	11.3	.67	.11	11.2	.68	.10	11.2	.68	.09	11.1	.69	.08	11.1	.72
.71	.66	.11	11.3	.67	.10	11.3	.67	.09	11.2	.68	.08	11.2	.68	.07	11.1	.71
.70	.66	.10	11.4	.66	.09	11.3	.67	.08	11.3	.67	.07	11.2	.68	.06	11.2	.70
.69	.65	.09	11.4	.66	.08	11.4	.66	.07	11.3	.67	.06	11.3	.67	.04	11.2	.69
.68	.65	.08	11.5	.65	.07	11.4	.66	.06	11.3	.66	.04	11.3	.67	.03	11.3	.68
.67	.64	.07	11.6	.65	.06	11.5	.65	.04	11.5	.66	.03	11.4	.66	.02	11.3	.67
.66	.64	.05	11.6	.64	.04	11.6	.65	.03	11.5	.65	.02	11.5	.66	.01	11.4	.66
.65	.63	.04	11.7	.64	.03	11.6	.64	.02	11.6	.65	.01	11.5	.65	.00	11.5	.65
.64	.63	.03	11.7	.63	.02	11.7	.64	.01	11.6	.64	.00	11.6				.64
.63	.62	.02	11.8	.63	.01	11.7	.63	.00	11.7							.63
.62	.62	.01	11.8	.62	.00	11.8										.62
.61	.61	.00	11.9													.61

P_H	$P_L = .66$			$P_L = .67$			$P_L = .68$			$P_L = .69$			$P_L = .70$			P_H
	p	r	Δ	p	r	Δ	p	r	Δ	p	r	Δ	p	r	Δ	
.99	.87	.64	8.5	.87	.63	8.5	.87	.63	8.4	.88	.62	8.3	.88	.61	8.2	.99
.98	.85	.57	8.8	.86	.57	8.7	.86	.56	8.7	.87	.55	8.6	.87	.54	8.5	.98
.97	.84	.53	9.0	.85	.52	8.9	.85	.51	8.8	.86	.51	8.8	.86	.50	8.7	.97
.96	.83	.49	.9.1	.84	.48	9.1	.84	.48	9.0	.85	.47	8.9	.85	.46	8.8	.96
.95	.83	.46	9.2	.83	.45	9.2	.83	.44	9.1	.84	.43	9.1	.84	.42	9.0	.95
.94	.82	.43	9.4	.82	.42	9.3	.83	.41	9.2	.83	.40	9.2	.83	.39	9.1	.94
.93	.81	.41	9.5	.82	.40	9.4	.82	.39	9.4	.82	.38	9.3	.83	.37	9.2	.93
.92	.80	.38	9.6	.81	.37	9.5	.81	.36	9.5	.82	.35	9.4	.82	.34	9.3	.92
.91	.80	.36	9.7	.80	.35	9.6	.81	.34	9.5	.81	.33	9.5	.81	.32	9.4	.91
.90	.79	.34	9.8	.80	.33	9.7	.80	.32	9.6	.80	.31	9.6	.81	.30	9.5	.90
.89	.78	.32	9.8	.79	.31	9.8	.79	.30	9.7	.80	.29	9.7	.80	.28	9.6	.89
.88	.78	.30	9.9	.78	.29	9.9	.79	.28	9.8	.78	.27	9.7	.80	.26	9.7	.88
.87	.77	.28	10.0	.78	.27	10.0	.78	.26	9.9	.79	.25	9.8	.79	.24	9.8	.87
.86	.77	.27	10.1	.77	.26	10.0	.77	.25	10.0	.78	.23	9.9	.78	.22	9.9	.86
.85	.76	.25	10.2	.76	.24	10.1	.77	.23	10.1	.77	.22	10.0	.78	.21	9.9	.85
.84	.75	.23	10.2	.76	.22	10.2	.76	.21	10.1	.77	.20	10.1	.77	.19	10.0	.84
.83	.75	.22	10.3	.75	.21	10.3	.76	.20	10.2	.76	.19	10.1	.77	.17	10.1	.83
.82	.74	.20	10.4	.75	.19	10.3	.75	.18	10.3	.76	.17	10.2	.76	.16	10.1	.82
.81	.74	.19	10.5	.74	.18	10.4	.75	.17	10.3	.75	.16	10.3	.76	.14	10.2	.81
.80	.73	.17	10.5	.74	.16	10.5	.74	.15	10.4	.75	.14	10.4	.75	.13	01.3	.80
.79	.73	.16	10.6	.73	.15	10.5	.74	.14	10.5	.74	.13	10.4	.75	.11	10.4	.79
.78	.72	.15	10.7	.73	.13	10.6	.73	.12	10.5	.74	.11	10.5	.74	.10	10.4	.78
.77	.72	.13	10.7	.72	.12	10.7	.73	.11	10.6	.73	.10	10.5	.74	.09	10.5	.77
.76	.71	.12	10.8	.72	.11	10.7	.72	.10	10.7	.73	.08	10.6	.73	.07	10.5	.76
.75	.71	.11	10.8	.71	.10	10.8	.72	.08	10.7	.72	.07	10.7	.73	.06	10.6	.75
.74	.70	.09	10.9	.71	.08	10.8	.71	.07	10.8	.72	.06	10.7	.72	.05	10.7	.74
.73	.70	.08	10.9	.70	.07	10.9	.71	.06	10.8	.71	.05	10.8	.72	.04	10.7	.73
.72	.69	.07	11.0	.70	.06	10.9	.70	.05	10.9	.71	.03	10.8	.71	.02	10.8	.72
.71	.69	.06	11.1	.69	.05	11.0	.70	.03	11.0	.70	.02	10.9	.71	.01	10.8	.71
.70	.68	.05	11.1	.69	.03	11.1	.69	.02	11.0	.70	.01	11.0	.70	.00	10.9	.70
.69	.68	.03	11.2	.68	.02	11.1	.69	.01	11.1	.69	.00	11.0				.6
.68	.67	.02	11.2	.68	.01	11.2	.68	.00	11.1							.6
.67	.67	.01	11.3	.67	.00	11.2										.6
.66	.66	.00	11.3													.6

P_H	$P_L = .71$			$P_L = .72$			$P_L = .73$			$P_L = .74$			$P_L = .75$			P_H
	p	r	Δ	p	r	Δ	p	r	Δ	p	r	Δ	p	r	Δ	
.99	.89	.61	8.2	.89	.60	8.1	.89	.59	8.0	.90	.59	7.9	.90	.57	7.9	.99
.98	.87	.54	8.4	.88	.53	8.4	.88	.52	8.3	.89	.51	8.2	.89	.50	8.1	.98
.97	.86	.49	8.6	.87	.48	8.6	.87	.47	8.5	.88	.46	8.4	.88	.45	8.3	.97
.96	.85	.45	8.8	.86	.44	8.7	.86	.43	8.6	.87	.42	8.6	.87	.41	8.5	.96
.95	.85	.41	8.9	.85	.40	8.8	.85	.39	8.8	.86	.38	8.7	.86	.37	8.6	.95
.94	.84	.39	9.0	.84	.38	9.0	.85	.36	8.9	.85	.35	8.8	.86	.34	8.7	.94
.93	.83	.36	9.2	.84	.35	9.1	.54	.34	9.0	.84	.32	8.9	.85	.31	8.9	.93
.92	.83	.33	9.3	.83	.32	9.2	.83	.31	9.1	.84	.30	9.1	.84	.29	9.0	.92
.91	.82	.31	9.4	.82	.30	9.3	.83	.29	9.2	.83	.28	9.2	.84	.27	9.1	.91
.90	.81	.29	9.4	.82	.28	9.4	.82	.27	9.3	.83	.25	9.2	.83	.24	9.2	.90
.89	.81	.27	9.5	.81	.26	9.5	.82	.24	9.4	.82	.23	9.3	.82	.22	9.3	.89
.88	.80	.25	9.6	.80	.24	9.6	.81	.23	9.5	.81	.21	9.4	.82	.20	9.4	.88
.87	.80	.23	9.7	.80	.22	9.6	.80	.21	9.6	.81	.19	9.5	.81	.18	9.4	.87
.86	.79	.21•	9.8	.79	.20	9.7	.80	.19	9.7	.80	.18	9.6	.81	.16	9.5	.86
.85	.78	19	9.9	.79	.18	9.8	.79	.17	9.7	.80	.16	9.7	.80	.15	9.6	.85
.84	.78	.18	9.9	.78	.17	9.9	.79	.15	9.8	.79	.14	9.7	.80	.13	9.7	.84
.83	.77	.16	10.0	.78	.15	10.0	.78	.14	9.9	.78	.13	9.8	.79	.11	9.8	.83
.82	.77	.15	10.1	.77	.13	10.0	.78	.12	10.0	.78	.11	9.9	.79	.10	9.8	.82
.81	.76	.13	10.2	.77	.12	10.1	.77	.11	10.0	.78	.09	10.0	.78	.08	9.9	.81
.80	.76	.12	10.2	.76	.10	10.2	.77	.09	10.1	.77	.08	10.0	.78	.07	10.0	.80
.79	.75	.10	10.3	.76	.09	10.2	.76	.08	10.2	.77	.07	10.1	.77	.05	10.0	.79
.78	.75	.09	10.4	.75	.08	10.3	.76	.07	10.2	.76	.05	10.2	.77	.04	10.1	.78
.77	.74	.08	10.4	.75	.06	10.4	.75	.05	10.3	.76	.04	10.2	.76	.03	10.2	.77
.76	.74	.06	10.5	.74	.05	10.4	.75	.04	10.4	.75	.03	10.3	.76	.01	10.2	.76
.75	.73	.05	10.5	.74	.04	10.5	.74	.03	10.4	.75	.01	10.4	.75	.00	10.3	.75
.74	.73	.04	10.6	.73	.02	10.5	.74	.01	10.5	.74	.00	10.4				.74
.73	.72	.02	10.7	.73	.01	10.6	.73	.00	10.5							.73
.72	.72	.01	10.7	.72	.00	10.7										.72
.71	.71	.00	10.8													.71

P_H	$P_L = .76$			$P_L = .77$			$P_L = .78$			$P_L = .79$			$P_L = .80$			P_H
	p	r	Δ	p	r	Δ	p	r	Δ	p	r	Δ	p	r	Δ	
.99	.90	.57	7.8	.91	.56	7.7	.91	.55	7.6	.91	.54	7.5	.92	.53	7.4	.99
.98	.89	.49	8.1	.90	.48	8.0	.90	.47	7.9	.90	.46	7.8	.91	.45	7.7	.98
.97	.88	.44	8.2	.89	.43	8.2	.89	.42	8.1	.89	.41	8.0	.90	.40	7.9	.97
.96	.87	.40	8.4	.88	.39	8.3	.88	.38	8.2	.89	.36	8.2	.89	.35	8.1	.96
.95	.87	.36	8.6	.87	.35	8.5	.88	.34	8.4	.88	.33	8.3	.88	.31	8.2	.95
.94	.86	.33	8.7	.86	.32	8.6	.87	.31	8.5	.87	.30	8.4	.88	.28	8.4	.94
.93	.85	.30	8.8	.86	.29	8.7	.86	.26	8.6	.87	.27	8.6	.87	.25	8.5	.93
.92	.85	.28	8.9	.85	.26	8.8	.86	.25	8.8	.86	.24	8.7	.86	.22	8.6	.92
.91	.84	.25	9.0	.84	.24	8.9	.85	.23	8.9	.85	.21	8.8	.86	.20	8.7	.91
.90	.83	.23	9.1	.84	.22	9.0	.84	.20	9.0	.85	.19	8.9	.85	.18	8.8	.90
.89	.83	.21	9.2	.83	.20	9.1	.84	.18	9.1	.84	.17	9.0	.85	.16	8.9	.89
.88	.82	.19	9.3	.83	.18	9.2	.83	.16	9.2	.84	.15	9.1	.84	.14	9.0	.88
.87	.82	.17	9.4	.82	.16	9.3	.83	.14	9.2	.83	.13	9.2	.84	.12	9.1	.87
.86	.81	.15	9.5	.82	.14	9.4	.82	.12	9.3	.83	.11	9.2	.83	.10	9.2	.86
.85	.81	.13	9.5	.81	.12	9.5	.82	.11	9.4	.82	.09	9.3	.83	.08	9.3	.85
.84	.80	.12	9.6	.81	.10	9.5	.81	.09	9.5	.82	.08	9.4	.82	.06	9.3	.84
.83	.80	.10	9.7	.80	.09	9.6	.81	.07	9.5	.81	.06	9.5	.82	.05	9.4	.83
.82	.79	.08	9.8	.80	.07	9.7	.80	.06	9.6	.81	.04	9.6	.81	.03	9.5	.82
.81	.79	.07	9.8	.79	.06	9.8	.80	.04	9.7	.80	.03	9.6	.81	.02	9.6	.81
.80	.78	.05	9.9	.79	.04	9.8	.79	.03	9.8	.80	.01	9.7	.80	.00	9.6	.80
.79	.78	.04	10.0	.78	.03	9.9	.79	.01	9.8	.79	.00	9.8				.79
.78	.77	.03	10.0	.78	.01	10.0	.78	.00	9.9							.78
.77	.77	.01	10.1	.77	.00	10.0										.77
.76	.76	.00	10.2													.76

P_H	$P_L=.81$ p	r	Δ	$P_L=.82$ p	r	Δ	$P_L=.83$ p	r	Δ	$P_L=.84$ p	r	Δ	$P_L=.85$ p	r	Δ	P_H
.99	.92	.52	7.3	.92	.51	7.2	.93	.50	7.1	.93	.49	7.0	.94	.47	6.9	.99
.98	.91	.44	7.6	.91	.43	7.5	.92	.42	7.4	.92	.40	7.3	.93	.39	7.2	.98
.97	.90	.38	7.6	.91	.37	7.7	.91	.36	7.6	.92	.34	7.5	.92	.33	7.4	.97
.96	.90	.34	8.0	.90	.33	7.9	.90	.31	7.8	.91	.30	7.7	.91	.28	7.6	.96
.95	.89	.30	8.1	.89	.29	8.1	.90	.27	8.0	.90	.26	7.9	.90	.24	7.8	.95
.94	.88	.27	8.3	.89	.25	8.2	.89	.24	8.1	.89	.23	8.0	.90	.21	7.9	.94
.93	.87	.24	8.4	.88	.22	8.3	.88	.21	8.2	.89	.19	8.1	.89	.18	8.0	.93
.92	.87	.21	8.5	.87	.20	8.4	.88	.18	8.3	.88	.16	8.2	.89	.15	8.2	.92
.91	.86	.19	8.6	.87	.17	8.6	.87	.16	8.5	.88	.14	8.4	.88	.12	8.3	.91
.90	.86	.16	8.7	.86	.15	8.7	.87	.13	8.6	.87	.12	8.5	.88	.10	8.4	.90
.89	.85	.14	8.8	.86	.13	8.7	.86	.11	8.7	.87	.09	8.6	.87	.08	8.5	.89
.88	.85	.12	8.8	.85	.11	8.8	.86	.09	8.8	.86	.07	8.7	.87	.06	8.6	.88
.87	.84	.10	9.0	.85	.09	8.9	.85	.07	8.9	.86	.05	8.8	.86	.04	8.7	.87
.86	.84	.08	9.1	.84	.07	9.0	.85	.05	8.9	.85	.04	8.9	.86	.02	8.8	.86
.85	.83	.06	9.2	.84	.05	9.1	.84	.03	9.0	.85	.02	8.9	.85	.00	8.9	.85
.84	.83	.05	9.3	.83	.03	9.2	.84	.02	9.1	.84	.00	9.0				.84
.83	.82	.03	9.3	.83	.02	9.3	.83	.00	9.2							.83
.82	.82	.02	9.4	.82	.00	9.3										.82
.81	.81	.00	9.5													.81

P_H	$P_L=.86$ p	r	Δ	$P_L=.87$ p	r	Δ	$P_L=.88$ p	r	Δ	$P_L=.89$ p	r	Δ	$P_L=.90$ p	r	Δ	P_H
.99	.94	.46	6.8	.94	.45	6.7	.95	.43	6.5	.95	.41	6.4	.95	.39	6.3	.99
.98	.93	.37	7.1	.93	.36	7.0	.94	.34	6.8	.94	.32	6.7	.95	.30	6.6	.98
.97	.92	.31	7.3	.93	.30	7.2	.93	.28	7.1	.93	.26	6.9	.94	.24	6.8	.97
.96	.92	.26	7.5	.92	.25	7.4	.92	.23	7.3	.93	.21	7.2	.93	.19	7.0	.96
.95	.91	.22	7.7	.91	.21	7.6	.92	.19	7.5	.92	.17	7.3	.93	.15	7.2	.95
.94	.90	.19	7.9	.91	.17	7.7	.91	.15	7.6	.92	.13	7.5	.92	.11	7.3	.94
.93	.90	.16	7.9	.90	.14	7.8	.91	.12	7.7	.91	.10	7.6	.92	.08	7.5	.93
.92	.89	.13	8.1	.90	.11	8.0	.90	.09	7.9	.91	.07	7.8	.91	.05	7.6	.92
.91	.89	.10	8.2	.89	.09	8.1	.90	.07	8.0	.90	.05	7.9	.91	.02	7.8	.91
.90	.88	.08	8.3	.89	.06	8.2	.89	.04	8.1	.90	.04	8.0	.90	.00	7.9	.90
.89	.88	.06	8.4	.88	.04	8.3	.89	.02	8.2	.89	.00	8.1				.89
.88	.87	.04	8.5	.88	.02	8.4	.88	.00	8.3							.88
.87	.87	.02	8.6	.87	.00	8.5										.87
.86	.86	.00	8.7													.86

P_H	$P_L=.91$ p	r	Δ	$P_L=.92$ p	r	Δ	$P_L=.93$ p	r	Δ	$P_L=.94$ p	r	Δ	$P_L=.95$ p	r	Δ	P_H
.99	*															.99
.98	.95	.28	6.4	.95	.26	6.3										.98
.97	.94	.22	6.7	.95	.19	6.5	.95	.16	6.4							.97
.96	.94	.16	6.9	.94	.14	6.7	.95	.11	6.6	.95	.08	6.4				.96
.95	.93	.12	7.0	.94	.10	9.6	.94	.07	6.7	.95	.04	6.6	.95	.00	6.4	.95
.94	.93	.09	7.2	.93	.06	7.1	.94	.03	6.9	.94	.00	6.8				.94
.93	.92	.05	7.4	.93	.03	7.2	.93	.00	7.1							.93
.92	.92	.02	7.5	.92	.00	7.4										.92
.91	.91	.00	7.6													.91

附錄一　泰勒——羅素預期表

（ Taylor-Russell Tables ）

Tables of the Proportion Who Will Be Satisfactory Among Those Selected, for Given Values of the Proportion of Present Employees Considered Satisfactory, the Selection Ratio, and r

Proportion of Employees Considered Satisfactory = .05

Selection Ratio

r	.05	.10	.20	.30	.40	.50	.60	.70	.80	.90	.95
.00	.05	.05	.05	.05	.05	.05	.05	.05	.05	.05	.05
.05	.06	.06	.06	.06	.06	.05	.05	.05	.05	.05	.05
.10	.07	.07	.07	.06	.06	.06	.06	.05	.05	.05	.05
.15	.09	.08	.07	.07	.07	.06	.06	.06	.05	.05	.05
.20	.11	.09	.08	.08	.07	.07	.06	.06	.06	.05	.05
.25	.12	.11	.09	.08	.08	.07	.07	.06	.06	.05	.05
.30	.14	.12	.10	.09	.08	.07	.07	.06	.06	.05	.05
.35	.17	.14	.11	.10	.09	.08	.07	.06	.06	.05	.05
.40	.19	.16	.12	.10	.09	.08	.07	.07	.06	.05	.05
.45	.22	.17	.13	.11	.10	.08	.08	.07	.06	.06	.05
.50	.24	.19	.15	.12	.10	.09	.08	.07	.06	.06	.05
.55	.28	.22	.16	.13	.11	.09	.08	.07	.06	.06	.05
.60	.31	.24	.17	.13	.11	.09	.08	.07	.06	.06	.05
.65	.35	.26	.18	.14	.11	.10	.08	.07	.06	.06	.05
.70	.39	.29	.20	.15	.12	.10	.08	.07	.06	.06	.05
.75	.44	.32	.21	.15	.12	.10	.08	.07	.06	.06	.05
.80	.50	.35	.22	.16	.12	.10	.08	.07	.06	.06	.05
.85	.56	.39	.23	.16	.12	.10	.08	.07	.06	.06	.05
.90	.64	.43	.24	.17	.13	.10	.08	.07	.06	.06	.05
.95	.73	.47	.25	.17	.13	.10	.08	.07	.06	.06	.05
1.00	1.00	.50	.25	.17	.13	.10	.08	.07	.06	.06	.05

Proportion of Employees Considered Satisfactory = .10
Selection Ratio

r	.05	.10	.20	.30	.40	.50	.60	.70	.80	.90	.95
.00	.10	.10	.10	.10	.10	.10	.10	.10	.10	.10	.10
.05	.12	.12	.11	.11	.11	.11	.11	.10	.10	.10	.10
.10	.14	.13	.13	.12	.12	.11	.11	.11	.11	.10	.10
.15	.16	.15	.14	.13	.13	.12	.12	.11	.11	.10	.10
.20	.19	.17	.15	.14	.14	.13	.12	.12	.11	.11	.10
.25	.22	.19	.17	.16	.14	.13	.13	.12	.11	.11	.10
.30	.25	.22	.19	.17	.15	.14	.13	.12	.12	.11	.10
.35	.28	.24	.20	.18	.16	.15	.14	.13	.12	.11	.10
.40	.31	.27	.22	.19	.17	.16	.14	.13	.12	.11	.10
.45	.35	.29	.24	.20	.18	.16	.15	.13	.12	.11	.10
.50	.39	.32	.26	.22	.19	.17	.15	.13	.12	.11	.11
.55	.43	.36	.28	.23	.20	.17	.15	.14	.12	.11	.11
.60	.48	.39	.30	.25	.21	.18	.16	.14	.12	.11	.11
.65	.53	.43	.32	.26	.22	.18	.16	.14	.12	.11	.11
.70	.58	.47	.35	.27	.22	.19	.16	.14	.12	.11	.11
.75	.64	.51	.37	.29	.23	.19	.16	.14	.12	.11	.11
.80	.71	.56	.40	.30	.24	.20	.17	.14	.12	.11	.11
.85	.78	.62	.43	.31	.25	.20	.17	.14	.12	.11	.11
.90	.86	.69	.46	.33	.25	.20	.17	.14	.12	.11	.11
.95	.95	.78	.49	.33	.25	.20	.17	.14	.12	.11	.11
1.00	1.00	1.00	.50	.33	.25	.20	.17	.14	.13	.11	.11

Proportion of Employees Considered Satisfactory = .20

Selection Ratio

r	.05	.10	.20	.30	.40	.50	.60	.70	.80	.90	.95
.00	.20	.20	.20	.20	.20	.20	.20	.20	.20	.20	.20
.05	.23	.23	.22	.22	.21	.21	.21	.21	.20	.20	.20
.10	.26	.25	.24	.23	.23	.22	.22	.21	.21	.21	.20
.15	.30	.28	.26	.25	.24	.23	.23	.22	.21	.21	.20
.20	.33	.31	.28	.27	.26	.25	.24	.23	.22	.21	.21
.25	.37	.34	.31	.29	.27	.26	.24	.23	.22	.21	.21
.30	.41	.37	.33	.30	.28	.27	.25	.24	.23	.21	.21
.35	.45	.41	.36	.32	.30	.28	.26	.24	.23	.22	.21
.40	.49	.44	.38	.34	.31	.29	.27	.25	.23	.22	.21
.45	.54	.48	.41	.36	.33	.30	.28	.26	.24	.22	.21
.50	.59	.52	.44	.38	.35	.31	.29	.26	.24	.22	.21
.55	.63	.56	.47	.41	.36	.32	.29	.27	.24	.22	.21
.60	.68	.60	.50	.43	.38	.34	.30	.27	.24	.22	.21
.65	.73	.64	.53	.45	.39	.35	.31	.27	.25	.22	.21
.70	.79	.69	.56	.48	.41	.36	.31	.28	.25	.22	.21
.75	.84	.74	.60	.50	.43	.37	.32	.28	.25	.22	.21
.80	.89	.79	.64	.53	.45	.38	.33	.28	.25	.22	.21
.85	.94	.85	.69	.56	.47	.39	.33	.28	.25	.22	.21
.90	.98	.91	.75	.60	.48	.40	.33	.29	.25	.22	.21
.95	1.00	.97	.82	.64	.50	.40	.33	.29	.25	.22	.21
1.00	1.00	1.00	1.00	.67	.50	.40	.33	.29	.25	.22	.21

Proportion of Employees Considered Satisfactory = .30
Selection Ratio

r	.05	.10	.20	.30	.40	.50	.60	.70	.80	.90	.95
.00	.30	.30	.30	.30	.30	.30	.30	.30	.30	.30	.30
.05	.34	.33	.33	.32	.32	.31	.31	.31	.31	.30	.30
.10	.38	.36	.35	.34	.33	.33	.32	.32	.31	.31	.30
.15	.42	.40	.38	.36	.35	.34	.33	.33	.32	.31	.31
.20	.46	.43	.40	.38	.37	.36	.34	.33	.32	.31	.31
.25	.50	.47	.43	.41	.39	.37	.36	.34	.33	.32	.31
.30	.54	.50	.46	.43	.40	.38	.37	.35	.33	.32	.31
.35	.58	.54	.49	.45	.42	.40	.38	.36	.34	.32	.31
.40	.63	.58	.51	.47	.44	.41	.39	.37	.34	.32	.32
.45	.67	.61	.55	.50	.46	.43	.40	.37	.35	.32	.32
.50	.72	.65	.58	.52	.48	.44	.41	.38	.35	.33	.31
.55	.76	.69	.61	.55	.50	.46	.42	.39	.36	.33	.31
.60	.81	.74	.64	.58	.52	.47	.43	.40	.36	.33	.31
.65	.85	.78	.68	.60	.54	.49	.44	.40	.37	.33	.32
.70	.89	.82	.72	.63	.57	.51	.46	.41	.37	.33	.32
.75	.93	.86	.76	.67	.59	.52	.47	.42	.37	.33	.32
.80	.96	.90	.80	.70	.62	.54	.48	.42	.37	.33	.32
.85	.99	.94	.85	.74	.65	.56	.49	.43	.37	.33	.32
.90	1.00	.98	.90	.79	.68	.58	.49	.43	.37	.33	.32
.95	1.00	1.00	.96	.85	.72	.60	.50	.43	.37	.33	.32
1.00	1.00	1.00	1.00	1.00	.75	.60	.50	.43	.38	.33	.32

Proportion of Employees Considered Satisfactory = .40

Selection Ratio

r	.05	.10	.20	.30	.40	.50	.60	.70	.80	.90	.95
.00	.40	.40	.40	.40	.40	.40	.40	.40	.40	.40	.40
.05	.44	.43	.43	.42	.42	.42	.41	.41	.41	.40	.40
.10	.48	.47	.46	.45	.44	.43	.42	.42	.41	.41	.40
.15	.52	.50	.48	.47	.46	.45	.44	.43	.42	.41	.41
.20	.57	.54	.51	.49	.48	.46	.45	.44	.43	.41	.41
.25	.61	.58	.54	.51	.49	.48	.46	.45	.43	.42	.41
.30	.65	.61	.57	.54	.51	.49	.47	.46	.44	.42	.41
.35	.69	.65	.60	.56	.53	.51	.49	.47	.45	.42	.41
.40	.73	.69	.63	.59	.56	.53	.50	.48	.45	.43	.41
.45	.77	.72	.66	.61	.58	.54	.51	.49	.46	.43	.42
.50	.81	.76	.69	.64	.60	.56	.53	.49	.46	.43	.42
.55	.85	.79	.72	.67	.62	.58	.54	.50	.47	.44	.42
.60	.89	.83	.75	.69	.64	.60	.55	.51	.48	.44	.42
.65	.92	.87	.79	.72	.67	.62	.57	.52	.48	.44	.42
.70	.95	.90	.82	.76	.69	.64	.58	.53	.49	.44	.42
.75	.97	.93	.86	.79	.72	.66	.60	.54	.49	.44	.42
.80	.99	.96	.89	.82	.75	.68	.61	.55	.49	.44	.42
.85	1.00	.98	.93	.86	.79	.71	.63	.56	.50	.44	.42
.90	1.00	1.00	.97	.91	.82	.74	.65	.57	.50	.44	.42
.95	1.00	1.00	.99	.96	.87	.77	.66	.57	.50	.44	.42
1.00	1.00	1.00	1.00	1.00	1.00	.80	.67	.57	.50	.44	.42

Proportion of Employees Considered Satisfactory = .50

Selection Ratio

r	.05	.10	.20	.30	.40	.50	.60	.70	.80	.90	.95
.00	.50	.50	.50	.50	.50	.50	.50	.50	.50	.50	.50
.05	.54	.54	.53	.52	.52	.52	.51	.51	.51	.50	.50
.10	.58	.57	.56	.55	.54	.53	.53	.52	.51	.51	.50
.15	.63	.61	.58	.57	.56	.55	.54	.53	.52	.51	.51
.20	.67	.64	.61	.59	.58	.56	.55	.54	.53	.52	.51
.25	.70	.67	.64	.62	.60	.58	.56	.55	.54	.52	.52
.30	.74	.71	.67	.64	.62	.60	.58	.56	.54	.52	.52
.35	.78	.74	.70	.66	.64	.61	.59	.57	.55	.53	.52
.40	.82	.78	.73	.69	.66	.63	.61	.58	.56	.53	.52
.45	.85	.81	.75	.71	.68	.65	.62	.59	.56	.53	.53
.50	.88	.84	.78	.74	.70	.67	.63	.60	.57	.54	.53
.55	.91	.87	.81	.76	.72	.69	.65	.61	.58	.54	.53
.60	.94	.90	.84	.79	.75	.70	.66	.62	.59	.54	.53
.65	.96	.92	.87	.82	.77	.73	.68	.64	.59	.55	.53
.70	.98	.95	.90	.85	.80	.75	.70	.65	.60	.55	.53
.75	.99	.97	.92	.87	.82	.77	.72	.66	.61	.55	.53
.80	1.00	.99	.95	.90	.85	.80	.73	.67	.61	.55	.53
.85	1.00	.99	.97	.94	.88	.82	.76	.69	.62	.55	.53
.90	1.00	1.00	.99	.97	.92	.86	.78	.70	.62	.56	.53
.95	1.00	1.00	1.00	.99	.96	.90	.81	.71	.63	.56	.53
1.00	1.00	1.00	1.00	1.00	1.00	1.00	.83	.71	.63	.56	.53

Proportion of Employees Considered Satisfactory = .60
Selection Ratio

r	.05	.10	.20	.30	.40	.50	.60	.70	.80	.90	.95
.00	.60	.60	.60	.60	.60	.60	.60	.60	.60	.60	.60
.05	.64	.63	.63	.62	.62	.62	.61	.61	.61	.60	.60
.10	.68	.67	.65	.64	.64	.63	.63	.62	.61	.61	.60
.15	.71	.70	.68	.67	.66	.65	.64	.63	.62	.61	.61
.20	.75	.73	.71	.69	.67	.66	.65	.64	.63	.62	.61
.25	.78	.76	.73	.71	.69	.68	.66	.65	.63	.62	.61
.30	.82	.79	.76	.73	.71	.69	.68	.66	.64	.62	.61
.35	.85	.82	.78	.75	.73	.71	.69	.67	.65	.63	.62
.40	.88	.85	.81	.78	.75	.73	.70	.68	.66	.63	.62
.45	.90	.87	.83	.80	.77	.74	.72	.69	.66	.64	.62
.50	.93	.90	.86	.82	.79	.76	.73	.70	.67	.64	.62
.55	.95	.92	.88	.84	.81	.78	.75	.71	.68	.64	.62
.60	.96	.94	.90	.87	.83	.80	.76	.73	.69	.65	.63
.65	.98	.96	.92	.89	.85	.82	.78	.74	.70	.65	.63
.70	.99	.97	.94	.91	.87	.84	.80	.75	.71	.66	.63
.75	.99	.99	.96	.93	.90	.86	.81	.77	.71	.66	.63
.80	1.00	.99	.98	.95	.92	.88	.83	.78	.72	.66	.63
.85	1.00	1.00	.99	.97	.95	.91	.86	.80	.73	.66	.63
.90	1.00	1.00	1.00	.99	.97	.94	.88	.82	.74	.67	.63
.95	1.00	1.00	1.00	1.00	.99	.97	.92	.84	.75	.67	.63
1.00	1.00	1.00	1.00	1.00	1.00	1.00	1.00	.86	.75	.67	.63

Proportion of Employees Considered Satisfactory = .70

Selection Ratio

r	.05	.10	.20	.30	.40	.50	.60	.70	.80	.90	.95
.00	.70	.70	.70	.70	.70	.70	.70	.70	.70	.70	.70
.05	.73	.73	.72	.72	.72	.71	.71	.71	.71	.70	.70
.10	.77	.76	.75	.74	.73	.73	.72	.72	.71	.71	.70
.15	.80	.79	.77	.76	.75	.74	.73	.73	.72	.71	.70
.20	.83	.81	.79	.78	.77	.76	.75	.74	.73	.71	.71
.25	.86	.84	.81	.80	.78	.77	.76	.75	.73	.72	.71
.30	.88	.86	.84	.82	.80	.78	.77	.75	.74	.72	.71
.35	.91	.89	.86	.83	.82	.80	.78	.76	.75	.73	.71
.40	.93	.91	.88	.85	.83	.81	.79	.77	.75	.73	.72
.45	.94	.93	.90	.87	.85	.83	.81	.78	.76	.73	.72
.50	.96	.94	.91	.89	.87	.84	.82	.80	.77	.74	.72
.55	.97	.96	.93	.91	.88	.86	.83	.81	.78	.74	.72
.60	.98	.97	.95	.92	.90	.87	.85	.82	.79	.75	.73
.65	.99	.98	.96	.94	.92	.89	.86	.83	.80	.75	.73
.70	1.00	.99	.97	.96	.93	.91	.88	.84	.80	.76	.73
.75	1.00	1.00	.98	.97	.95	.92	.89	.86	.81	.76	.73
.80	1.00	1.00	.99	.98	.97	.94	.91	.87	.82	.77	.73
.85	1.00	1.00	1.00	.99	.98	.96	.93	.89	.84	.77	.74
.90	1.00	1.00	1.00	1.00	.99	.98	.95	.91	.85	.78	.74
.95	1.00	1.00	1.00	1.00	1.00	.99	.98	.94	.86	.78	.74
1.00	1.00	1.00	1.00	1.00	1.00	1.00	1.00	1.00	.88	.78	.74

Proportion of Employees Considered Satisfactory = .80

Selection Ratio

r	.05	.10	.20	.30	.40	.50	.60	.70	.80	.90	.95
.00	.80	.80	.80	.80	.80	.80	.80	.80	.80	.80	.80
.05	.83	.82	.82	.82	.81	.81	.81	.81	.81	.80	.80
.10	.85	.85	.84	.83	.83	.82	.82	.81	.81	.81	.80
.15	.88	.87	.86	.85	.84	.83	.83	.82	.82	.81	.81
.20	.90	.89	.87	.86	.85	.84	.84	.83	.82	.81	.81
.25	.92	.91	.89	.88	.87	.86	.85	.84	.83	.82	.81
.30	.94	.92	.90	.89	.88	.87	.86	.84	.83	.82	.81
.35	.95	.94	.92	.90	.89	.89	.87	.85	.84	.82	.81
.40	.96	.95	.93	.92	.90	.89	.88	.86	.85	.83	.82
.45	.97	.96	.95	.93	.92	.90	.89	.87	.85	.83	.82
.50	.98	.97	.96	.94	.93	.91	.90	.88	.86	.84	.82
.55	.99	.98	.97	.95	.94	.92	.91	.89	.87	.84	.82
.60	.99	.99	.98	.96	.95	.94	.92	.90	.87	.84	.83
.65	1.00	.99	.98	.97	.96	.95	.93	.91	.88	.85	.83
.70	1.00	1.00	.99	.98	.97	.96	.94	.92	.89	.85	.83
.75	1.00	1.00	1.00	.99	.98	.97	.95	.93	.90	.86	.83
.80	1.00	1.00	1.00	1.00	.99	.98	.96	.94	.91	.87	.84
.85	1.00	1.00	1.00	1.00	1.00	.99	.98	.96	.92	.87	.84
.90	1.00	1.00	1.00	1.00	1.00	1.00	.99	.97	.94	.88	.84
.95	1.00	1.00	1.00	1.00	1.00	1.00	1.00	.99	.96	.89	.84
1.00	1.00	1.00	1.00	1.00	1.00	1.00	1.00	1.00	1.00	.89	.84

Proportion of Employees Considered Satisfactory = .90

Selection Ratio

r	.05	.10	.20	.30	.40	.50	.60	.70	.80	.90	.95
.00	.90	.90	.90	.90	.90	.90	.90	.90	.90	.90	.90
.05	.92	.91	.91	.91	.91	.91	.91	.90	.90	.90	.90
.10	.93	.93	.92	.92	.92	.91	.91	.91	.91	.90	.90
.15	.95	.94	.93	.93	.92	.92	.92	.91	.91	.91	.90
.20	.96	.95	.94	.94	.93	.93	.92	.92	.91	.91	.91
.25	.97	.96	.95	.95	.94	.93	.93	.92	.92	.91	.91
.30	.98	.97	.96	.95	.95	.94	.94	.93	.92	.91	.91
.35	.98	.98	.97	.96	.95	.95	.94	.93	.93	.92	.91
.40	.99	.98	.98	.97	.96	.95	.95	.94	.93	.92	.91
.45	.99	.99	.98	.98	.97	.96	.95	.94	.93	.92	.91
.50	1.00	.99	.99	.98	.97	.97	.96	.95	.94	.92	.92
.55	1.00	1.00	.99	.99	.98	.97	.97	.96	.94	.93	.92
.60	1.00	1.00	.99	.99	.99	.98	.97	.96	.95	.93	.92
.65	1.00	1.00	1.00	.99	.99	.98	.98	.97	.96	.94	.92
.70	1.00	1.00	1.00	1.00	.99	.99	.98	.97	.96	.94	.93
.75	1.00	1.00	1.00	1.00	1.00	.99	.99	.98	.97	.95	.93
.80	1.00	1.00	1.00	1.00	1.00	1.00	.99	.99	.97	.95	.93
.85	1.00	1.00	1.00	1.00	1.00	1.00	1.00	.99	.98	.96	.94
.90	1.00	1.00	1.00	1.00	1.00	1.00	1.00	1.00	.99	.97	.94
.95	1.00	1.00	1.00	1.00	1.00	1.00	1.00	1.00	1.00	.98	.94
1.00	1.00	1.00	1.00	1.00	1.00	1.00	1.00	1.00	1.00	1.00	.95

附錄三 勞氏預期表

(Lawshe Expectancy Tables)

Percent of Employees Considered
Satisfactory = 30%

Inividual Predictor Categories

r	Hi 1/5	Next 1/5	Middle 1/5	Next 1/5	Lo 1/5
.15	38	32	30	28	22
.20	40	34	29	26	21
.25	43	35	29	24	19
.30	46	35	29	24	16
.35	49	36	29	22	14
.40	51	37	28	21	12
.45	55	38	28	20	10
.50	58	38	27	18	09
.55	61	39	27	17	07
.60	64	40	26	15	05
.65	68	41	25	13	04
.70	72	42	23	11	03
.75	76	43	22	09	02
.80	80	44	20	06	01
.85	85	45	17	04	00
.90	90	46	12	02	00
.95	96	48	07	00	00

Percent of Employees Considered
Satisfactory = 40%

Individual Predictor Categories

r	Hi 1/5	Next 1/5	Middle 1/5	Next 1/5	Lo 1/5
.15	48	44	40	36	32
.20	51	45	40	35	30
.25	54	44	40	34	28
.30	57	46	40	33	24
.35	60	47	39	32	22
.40	63	48	39	31	19
.45	66	49	39	29	17
.50	69	50	39	28	14
.55	72	53	38	26	12
.60	75	53	38	24	10
.65	79	55	37	22	08
.70	82	58	36	19	06
.75	86	59	35	17	04
.80	89	61	34	14	02
.85	93	64	32	10	01
.90	97	69	29	06	00
.95	100	76	23	02	00

Percent of Employees Considered Satisfactory = 50%

Individual Predictor Categories

r	Hi 1/5	Next 1/5	Middle 1/5	Next 1/5	Lo 1/5
.15	58	54	50	46	42
.20	61	55	50	45	39
.25	64	56	50	44	36
.30	67	57	50	43	33
.35	70	58	50	42	30
.40	73	59	50	41	28
.45	75	60	50	40	25
.50	78	62	50	38	22
.55	81	64	50	36	19
.60	84	65	50	35	16
.65	87	67	50	33	13
.70	90	70	50	30	10
.75	92	72	50	28	08
.80	95	75	50	25	05
.85	97	80	50	20	03
.90	99	85	50	15	01
.95	100	93	50	08	00

Percent of Employees Considered Satisfactory = 60%

Individual Predictor Categories

r	Hi 1/5	Next 1/5	Middle 1/5	Next 1/5	Lo 1/5
.15	68	63	60	57	52
.20	71	64	60	56	48
.25	73	65	60	55	48
.30	76	66	61	54	44
.35	78	68	61	53	40
.40	81	69	61	52	37
.45	83	71	61	51	34
.50	86	72	62	50	31
.55	88	74	62	48	28
.60	90	76	62	47	25
.65	92	78	63	45	21
.70	94	80	64	43	18
.75	96	83	65	42	14
.80	98	86	66	39	11
.85	99	90	68	36	07
.90	100	94	71	31	03
.95	100	98	77	24	00

Percent of Employees Considered
Satisfactory = 70%

	Individual Predictor Categories				
r	Hi 1/5	Next 1/5	Middle 1/5	Next 1/5	Lo 1/5
.15	77	73	69	69	62
.20	79	75	70	67	59
.25	81	75	71	65	58
.30	84	76	71	65	54
.35	86	78	71	64	52
.40	88	79	72	63	49
.45	90	80	72	63	46
.50	91	82	73	62	42
.55	93	83	73	61	39
.60	95	85	74	60	36
.65	96	87	75	59	32
.70	97	89	77	58	29
.75	98	91	78	57	25
.80	99	94	80	56	20
.85	100	96	83	55	16
.90	100	98	88	54	10
.95	100	100	93	52	04

國家圖書館出版品預行編目（CIP）資料

心理測驗與統計方法／簡茂發著.
--四版.--臺北市：心理, 2011.09
面；　公分. --（教育研究系列；81001）
含參考書目
ISBN 978-957-702-485-5（平裝）

1.心理測驗─論文，講詞等　　2.統計學

179.07　　　　　　　　　　　　　90021526

教育研究系列 81001

心理測驗與統計方法（第四版）

作　　者：簡茂發

總 編 輯：林敬堯

發 行 人：洪有義

出 版 者：心理出版社股份有限公司

地　　址：台北市大安區和平東路一段 180 號 7 樓

電　　話：(02) 23671490

傳　　真：(02) 23671457

郵撥帳號：19293172　心理出版社股份有限公司

網　　址：http://www.psy.com.tw

電子信箱：psychoco@ms15.hinet.net

駐美代表：Lisa Wu（Tel: 973 546-5845）

印 刷 者：玖進印刷有限公司

初版一刷：1987 年 10 月

二版一刷：1997 年 5 月

三版一刷：2002 年 1 月

四版一刷：2011 年 9 月

I S B N：978-957-702-485-5

定　　價：新台幣 350 元